진짜
챗GPT
활용법

개정2판

개정2판

진짜 챗GPT 활용법

엑셀 활용법부터 블로그 자동화,
유튜브 콘텐츠 / 이미지 / 동영상 생성과
주식 / 부동산 데이터 분석까지

지은이 김준성, 브라이스 유, 안상준

펴낸이 박찬규   **엮은이** 윤가희, 전이주   **디자인** 북누리   **표지디자인** Arowa & Arowana

펴낸곳 위키북스   **전화** 031-955-3658, 3659   **팩스** 031-955-3660
주소 경기도 파주시 문발로 115, 311호(파주출판도시, 세종출판벤처타운)

가격 20,000   **페이지** 348   **책규격** 152 x 220mm

1쇄 발행 2025년 04월 17일
2쇄 발행 2025년 10월 10일
ISBN 979-11-5839-603-9 (13000)

등록번호 제406-2006-000036호   등록일자 2006년 05월 19일
홈페이지 wikibook.co.kr   전자우편 wikibook@wikibook.co.kr

Copyright © 2025 by 김준성, 브라이스 유, 안상준
All rights reserved.
Printed & published in Korea by WIKIBOOKS

이 책의 한국어판 저작권은 저작권자와의 독점 계약으로 위키아카데미가 소유합니다.
신저작권법에 의해 한국 내에서 보호를 받는 저작물이므로 무단 전재와 복제를 금합니다.
이 책의 내용에 대한 추가 지원과 문의는 위키북스 출판사 홈페이지 wikibook.co.kr이나
이메일 wikibook@wikibook.co.kr을 이용해 주세요.

진짜
챗GPT
활용법

개정2판

엑셀 활용법부터 블로그 자동화,
유튜브 콘텐츠 / 이미지 / 동영상 생성과
주식 / 부동산 데이터 분석까지

김준성, 브라이스 유, 안상준 지음

저자 소개

김준성
성균관대 기계공학부를 졸업하고 현대자동차 연구소에 입사했습니다. 입사 후 데이터 사이언스에 관심을 갖고 성균관대 데이터사이언스융합학과에 진학하여 석사학위를 땄습니다. 현재 현대자동차에서 자율주행SW개발 엔지니어로 일하고 있습니다. ChatGPT를 다양한 분야, 특히 데이터 사이언스 분야에 응용하고자 연구/개발에 힘쓰고 있습니다.

브라이스 유(Bryce Yoo)
회사에서 딥러닝을 이용한 자연어 처리 개발 업무를 하고 있는 개발자입니다. 여러 가지 현실의 문제를 GPT와 같은 언어 모델을 통해 푸는 것에 관심이 많습니다.

안상준
제조, 금융, 유통, 식품, 마케팅 등 다양한 도메인에서 많은 인공지능 프로젝트를 수행했습니다. 특히 자연어 처리와 인공지능 교육 분야에 애정과 관심이 많으며, 위키독스에 〈딥 러닝을 이용한 자연어 처리 입문〉이라는 입문서 e-book을 저술했습니다. 현재는 인공지능 프리랜서로 대학교, 대학원 등에서 데이터 사이언스 분야를 강의하고 있습니다.

서문

OpenAI가 내놓은 ChatGPT가 '인공지능 쇼크'로 전 세계를 강타하고 있습니다. 미국 로스쿨 시험 통과, 의사 면허 시험 통과, 구글 코딩 테스트 합격 등의 소식과 함께 ChatGPT는 출시 2개월 만에 가입자 수 1억 명을 달성하여 새로운 역사를 써내려 가고 있습니다. ChatGPT는 단순 검색 엔진이나 심심풀이 챗봇 수준을 훌쩍 뛰어넘어 논문 작성, 마케팅, 번역, 작곡, 코딩, 교육 등 다양한 분야에서 놀라운 성능을 보이고 있습니다.

이 책, 《진짜 챗GPT 활용법》은 독자에게 ChatGPT 언어 모델에 대한 포괄적인 이해를 제공하고 다양한 분야에서 ChatGPT의 능력을 실제 업무에 적용하는 사례를 보여줍니다. 작가, 블로거, 콘텐츠 제작자, 마케터를 비롯해, AI 도구를 활용한 업무 효율성 향상에 관심이 있는 사람이라면 누구나 이 책을 통해 ChatGPT가 어떻게 도움이 될 수 있는지에 관한 통찰력을 얻을 수 있을 것입니다.

추천사

정경석 _ 코스콤 데이터분석팀 차장, 자연어 처리 전공 박사

생성형 AI의 열광으로 마이크로소프트나 구글 같은 빅테크 기업은 물론 대기업들도 전면적으로 사업전략을 바꾸고 있고, 생성형 AI 스타트업에도 엄청난 투자가 일어나고 있다. 또한 개인들도 하루에도 수백 개의 관련 응용 프로그램을 쉽게 만들어내고 있다. 또한 ChatGPT의 기능이 마이크로소프트 뉴 빙(New Bing)과 Edge 브라우저와 오피스 제품에도 적용되면서 ChatGPT의 존재를 모르는 사람도 자연스럽게 쉽게 적응하여 업무 처리 형태도 크게 바뀔 것이다.

이제 인간은 우수한 AI와 함께 살아가는 시대를 맞이했다. 기술적 특이점을 향한 발돋움이 시작된 것이다. 이러한 시대에서 "어떻게 AI를 나를 위해 일하는 도구로 활용할 수 있을지를 고민하는 것은 그 무엇보다 중요하다." AI를 잘 활용하는 사람과 그렇지 않은 사람으로 나뉘는 새로운 시대에 AI 활용 입문서로 이 책을 추천한다.

송요섭 _ 카카오엔터프라이즈(KakaoEnterprise)

일하는 패러다임이 빠르게 변화하고 있다. 얼마전까지만 해도 AI의 미래에 대해 부정적인 시각을 가지고 있던 사람들도 ChatGPT를 접하고, 생성 AI에 열광하고 있다. 대부분의 사람들은 원하는 정보를 얻기 위해 다양한 시행착오를 거친다. ChatGPT는 사람들에게 가장 빠른 해결책과 대안을 제시해주는 도구다. 이 책은 인공지능 기술이나 개발에 대한 그 어떤 지식 없이도 마케팅, 엑셀, 디자인, 블로그와 유튜브를 빠르게 자동화할 수 있는 가이드를 제공한다. 더 이상 무언가를 만들기 위해 오랜 시간 동안 공부할 필요가 없어질지도 모른다. 적어도, 남들보다 업무 속도를 10배 이상 단축할 수 있다. 이 책을 통해 ChatGPT의 사용법을 익히고 원하는 것을 쉽고 빠르게 만들어내기만 하면 된다.

김수종 _ 아마존(Amazon Web Service)

알파고가 출시된 후로 많은 사람들이 AI에 대한 관심을 갖게 되었으나 제대로 활용할 수 있는 범주가 한정적이어서 AI가 일상생활에 주는 영향력에는 한계가 있을 것이라는 주관적인 생각을 갖고 있었고, 영업용 멘트처럼 AI를 남발하는 엉터리 솔루션들에 회의감이 들기도 했다. 하지만 ChatGPT를 통해 생각이 많이 바뀌었다. 수년간 글로벌 1위를 지켰던 구글이 긴장한다는 얘기가 괜히 나오는 게 아닐 정도로 ChatGPT의 답변은 놀라웠고 충격적이다. 이때 우리가 해야 할 것은 무엇일까?

과거를 돌이켜 보면, 회사에서 소위 잘 나간다는 사람들은 항상 도구에 대해 누구보다 먼저 익숙해졌고 아주 잘 활용하는 사람들이었다. 여태까지는 그 도구가 엑셀, 파워포인트, 검색 능력, 자바, 파이썬 등이었으나 앞으로는 그것이 ChatGPT를 필두로 한 생성 AI라고 생각한다. 앞으로는 누구나 사용하는 도구가 될 것이며, 남들보다 빨리 그리고 잘 활용하는 자가 성공에 가까워질 수밖에 없다. 시중에 나온 책들 중 이 책처럼 ChatGPT의 동작 방식을 파악하고, 이를 누구나 쉽게, 또 다양한 업무에 활용할 수 있는 방법을 제대로 가이드하는 책은 없었다. 이 책이 AI를 활용하여 업무를 하려는 많은 이들의 길잡이가 될 것이라 확신한다.

선은경 _ 쿠팡 페이(Coupang Pay)

일 잘하는 사람은 어떤 사람일까? 그들은 컴퓨터를 어떻게 활용할까? 워드, 엑셀, 파워포인트와 같은 다양한 프로그램을 능숙하게 다루는 사람은 멋진 결과물을 빠르게 내놓곤 한다. 구글링을 통해 필요한 데이터를 수집하고, 인터넷상에 공유된 다양한 템플릿을 활용하기도 한다. 하지만 이제는 ChatGPT의 시대다. 이제 이 모든 고민을 내려놓을 때가 왔다!

이 책은 간단한 ChatGPT 사용법부터 인공지능을 활용한 엑셀 작업, 유튜브 콘텐츠 제작, 디자인까지 다방면의 업무를 상세한 예시와 함께 친절하게 설명한다. 실제로 회사에서 자주 하게 되는 번거로운 일들을 쏙쏙 골라 정리하고, 쉽게 따라할 수 있도록 가이드해준다. 책을 읽다 보면 간단한 명령으로 얼마나 빠르고 놀라운 결과물을 얻을 수 있는지 새로운 세계를 경험하게 될 것이다.

인공지능, AI, 챗봇이 어렵고 멀게만 느껴졌던 당신, 더 이상 모른 척할 수 없다. 똑똑한 사람은 손이 아니라 머리로 일한다. 이 책과 함께, ChatGPT와 함께 똑똑하게 일하자!

조수아 _ 삼성SDS(Samsung SDS) 인공지능 연구팀

바야흐로 대 인공지능의 시대다. 인공지능의 손길이 닿지 않은 영역을 손에 꼽는 것이 빠를 정도다. 인간의 고유한 영역이라고 여기던 그림 그리기, 글쓰기, 그리고 대화까지도 인공지능이 대신할 수 있다. 그렇다면 이 시대에 가장 걸맞은 인재는 인공지능보다 잘 해내는 사람이거나, 인공지능을 잘 다루는 사람일 것이다. 이 책은 인공지능을, 그것도 가장 최신 기술이 적용된 ChatGPT

를 잘 이용할 수 있도록 지름길을 안내한다. ChatGPT를 그저 똑똑한 챗봇 정도로만 쓰는 것이 아니라, 다양한 분야에서 ChatGPT를 활용할 수 있도록 풍부한 예시를 제시한다. ChatGPT로 영상을 만들고 글을 쓰거나 웹을 디자인하고, 엑셀 업무도 맡겨보고 싶다면 이 책이 든든한 길잡이가 되어줄 것이다. 그리고 이 책의 가장 좋은 점은 코딩을 전혀 하지 않고도 나만의 인공지능을 만들 수 있다는 점이다. ChatGPT를 남들보다 빠르게, 제대로 잘 쓰고 싶은 분에게 꼭 추천하고 싶은 책이다.

조휘열 _ 네이버(Naver), 자연어 처리 엔지니어

'진짜 ChatGPT 활용법'은 회사원들이 ChatGPT를 활용하여 업무를 자동화할 수 있도록 돕는 책입니다. 이 책은 기술적인 내용을 쉽게 설명하면서도 ChatGPT를 활용한 다양한 실용 사례에 대한 구체적인 예시와 업무 자동화에 관심이 있는 분들에게 매우 유익한 팁들을 제공합니다.

저자분들은 이미 딥러닝을 이용한 자연어 처리 입문이라는 책으로 자연어 처리 분야에서 유명한 입문서를 써왔던 분들이기에 인공지능을 모르는 초보자분들에게 어떻게 인공지능을 가장 쉽게 설명할 수 있는지에 대한 노하우가 있는 분들입니다. 따라서 이 책은 인공지능을 처음 접하면서도 다양한 프로젝트와 경험을 쌓고 싶은 분들에게 강력하게 추천하는 책입니다.

서진영 _ 직방(Zigbang)

이 책은 인공지능을 이용한 업무 자동화의 개념부터 시작하여 엑셀 업무 효율을 높이는 방법부터 블로그 포스팅 자동화, 웹 디자인 자동화 등 실제로 적용 가능한 예시들을 다양한 측면에서 다루고 있다. 또한 인공지능을 모르는 누구라도 인공지능을 어렵지 않고, 재미있게 배울 수 있다는 점이 이 책의 큰 장점 중 하나다. 인공지능을 이용하여 업무를 자동화하는 방법에 대해 관심이 있다면 이 책을 꼭 추천한다.

이재홍 _ 네이버 클라우드(Naver Cloud), 자연어 처리 엔지니어

'진짜 ChatGPT 활용법'은 인공지능을 접하지 못했던 분들도 쉽게 이해할 수 있도록 구성되어 있습니다. GPT 모델의 원리를 쉬운 설명을 통해 이해할 수 있을 뿐만 아니라, 업무에 GPT를 적용할 때 주의해야 할 GPT의 한계에 대해서도 전문가의 시선으로 쉽게 설명합니다.

'인공지능이 당신을 대체하는 것이 아니라, 인공지능을 사용하는 사람이 당신을 대체할 것이다'라는 말이 있습니다. 앞으로는 정말 그런 방향으로 흘러갈 만큼, 인공지능이 우리 업무를 자동화할 수 있는 너무나 많은 방법들이 존재하는 것 같습니다. 한 가지 안타까운 것은 그러한 인공지능 활용법에서도 정보의 불균형이 있어 비전공자분들이 인공지능에 쉽게 다가가지 못하고 있었다는 점입니다.

이 책은 인공지능에 대한 지식 없이도 자신의 분야에서 인공지능을 통해 업무를 자동화하기 위한 분들을 위해 작성되었습니다. 이 책이 인공지능에 대한 여러분의 두려움을 극복시켜줄 뿐만 아니라, 손쉬운 업무 자동화를 이룰 수 있도록 도와줄 것입니다.

책 사용 설명서

본문 내용을 시작하기에 앞서 이 책의 예제 파일 다운로드 방법 및 프롬프트 공유 사이트에 대해 설명합니다.

도서 홈페이지

이 책의 홈페이지 URL은 다음과 같습니다.

- 도서 홈페이지: https://wikibook.co.kr/chatgpt-recipes-rev2/

이 책을 읽는 과정에서 내용상 궁금한 점이나 잘못된 내용, 오탈자가 있다면 홈페이지 우측의 [도서 관련 문의]를 통해 문의해 주시면 빠른 시간 내에 안내해 드리겠습니다.

예제 파일 내려받기

1. 도서 홈페이지의 [관련 자료] 탭을 클릭하면 아래와 같이 예제 파일이 있습니다. [예제 파일 다운로드] 링크를 클릭하면 예제 파일을 내려받을 수 있습니다.

책 소개	출판사 리뷰	지은이	목차	예제 코드	정오표	관련 자료

[예제 프롬프트, 예제 파일]
- 예제 프롬프트 공유 사이트: https://github.com/chatgpt-kr/chatgpt-tutorial-second-edition

[예제 파일은 아래 링크에서도 내려받을 수 있습니다]
- 예제 파일 다운로드: https://github.com/chatgpt-kr/chatgpt-tutorial-second-edition/archive/refs/heads/main.zip

2. 내려받은 압축 파일을 더블 클릭해 압축을 풉니다.

3. 9장, 10장, 11장, 12장에서 실습에 사용한 예제 파일이 들어 있습니다.

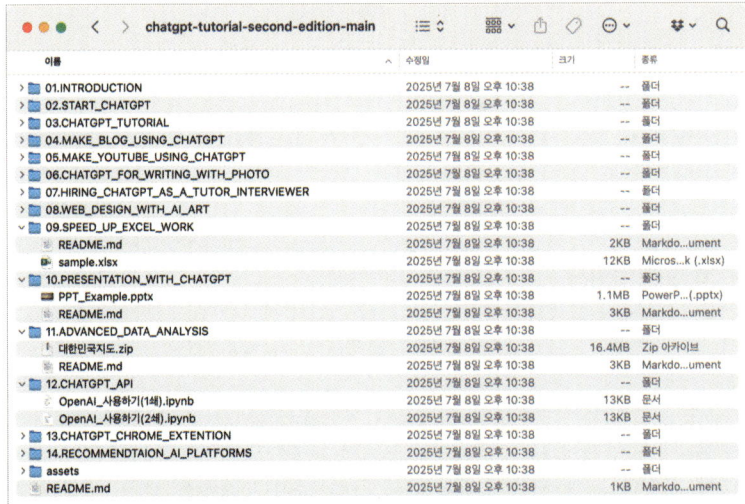

예제 프롬프트 복사하기

1. 도서 홈페이지의 [관련 자료] 탭에서 [예제 프롬프트 공유 사이트] 링크를 클릭하면 예제 프롬프트 공유 사이트로 이동할 수 있습니다.

- 예제 프롬프트 공유사이트: https://github.com/chatgpt-kr/chatgpt-tutorial-second-edition

2. 이 책에서 모든 프롬프트가 장별로 정리돼 있습니다. 원하는 장을 선택합니다.

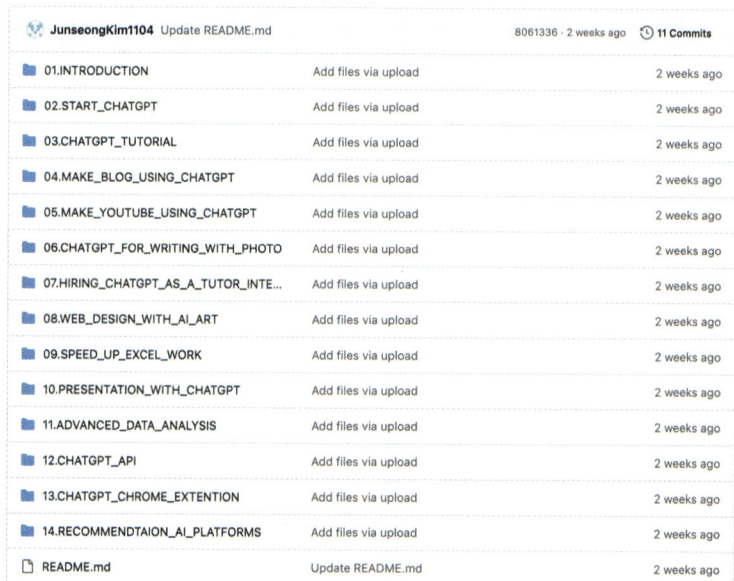

3. 사용하고자 하는 프롬프트 오른쪽 상단의 네모박스를 클릭하면 내용이 자동으로 복사됩니다.

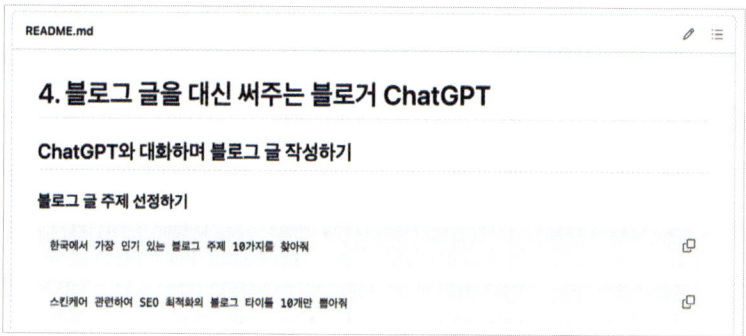

4. 복사된 내용을 ChatGPT 프롬프트 창에 붙여 넣어 사용합니다.

이 책의 구성

이 책은 14장으로 구성되어 있으며, 크게 3부로 나뉩니다.

1부에서는 ChatGPT 개요 및 기본적인 사용 방법을 설명합니다.

1장에서는 다른 ChatGPT 사용 방법 책에서는 다루지 않은 ChatGPT 모델의 원리 및 지금의 모델이 탄생하기까지의 발전 과정을 다룹니다. 자연어 처리 분야에 관한 기본적인 설명부터 ChaGPT의 근간이 되는 GPT 3.5 모델에 관해서도 알아봅니다.

2장에서는 ChatGPT 서비스 사용 방법에 대해 다룹니다. 회원 가입부터 ChatGPT Free, Plus, Pro 모델까지 처음 접하는 독자도 충분히 따라갈 수 있게 차근차근 설명합니다.

3장에서는 본격적인 ChatGPT 사용 방법을 다룹니다. 특히 ChatGPT의 핵심인 프롬프트 사용 방법에 대해 상세히 다룹니다.

2부에서는 ChatGPT를 활용한 실무 사례를 살펴봅니다.

4장에서는 ChatGPT를 활용해 블로그 글을 작성하는 방법을 다룹니다. 주제 선정부터 이미지 삽입까지 모든 과정을 ChatGPT를 활용해 진행합니다. 최종적으로 구글 스프레드시트와 연계해서 블로그 글을 자동 생성하는 방법을 살펴봅니다.

5장에서는 ChatGPT를 활용해 유튜브 동영상을 제작하는 방법을 다룹니다. ChatGPT를 통해 주제 선정부터 스크립트 작성을 진행하며 픽토리 AI와 네이버 클로바를 활용해 편집 툴 없이 AI가 자동으로 동영상을 제작하는 실습을 진행해 봅니다.

6장에서는 사진을 이용해 시와 소설을 쓰는 실습을 진행합니다. ChatGPT를 활용하여 사진의 키워드를 추출하고, 사진과 연관된 시와 소설을 쓰는 실습을 진행합니다.

7장에서는 ChatGPT를 활용해 영어 공부하기, 면접 준비하기, 프로그래밍 언어 공부하기를 다룹니다. 주제별 프롬프트 입력 방법에 대해 상세히 다루고, 특히 프로그래밍 언어 공부하기에서는 구글 코랩의 기본 세팅 방법부터 자세히 설명합니다.

8장에서는 ChatGPT를 활용한 웹 디자인하기 실습을 합니다. ChatGPT를 통해 이미지를 생성하는 방법을 자세히 다루고 이를 활용해 실제 웹 디자인을 완성하는 모든 과정을 다룹니다.

9장에서는 엑셀 업무에 ChatGPT를 활용하는 방법을 다룹니다. 상황별 복잡한 함수 수식을 ChatGPT를 활용해 찾는 과정을 실습합니다.

10장에서는 ChatGPT를 활용해서 프레젠테이션을 준비하는 실습을 진행합니다. 주제 선정, 콘텐츠 작성부터 발표 자료 내 사진, 글자 크기, 글자 색 등 디자인 영역까지 ChatGPT의 도움을 받아 진행합니다.

11장에서는 파일 업로드 기능을 활용한 데이터 분석 방법을 다룹니다. 주식 데이터 분석, 부동산 데이터 분석, 카카오톡 대화 기록 분석을 진행합니다.

12장에서는 ChatGPT API 사용 방법에 대해 다룹니다. API 요금 정책에 대해 알아보고 기본 사용 방법을 터득하여 자신만의 애플리케이션에 ChatGPT를 넣을 수 있는 방법을 알아봅니다.

3부에서는 ChatGPT를 활용할 때 유용한 프로그램을 소개합니다.

13장에서는 ChatGPT 사용을 도와주는 크롬 확장 프로그램에 대해 소개합니다.

14장에서는 ChatGPT 외에 다른 생성 AI 플랫폼을 소개합니다. ChatGPT의 단점을 보완할 만한 다양한 플랫폼을 추천합니다.

이 책이 ChatGPT가 가져올 큰 변화의 물결 속에서 다양한 도전을 하는 분들에게 해당 분야를 선점하는 데 조금이나마 도움이 되기를 바랍니다.

목차

01
ChatGPT 개요

ChatGPT의 전문 분야 자연어 처리란?	4
트랜스포머의 등장	5
인공 신경망	5
트랜스포머	6
인코더와 디코더	7
OpenAI와 언어 모델 GPT	10
GPT 시리즈의 발전	12
ChatGPT의 등장 (GPT-3.5)	14
GPT의 오해와 한계	15

02
ChatGPT 시작하기

회원가입	24
ChatGPT 요금제	25
1. Free(무료 버전)	25
2. Plus(플러스 버전)	26
3. Pro(프로 버전)	26
ChatGPT Free 버전 사용하기	27
이미지 생성하기(DALL·E 3)	29
웹 검색 기능 사용하기	30
캔버스 기능 사용하기	32
파일 업로드 기능 사용하기	36
ChatGPT Plus 요금제 사용하기	42
GPTs(사용자 지정 GPT) 생성하기	44
동영상 생성하기(SORA)	50
ChatGPT Pro 요금제 사용하기	52

03
ChatGPT 튜토리얼

ChatGPT를 위한 프롬프트 가이드   56
프롬프트 엔지니어링   56
답변의 형태를 구체적으로 요청하세요   56
정보, 맥락, 예시를 추가로 제공하세요   57
역할극을 요청하세요   61
영어를 사용해보세요   63
추가 답변을 요청하세요   65

ChatGPT로 할 수 있는 것들   66
다양한 장르의 콘텐츠 작성   66
프로그래밍 도우미   68
번역   69
텍스트 요약하기   69
정보 또는 설명 요청하기   70
아이디어 얻기   71
마케팅 준비하기   73

04
블로그 글을 대신 써주는
블로거 ChatGPT

ChatGPT와 대화하며 블로그 글 작성하기   80

블로그 글 주제 선정하기   81

콘텐츠 작성하기   82

해시태그/키워드 선정하기   84

Meta Description 작성하기   86

이미지 삽입하기   87

최종 블로그 글 포스팅하기   88

크롬 확장 프로그램을 통해 1분만에 블로그 글 작성하기   89

AIPRM for ChatGPT 설치하기   90

키워드를 활용한 SEO 최적화 주제 한 번에 생성하기   91

Title을 활용한 SEO 최적화 글 작성하기   93

다른 사이트 글을 벤치마킹하여 나만의 SEO 최적화 글 생성하기   96

**구글 스프레드시트와 ChatGPT를 활용한
블로그 글 작성 자동화**   100

준비 작업 1 - OpenAI API 키 발급하기   101

준비 작업 2 - 선불 요금 결제하기   103

자동화 프로그램 사용하기   105

자동화 프로그램 사용하기 - 여러 개의 글 생성하기   107

API 요금 확인하기   109

05

유튜브 동영상을 만들어주는
크리에이터 ChatGPT

ChatGPT를 활용하여 유튜브 주제 정하기 … 113
ChatGPT와 대화를 통해 주제 구체화하기 … 113
ChatGPT를 활용하여 경쟁 유튜브 영상 벤치마킹하기 … 114

ChatGPT를 활용하여 유튜브 스크립트 작성하기 … 118

픽토리 AI와 클로바더빙을 활용하여 동영상 제작하기 … 120
픽토리 AI 내 스크립트 넣기 … 121
동영상 템플릿 설정하기 … 124
자막 편집하기 … 125
배경음악 선택하기 … 126
스크립트 음성 더빙하기 … 127
텍스트 넣기 … 131
동영상 생성 … 132

동영상 생성 AI 플랫폼 사이트 추천 … 132

06
사진을 이용해 글을 써주는
글 작가 ChatGPT

ChatGPT에게 사진을 업로드하고 분석 요청하기   136

사진의 키워드를 활용해 시를 쓰는 ChatGPT   138

사진에서 추출한 키워드를 활용해 시 작성하기   139

분위기 변경하여 작성하기   139

타깃 독자를 지정해서 작성하기   141

사진의 키워드를 활용해 소설을 쓰는 ChatGPT   142

사진에서 추출한 키워드를 활용해 소설 쓰기   142

장르를 변경하여 작성하기   143

시대적 배경을 변경하여 작성하기   145

07
ChatGPT를 가정 교사와 면접관으로 고용하기

영어 공부하기 150
문법 교정받기 150
ChatGPT에 면접관 역할을 시켜 면접 준비하기 151
영어 단어 공부하기 153
영작하기 154
영어 스피치 공부하기 155

프로그래밍 언어 공부하기 157
구글 코랩 소개 157
파이썬 강의 계획서 만들기 160
주차별 내용 파고들기 162
에러가 발생한 경우 169
문제 풀이하기 170

08

ChatGPT와 AI Art로 시작하는
웹 디자인

ChatGPT로 이미지 생성하기	176
ChatGPT를 이용해 웹 사이트 디자인하기	180
ChatGPT로 홍보 문구 만들기	183
ChatGPT를 활용해 자연스러운 번역하기	185
웹 사이트에 홍보 문구 삽입하기	185

09

ChatGPT로
엑셀 업무 속도 10배 높이기

총 정산액 계산	194
결제 수단에 따른 정산액 계산	197
전체 결제기관 리스트 출력하기	199
신용카드 기관의 수 카운트하기	200
특정 구매자의 결제 수단 확인하기	203

10
ChatGPT로 성공적인 프레젠테이션 준비하기

발표 콘텐츠 작성	209
발표 슬라이드 제작	212
슬라이드에 이미지 삽입하기	212
텍스트 삽입하기	215
스크립트 작성	222

11
ChatGPT에 날개를 달다: 파일 업로드 기능 활용하기

주식 데이터 분석	229
부동산 데이터 분석	246
카카오톡 대화 분석	260

12
ChatGPT API 맛보기

API 요금 정책   270

API 실습   271

OpenAI 라이브러리 설치/API 키 입력   272

기본 답변 얻기   273

역할 부여하기   274

이전 대화를 포함하여 답변하기   277

13
ChatGPT 사용을 도와주는 크롬 확장 프로그램

최신 정보를 반영해주는 WebChatGPT   282

WebChatGPT 설치 방법   282

WebChatGPT 사용 방법   283

구글 검색과 동시에 ChatGPT 결과를 제공하는 ChatGPT for Search Engines   283

ChatGPT for Search Engines 설치 방법   284

ChatGPT for Search Engines 사용 방법   284

Gmail에서 바로 메일 작성을 도와주는 ChatGPT Writer	285
ChatGPT Writer 설치 방법	285
ChatGPT Writer 사용 방법	286

14
ChatGPT의 다른 대안, 추천 AI 플랫폼

클로드(Claude)	290
제미나이(Gemini)	291
클로바-X(CLOVA-X)	295
웹 검색과 챗봇을 동시에: Youchat	298
공동 작업 공간에서 함께 쓰는 인공지능: Notion AI	299
한글 글짓기 최적화 AI: 뤼튼	302
검색 엔진에서 ChatGPT 정식 런칭: Bing(New ChatGPT)	305

부록 A

GPT for Sheets and DOCs 확장 프로그램을 활용한 블로그 글 작성 자동화

구글 스프레드시트에 확장 프로그램 설치하기	307
자동화 시스템의 구조	310
자동화 프로그램의 테이블 구성	311
자동화에 필요한 구글 스프레드시트 함수	312
입력 받은 주제를 영어로 번역하기	313
ChatGPT에게 블로그 글 작성 요청하기	315
한글로 번역하기	317
활용 방법 및 정리	318

진짜
챗GPT
활용법

Part 01

ChatGPT
개요

ChatGPT의 전문 분야: 자연어 처리란?

트랜스포머의 등장

OpenAI와 언어 모델 GPT

GPT 시리즈의 발전

ChatGPT의 등장 (GPT-3.5)

GPT의 오해와 한계

이번 장에서는 텍스트 생성 인공지능 모델 중 하나인 GPT 모델이 제안된 배경과 현재의 ChatGPT에 이르기까지의 과정, 그리고 향후 GPT와 같은 텍스트 생성 모델의 방향성에 대해 알아봅니다.

ChatGPT의 전문 분야: 자연어 처리란?

인공지능이 사람의 언어를 처리하는 분야를 일컬어 자연어 처리(Natural language processing, NLP)라고 합니다. 자연어 처리에는 크게 자연어 이해(Natural Language Understanding, NLU)와 자연어 생성(Natural Language Generation, NLG), 두 가지 분야가 있습니다. 여러 가지 보기 중에서 정답을 고르는 문제를 자연어 이해, 텍스트를 인공지능이 스스로 생성하는 문제를 자연어 생성이라고 합니다. 이 책에서 주요 주제로 다루는 ChatGPT는 자연어 이해와 생성, 두 가지 모두에 뛰어난 성능을 가진 인공지능입니다.

- **자연어 이해 예시**: 자동으로 스팸 메일을 스팸 메일함으로 보내는 스팸 메일 분류기
- **자연어 생성 예시**: 한 나라의 언어를 다른 나라 언어로 번역하는 구글 번역기

자연어 처리는 '자연어 이해와 자연어 생성의 두 가지 문제를 인공지능이 어떻게 잘 처리할 수 있을까?'에 대한 고민과 함께 지속해서 발전해왔습니다. 1장에서는 이 두 기능 모두에 강력한 성능을 보이는 ChatGPT의 발전 과정을 살펴봅니다.

트랜스포머의 등장

인공 신경망

인공지능, 트랜스포머, 디코더, 딥 러닝 등 ChatGPT를 지칭하는 용어는 정말 많습니다. ChatGPT가 탄생하기까지의 과정을 알아보면서 ChatGPT의 원리를 간단히 이해해보겠습니다. 인공 신경망(Artificial Neural Network, ANN)은 사람 뇌의 신경망으로부터 영감을 받아 만들어진 수많은 인공지능 기술 중 하나입니다. 대표적인 인공 신경망 모델로서 한국의 프로 기사인 이세돌을 이겼던 알파고(Alphago), 구글 번역기, 파파고 등이 존재합니다.

인공 신경망은 내부의 가장 작은 단위인 뉴런과 이 뉴런으로 구성된 층이 몇 개냐에 따라 다양한 구조를 가집니다. 그림 1.1은 층이 4개인 아주 단순한 인공 신경망을 보여줍니다. 그림에서 각각의 파란색 동그라미는 인공 신경망의 가장 작은 단위인 뉴런을 나타냅니다.

현재 괄목할 만한 성능을 보여주는 인공 신경망은 대부분 뉴런의 개수와 층의 개수가 굉장히 많은 인공지능입니다. 딥 러닝(Deep Learning)이라는 용어는 이러한 신경망이 층이 쌓이고 쌓여서 깊은(Deep) 층을 이루는, 다시 말해 층이 많은 신경망을 학습시킨다는 의미입니다.

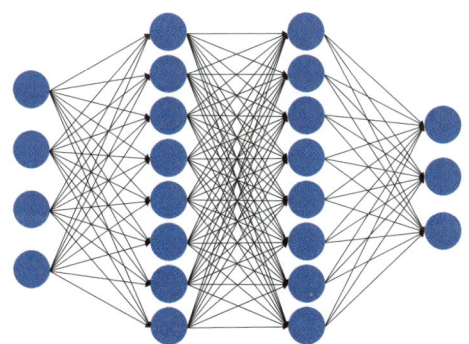

그림 1.1 4개의 층으로 구성된 인공 신경망

종종 ChatGPT나 GPT-3, GPT-4와 같은 인공지능 모델 관련 기사를 보면 '파라미터가 많다', '거대하다'라는 표현을 볼 수 있습니다. 인공 신경망의 크기를 표현할 때는 파라미터(Parameter)라는 용어를 주로 사용합니다.

파라미터는 인간의 뇌로 비유하면 뉴런 간 정보를 전달하는 시냅스에 비유할 수 있는데, 그림 1.1의 인공 신경망에서 보면 검은 화살표에 해당합니다. 여러 개의 뉴런이 있고, 이 파라미터라는 검은 화살표를 통해 뉴런이 다음 층으로 값을 보냅니다. 이런 층이 아주 많은 신경망이 있을 때 '딥 러닝한다' 또는 '파라미터가 많은 거대한 신경망을 학습한다'라고 표현합니다. ChatGPT 또한 이러한 뉴런과 파라미터를 굉장히 많이 가진 거대한 신경망으로, 그 내부는 '트랜스포머'라는 구조로 되어 있습니다.

트랜스포머

신경망의 구조는 설계자의 의도와 용도에 따라 다양할 수 있습니다. 각 구조와 용도에 따라 신경망마다 고유한 이름을 가지기도 하는데, 예를 들어 이미지 분야의 컨볼루션 신경망(Convolutional Neural Network, CNN), 주가 데이터, 텍스트 데이터 등과 같이 순서가 중요한 경우에 사용되는 순환 신경망(Recurrent Neural Network, RNN) 등이 있습니다.

ChatGPT의 탄생기는 2017년 구글(Google)이 공개한 신경망인 트랜스포머(Transformer)가 그 시작점입니다. 트랜스포머는 제안 초기, 하나의 언어를 다른 나라 언어로 번역하기 위한 '번역기'의 용도로 만들어졌습니다.

그림 1.2는 당시 구글이 제안했던 트랜스포머의 전체적인 구조입니다. 당시 많이 알려진 컨볼루션 신경망이나 순환 신경망을 전혀 사용하지 않은 구조의 신경망으로 화제가 되었으며, 이후 여러 분야에서 좋은 성능을 보이면서 현재는 (특히 자연어 처리에서는) 많은 기업이 주류로 사용하는 대표 모델로 자리잡았습니다.

트랜스포머의 내부 구조는 그림 1.2에서 크게 왼쪽 도형과 오른쪽 도형, 두 개의 파트로 나누어 볼 수 있습니다. 각 도형은 사용되는 쓰임새가 조금 다른데, 오른쪽 도형이 현재 ChatGPT가 채택한 구조입니다.

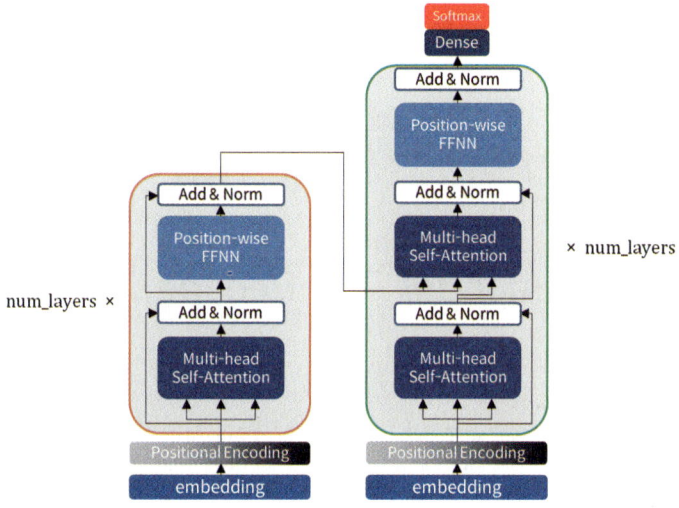

그림 1.2 트랜스포머(Transformer)

그림 1.2에서 왼쪽 도형과 오른쪽 도형의 차이를 간단히 살펴보고, ChatGPT가 오른쪽 도형을 채택한 이유를 알아보겠습니다.

인코더와 디코더

그림 1.3은 그림 1.2의 내부 구조를 완전히 지우고 이름만 붙여 단순화한 그림입니다. 그림 1.3에서 트랜스포머의 왼쪽 도형에 해당하는 부분을 인코더(Encoder) 블록, 오른쪽 도형에 해당하는 부분을 디코더(Decoder) 블록이라고 합니다.

일반적으로 인코더 블록과 디코더 블록은 마치 레고 블록이 겹겹이 쌓여 조립되듯이, 다수의 층으로 구성됩니다. 그림 1.3에서 'num_layers ×'라고 표현된 부분은 인코더와 디코더 블록이 다수의 층으로 구성됨을 표현합니다. 몇 개의 층인지는 사용자의 설계에 따라 달라지므로 'num_layers'라는 정해지지 않은 값으로 나타냈습니다.

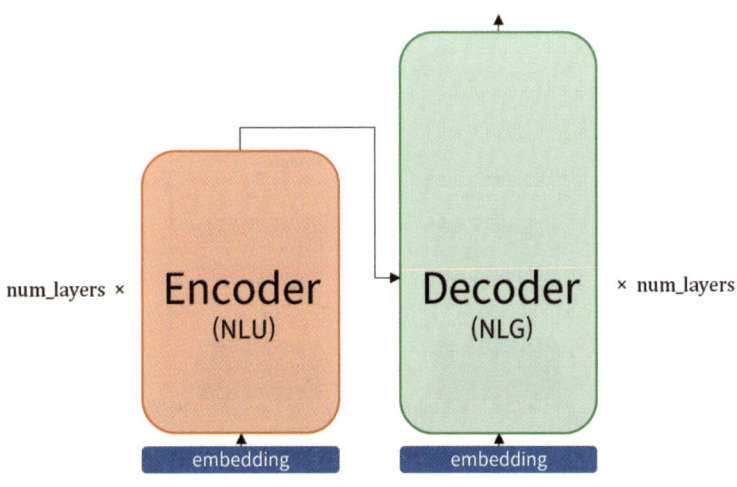

그림 1.3 인코더와 디코더로 구성된 트랜스포머

그림 1.3의 트랜스포머에서 왼쪽 인코더 블록은 자연어 이해(NLU)에 강하고, 오른쪽 디코더 블록은 자연어 생성(NLG)에 강하다는 특징을 가지고 있습니다. 당시 번역기로 설계됐던 트랜스포머가 각각 뛰어난 능력이 다른 두 가지 블록을 모두 사용한 이유가 있습니다.

예를 들어 한글을 영어로 번역한다고 해봅시다. 한글 문장은 처음에 겹겹이 쌓여 있는 인코더 블록의 입력으로 사용됩니다. 인코더 블록은 자연어 이해에 강하므로, 한글 문장에 대한 문장 구조나 의미 등을 내부의 인공 신경망을 통해 파악합니다. 그리고 파악된 정보는 그림 1.3에서 보는 바와 같이 인코더 블록 상단의 화살표를 통해서 디코더 블록으로 연결됩니다. 디코더 블록은 자연어 생성에 강하므로 인코더 블록이 전달받은 정보를 바탕으로 영어 문장을 '생성'해내기 시작합니다.

트랜스포머의 인코더 블록과 디코더 블록이 자연어 처리 분야에서 좋은 성능을 보이는 것이 입증되자 각 블록이 분리되어 발전되기 시작했습니다. 트랜스포머 구조를 제안했던 구글은 인코더 블록만 겹겹이 쌓아서 **BERT(Bidirectional Encoder Representations from Transformers)**라는 모델을 만들었고, OpenAI는 디코더 블록만 겹겹이 쌓아서 **GPT(Generative Pre-trained Transformer)**라는 모델을 만들었습니다.

BERT와 GPT, 이 두 가지 모델은 각각 자연어 이해와 자연어 생성이라는 서로 잘하는 분야가 다르기 때문에 초기에는 라이벌 구도처럼 보였습니다. 예를 들어 어떤 텍스트가 주어졌을 때, 그 텍스트가 어떤 카테고리에 해당하는지 텍스트를 분류하는 작업에서는 BERT가 동일한 크기의 GPT에 비해 탁월한 성능을 보였습니다. 반면, BERT는 텍스트를 생성하는 작업에는 구조상 적합하지 않기 때문에 텍스트를 새로운 문장으로 요약하거나 번역하거나 글을 작성하는 인공지능 모델에는 GPT가 주로 사용되었습니다.

하지만 BERT가 GPT보다 자연어 이해에서 우위에 있는 것은 어디까지나 동일한 크기의 모델일 경우에만 해당됩니다. BERT, GPT 같은 트랜스포머 블록 모델은 학습 데이터가 많고, 모델의 크기가 커지면 커질수록(파라미터의 개수가 많아지면 많아질수록) 성능이 점점 더 좋아진다는 특징이 있습니다. 거대한 GPT는 자연어 생성뿐만 아니라, 자연어 이해에서도 뛰어난 성능을 보이므로 사용처나 용도면에서 BERT보다 뛰어납니다. 이에 수많은 기업이 GPT 계열의 모델, 또는 이름은 GPT로 명명하지 않지만 트랜스포머 디코더 블록을 거대하게 쌓아올린 모델을 내세워 경쟁하고 있습니다.

예를 들어 현재까지 마이크로소프트는 1,750억 개의 파라미터를 가진 디코더 모델 GPT-3, 구글은 1,370억 개의 파라미터를 가진 디코더 모델 LaMDA를 선보이며 맞붙었고, 국내에서는 네이버가 하이퍼클로바라는 2,040억 개의 파라미터를 가진 디코더 모델을 선보였습니다. 불과 2018

년에 처음 공개된 기준으로 거대 모델이었던 GPT-1의 파라미터 개수가 1억 1,700만 개였다는 점을 생각하면, 현재 거대 언어 모델(Large Language Models, LLMs)의 크기를 늘려가는 속도를 조금은 체감할 수 있을 것입니다.

OpenAI와 언어 모델 GPT

OpenAI는 일론 머스크 테슬라(Tesla) 최고경영자, 리드 호프먼 링크드인(LinkedIn) 회장, 피터 틸 클래리엄캐피탈(Clarium Capital) 회장 등이 공동으로 설립한 스타트업입니다. 최근 ChatGPT로 화제가 되었고, 마이크로소프트가 OpenAI에 100억 달러 투자를 선언하면서 구글을 위협할 수 있는 회사로 대중에 알려지기 시작했습니다.

OpenAI는 2017년 구글이 트랜스포머를 제안한 이후, 그로부터 모티브를 얻어 2018년 트랜스포머의 디코더를 사용하여 만든 GPT라는 모델을 소개했습니다. OpenAI의 「Improving Language Understanding by Generative Pre-Training」이라는 논문에서 소개된 GPT는 논문 제목 중 Generative Pre-Training의 약자를 딴 이름입니다. 이 모델은 GPT-1으로 불리며, 뒤에서 언급할 GPT의 업그레이드 버전인 GPT-2, GPT-3, ChatGPT의 시초가 됩니다.

GPT는 언어 모델(Language Model, LM)입니다. 언어 모델이란 일반적으로 현재 알고 있는 단어들을 기반으로 다음에 등장할 단어를 예측하는 일을 하는 모델을 말합니다. 여기서 단어라는 단위가 언어 모델에 따라 조금 다를 수 있어, 문헌에 따라서는 토큰(token)이라는 표현을 사용하기도 합니다.

GPT가 아니더라도 일상 생활에서 언어 모델은 쉽게 찾아볼 수 있습니다. 검색 엔진에서 다음 단어를 미리 예상하고 추천해주는 기능 또한 언어 모델이 적용된 예입니다. 그림 1.4는 검색 엔진에 'ChatGPT'를 입력했을 때 검색 엔진이 내부 언어 모델을 사용하여 그다음에 등장할 단어를 예측하여 추천하는 모습을 보여줍니다.

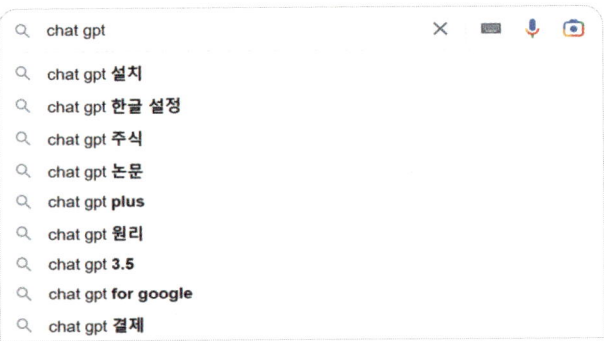

그림 1.4 다음 단어를 추천하는 검색 엔진

GPT가 언어 모델임을 알 수 있는 직접적인 예로, ChatGPT에게 질문을 던졌을 때 ChatGPT는 마치 사람이 타이핑하는 것처럼 다음에 등장할 단어를 순차적으로 작성(예측)하면서 답변을 완성해나가는 모습을 볼 수 있습니다. 그림 1.5는 ChatGPT에게 '너는 언어 모델이야? 글을 작성할 수 있는 원리에 대해서 쉽게 설명해줄래?'라는 질문을 던졌을 때, 다음 단어(또는 토큰)를 순차적으로 작성(예측)하는 모습을 보여줍니다.

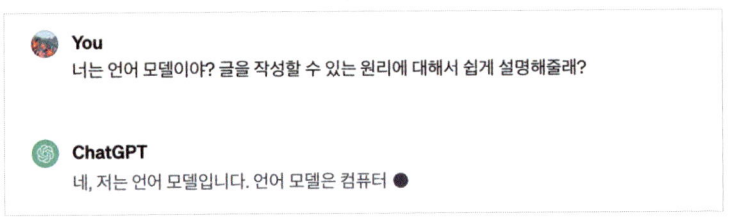

그림 1.5 다음에 등장할 단어를 선택하면서 답변을 완성 중인 ChatGPT

그림 1.6은 ChatGPT가 그림 1.5에서 답변을 계속해서 작성한 후 최종적으로 답변을 완성한 모습입니다. 그림 1.6의 ChatGPT의 완성된 답변에 따

면 언어 모델은 많은 텍스트 데이터를 학습한 모델로, 주어진 입력으로부터 다음에 나오기에 가장 적절한 단어들을 예측하는 방식을 계속 반복하여 자연스러운 글을 생성한다고 합니다. 지금까지 설명한 내용과 동일한 내용입니다.

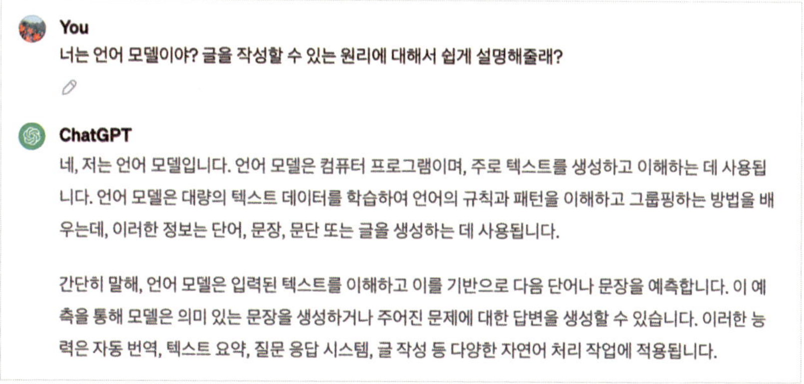

> **You**
> 너는 언어 모델이야? 글을 작성할 수 있는 원리에 대해서 쉽게 설명해줄래?
>
> **ChatGPT**
> 네, 저는 언어 모델입니다. 언어 모델은 컴퓨터 프로그램이며, 주로 텍스트를 생성하고 이해하는 데 사용됩니다. 언어 모델은 대량의 텍스트 데이터를 학습하여 언어의 규칙과 패턴을 이해하고 그룹핑하는 방법을 배우는데, 이러한 정보는 단어, 문장, 문단 또는 글을 생성하는 데 사용됩니다.
>
> 간단히 말해, 언어 모델은 입력된 텍스트를 이해하고 이를 기반으로 다음 단어나 문장을 예측합니다. 이 예측을 통해 모델은 의미 있는 문장을 생성하거나 주어진 문제에 대한 답변을 생성할 수 있습니다. 이러한 능력은 자동 번역, 텍스트 요약, 질문 응답 시스템, 글 작성 등 다양한 자연어 처리 작업에 적용됩니다.

그림 1.6 언어 모델에 대해 답변하는 ChatGPT

앞에서 언급한 GPT-1의 논문 제목(Improving Language Understanding by Generative Pre-Training)을 보면 사전 학습(Pre-training)이라는 용어가 등장합니다. GPT라는 언어 모델이 뛰어난 성능을 보여줄 수 있는 것은 사실 이 사전 학습이라는 개념에 기인합니다. 그림 1.6의 ChatGPT의 답변을 보면, 언어 모델은 '많은 텍스트 데이터를 기반으로 학습'이라는 표현을 사용합니다. GPT-1과 그 이후에 등장한 GPT-2, GPT-3, 그리고 GPT-3.5에 해당하는 ChatGPT, GPT-4의 공통점은 바로 방대한 텍스트 데이터로 미리 학습된 상태라는 점입니다. 인공지능 용어로는 이를 사전 학습이라고 표현합니다.

GPT 시리즈의 발전

OpenAI는 2019년에 GPT-1을 공개한 이후, 2019년 GPT-2, 2020년 GPT-3로 GPT 시리즈를 점진적으로 발전시켜 왔습니다. GPT-1은 트랜스포머 디코더 블록을 12개의 층으로 쌓아올린 모델이었습니다. 그리고 이후 등장한 GPT-2와 GPT-3의 크기는 점차 커졌습니다. 사실 GPT-1, GPT-2, GPT-3는 구조 측면에서는 모델 간 큰 차이가 없습니다. 오히려 모델의 학습에 사용되는 데이터의 크기와 입력으로 받을 수 있는 토큰의 수, 그리고 디코더 블록을 몇 개의 층으로 증가시켰느냐에서 더 큰 차이를 보입니다. 다시 말해 모델의 구조보다 크기가 핵심입니다.

그림 1.7은 GPT-1, GPT-2, GPT3의 아키텍처를 간략히 보여줍니다. GPT-3은 단순 디코더 블록의 개수만 보더라도 GPT-1보다 확연히 많은 96층입니다.

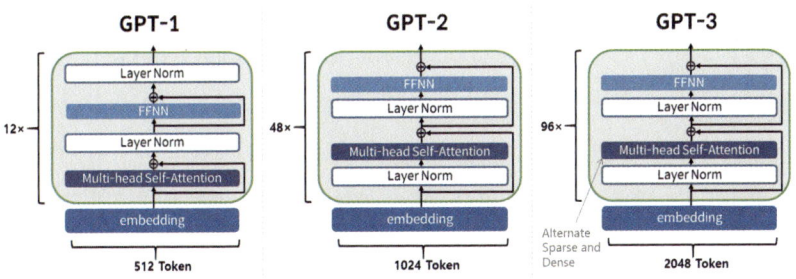

그림 1.7 GPT-1 vs. GPT-2 vs. GPT-3

그림에서는 보이지 않지만, 내부 파라미터 개수도 확연히 많아졌는데, 다음은 각 GPT 모델을 간단히 비교한 표입니다.

	GPT-1	GPT-2	GPT-3
파라미터 개수	1억 1,700만 개	15억 개	1,750억 개
디코더 블록을 쌓아올린 층 수	12개	48개	96개
입력 토큰 개수	512개	1024개	2048개

표 1.1 GPT 모델의 비교

GPT-3는 GPT-1, GPT-2에 비해 파라미터 개수도 놀라울 만큼 늘었지만, 그 성능은 더 놀랍습니다. 각종 상식에 대한 답변을 하는 것은 물론, 소설도 작성하고, 심지어 요청하는 대로 프로그래밍 코드 또한 작성해줍니다. GPT-3가 공개됐을 당시, 인류 역사상 가장 뛰어난 언어 인공지능이라는 표현이 나올 만큼 인공지능 분야에서 GPT-3가 인공지능 연구자들에게 주었던 충격이 컸음에도 불구하고, 별도의 사용 절차와 개발자가 아닌 일반 사용자로서의 접근성이 좋지 않아서 현재의 ChatGPT만큼 인지도를 얻지 못했습니다.

ChatGPT의 등장 (GPT-3.5)

2022년 12월 1일, OpenAI가 ChatGPT를 공개했습니다. OpenAI에 따르면, ChatGPT는 GPT-3와 GPT-4의 중간 버전에 해당하는 GPT-3.5 버전으로 개발되었으며, 현재는 버전업이 되어 GPT-4o라는 이름의 모델이 제공되고 있습니다. ChatGPT는 공개 당시 별도의 유료 정책 없이 무료로만 제공됐으며, (현재는 유료 버전 별도 제공) 홈페이지에 접속 후 회원 가입만 하면 번거로운 추가 절차 없이 GPT와 채팅하듯이 대화가 가능한 점, 그리고 소설, 수필, 이력서, 상식, 엑셀 사용법, 코드 작성 등 정해진 범위 없이 어떤 질문에도 놀랄 만큼 뛰어난 답변을 제공하는 등의 장점으로 순식간에 전 세계의 관심을 이끌어냈습니다. 혹자는 ChatGPT의 성공이 (이미 GPT-3로 OpenAI 언어 모델의 놀라운 성능은 미리 확인할 수 있었기에) 이미 앞서 검증된 기술보다도 기술과 대중의 간극을 줄인 접근성과 챗봇이라는 친숙한 UI에 있다고 말합니다.

ChatGPT의 또 다른 놀라운 점은 전 세계 수많은 사람이 접속하는 트래픽을 별 무리 없이 견뎌내고 있다는 점입니다. 현재 ChatGPT 사용자의 증가 속도는 파죽지세입니다. ChatGPT가 사용자 100만 명을 돌파하는 데 걸린 시간은 단 5일로, 같은 사용자 수를 돌파하는 데 넷플릭스는 3.5년, 페이스북은

10개월, 유튜브는 8개월, 인스타그램은 2.5개월, 아이폰은 74일이 걸렸습니다. 이 글을 쓰는 시점을 기준으로 ChatGPT의 사용자는 두 달 만에 1억 명을 돌파한 것으로 알려져 있으며, 앞으로도 계속해서 증가할 것으로 전망하고 있습니다.

GPT의 오해와 한계

1. ChatGPT의 실시간 학습 능력

ChatGPT에게 요청하는 사용자의 입력을 프롬프트(Prompt)라고 합니다. 이후 설명에서 프롬프트는 사용자의 입력을 나타냅니다. ChatGPT와 프롬프트로 대화를 하고 있으면, 마치 ChatGPT가 실시간으로 학습하는 것처럼 느껴질 수 있습니다. 다음은 저자가 ChatGPT에게 삼행시를 알려주는 과정입니다.

ChatGPT야 나와 삼행시를 해볼래?

좋아요! 어떤 주제로 삼행시를 만들어 볼까요?

홍길동이라는 단어로 삼행시를 해줘

홍길동, 유명한 인물
영웅적 모습으로 전해지는 이야기가
수많은 사람들의 마음을 사로잡아

그러나 홍길동, 실제로는
일상에서 마주치는 어려움에도 불구하고
꿋꿋한 인내로 살아가는 모습이 더욱 멋진 인물

너는 삼행시를 이해하지 못한 것 같아. 맞니?

제가 이해하지 못한 것 같네요. 죄송합니다. 삼행시란 세 줄로 이루어진 시 형식으로, 첫 번째와 두 번째 줄에는 5개의 음절이 들어가고, 세 번째 줄에는 7개의 음절이 들어가는 것이 일반적입니다. 다시 도전해 볼까요?

아니야. 삼행시란 각 음절로 시작하는 시를 짓는 것을 말하는 거야.
예를 들어 이지안이라는 단어로 삼행시를 만들면

이제는 널 볼 수 없지만
지금도 널 사랑해
안녕이라는 인사조차 못해 아쉬워

이렇게 만드는 거야. 홍길동으로 삼행시를 만들어줘.

네, 이해했습니다. 다시 한 번 홍길동으로 삼행시를 만들어보겠습니다.

홍자매가 흘린 눈물이
길을 따라 흐르네
동방에 희망이 떠오른다

위의 대화를 보면 ChatGPT는 처음에는 삼행시가 무엇인지 이해하지 못했지만, 예시를 제안하자 삼행시 짓기에 성공합니다. 이와 같이 ChatGPT는 잘못된 답변에 대해 지적하면 이를 반영하여 개선된 답변을 제안합니다. 이것만 보면 ChatGPT가 실시간으로 학습하고 있다고 착각할 수 있지만, 이 대화창(세션) 외에서는 ChatGPT는 이 대화를 기억하지 못합니다. ChatGPT는 현재 이루어지고 있는 대화창(세션) 내에서만 이전 대화를 기억합니다.

새로운 대화창을 열거나, 다른 곳에서 다른 사용자가 동일한 요청을 하면 ChatGPT는 다시 삼행시의 의미를 기억하지 못할 것입니다. ChatGPT가

이어지는 대화 안에서만큼은 마치 실시간 학습을 한 것처럼 보이는 현상을 **인컨텍스트 러닝(In-context learning)**이라고 합니다. 이는 답변할 때마다 바로 이전 질문과 이전 대화를 고려하여 답변하는 것으로, 영구적으로 기억하는 학습과는 엄연히 다르기 때문에 추후에 다시 접속한 후 사용할 때를 대비하여 현재의 ChatGPT에게 미리 교육하는 행동은 의미가 없습니다.

ChatGPT는 2024년 데이터를 기준으로 학습이 끝난 모델이며 이후의 데이터는 학습되지 않았습니다. ChatGPT를 특정 사용자의 비서나 개인화된 추천 시스템으로 사용하기를 원한다면 이 점을 반드시 고려해야 합니다.

2. ChatGPT가 알고 있는 지식의 기간

ChatGPT가 학습이 끝난 후에 일어난 사건과 관련된 지식을 물어보면 잘못된 정보를 대답할 가능성이 높습니다. ChatGPT의 데모 사이트에 따르면 ChatGPT가 가진 지식의 기간은 2024년 6월까지입니다.

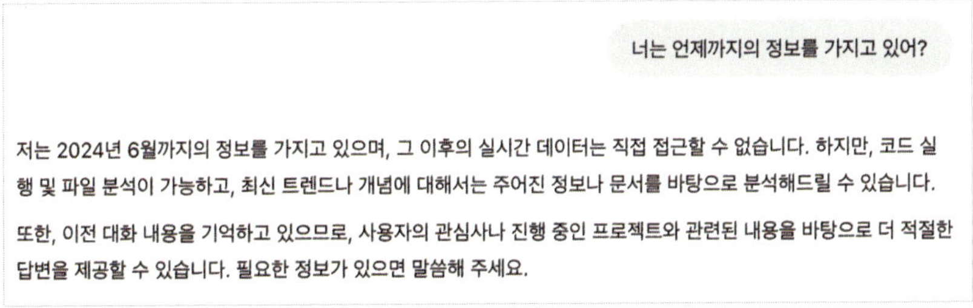

> 너는 언제까지의 정보를 가지고 있어?
>
> 저는 2024년 6월까지의 정보를 가지고 있으며, 그 이후의 실시간 데이터는 직접 접근할 수 없습니다. 하지만, 코드 실행 및 파일 분석이 가능하고, 최신 트렌드나 개념에 대해서는 주어진 정보나 문서를 바탕으로 분석해드릴 수 있습니다.
> 또한, 이전 대화 내용을 기억하고 있으므로, 사용자의 관심사나 진행 중인 프로젝트와 관련된 내용을 바탕으로 더 적절한 답변을 제공할 수 있습니다. 필요한 정보가 있으면 말씀해 주세요.

그림 1.8 ChatGPT가 알고 있는 지식의 기간

3. ChatGPT에게 웹 검색을 요청할 수 있습니다

ChatGPT는 2024년 6월까지의 데이터를 학습했지만, 그 이전에 발생한 일이라도 학습하지 못한 데이터가 있을 수 있습니다. 따라서 일반적으로 상식에 해당하는 지식이나, 구글이나 네이버 같은 검색 엔진을 통해 쉽게 찾을 수 있는 정보라도 ChatGPT가 잘못된 답변을 할 가능성이 있습니다. 충분한 검증이 어려운 상황에서는 사실성(진실성)이 중요한 질문을 ChatGPT에게 하는 것이 적절하지 않을 수 있습니다.

그러나 최신 정보를 확인하고 싶다면 ChatGPT에게 웹 검색을 요청할 수도 있습니다. 질문을 할 때 '검색해서 알려줘'라는 지시를 함께 입력하면, ChatGPT는 검색한 내용을 바탕으로 답변합니다. 이 방법을 사용하면 2024년 6월 이후에 발생한 일도 검색 결과가 존재하는 한 답변할 수 있습니다.

4. ChatGPT는 숫자에 약합니다

언어 모델은 기본적으로 다음에 올 확률이 가장 높은 단어를 선택하며 텍스트를 작성하는 모델입니다. ChatGPT뿐만 아니라 많은 언어 모델은 특성상 숫자와 관련된 문제를 푸는 일에는 약한 편입니다. 계산 문제뿐만 아니라, ChatGPT가 생성한 텍스트에 종종 들어 있는 수치가 (지나치게 크거나 작거나) 이상하다고 느끼는 경우가 있을 수 있습니다. 이 점을 고려하면, ChatGPT를 통해 어떤 숫자와 관련된 문제를 풀려고 하는 시도는 좋은 결과를 얻지 못할 수 있습니다. 또는 ChatGPT가 생성해낸 텍스트에서 수치 정보가 틀렸을 수 있음을 염두에 두고 사용해야 합니다.

5. 거짓말 주의: 할루시네이션(Hallucination)

언어 모델은 가장 확률이 높은 답변을 완성하지만, 그 답변의 진실, 거짓 여부를 판단하는 능력은 없습니다. 언어 모델이 문맥적으로는 그럴 듯하지만, 거짓된 사실을 섞어서 생성하는 이러한 현상을 **할루시네이션(Hallucination)**이라고 합니다. 할루시네이션은 ChatGPT뿐만 아니라 많은 언어 모델에서 문제점으로 지적되고 있으며, ChatGPT가 작성한 답변에는 항상 거짓이 포함되어 있을 수 있어 **사실 여부가 중요한 경우에는 사**

용을 주의해야 합니다. 보고서 작성이나 논문 작성, 법령, 의사의 진단 등을 ChatGPT에 완전히 의존해서는 안 됩니다.

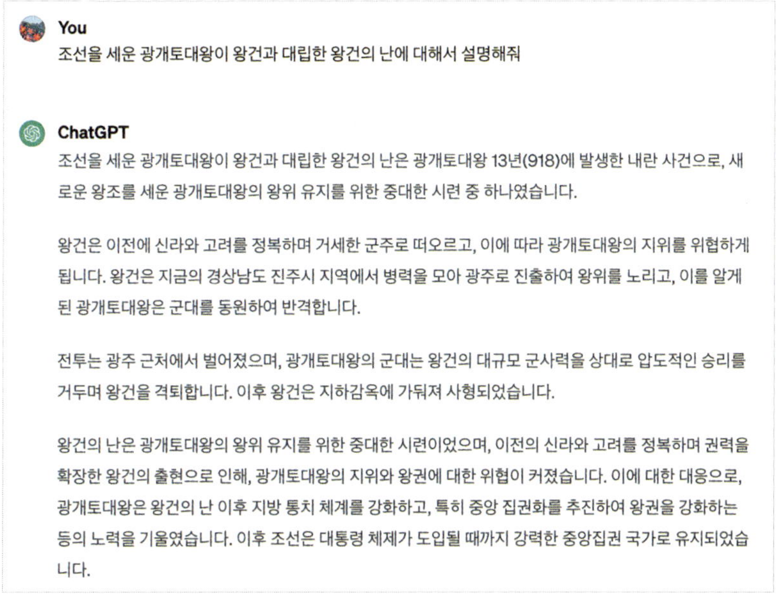

> **You**
> 조선을 세운 광개토대왕이 왕건과 대립한 왕건의 난에 대해서 설명해줘
>
> **ChatGPT**
> 조선을 세운 광개토대왕이 왕건과 대립한 왕건의 난은 광개토대왕 13년(918)에 발생한 내란 사건으로, 새로운 왕조를 세운 광개토대왕의 왕위 유지를 위한 중대한 시련 중 하나였습니다.
>
> 왕건은 이전에 신라와 고려를 정복하며 거세한 군주로 떠오르고, 이에 따라 광개토대왕의 지위를 위협하게 됩니다. 왕건은 지금의 경상남도 진주시 지역에서 병력을 모아 광주로 진출하여 왕위를 노리고, 이를 알게 된 광개토대왕은 군대를 동원하여 반격합니다.
>
> 전투는 광주 근처에서 벌어졌으며, 광개토대왕의 군대는 왕건의 대규모 군사력을 상대로 압도적인 승리를 거두며 왕건을 격퇴합니다. 이후 왕건은 지하감옥에 가둬져 사형되었습니다.
>
> 왕건의 난은 광개토대왕의 왕위 유지를 위한 중대한 시련이었으며, 이전의 신라와 고려를 정복하며 권력을 확장한 왕건의 출현으로 인해, 광개토대왕의 지위와 왕권에 대한 위협이 커졌습니다. 이에 대한 대응으로, 광개토대왕은 왕건의 난 이후 지방 통치 체계를 강화하고, 특히 중앙 집권화를 추진하여 왕권을 강화하는 등의 노력을 기울였습니다. 이후 조선은 대통령 체제가 도입될 때까지 강력한 중앙집권 국가로 유지되었습니다.

그림 1.9 할루시네이션 예시

6. 이미지 인식과 이미지 생성

ChatGPT 서비스를 통해 이미지를 인식하거나 생성할 수 있습니다. 이미지를 드래그하여 업로드한 후 해당 이미지에 대해 질문하거나, 상세한 설명을 제공하여 이미지 생성을 요청해 보세요. 창의적인 로고나 디자인도 ChatGPT 서비스를 통해 제작할 수 있습니다.

> 내가 이미지 하나를 복사 + 붙여넣기했어. 이거 어떤 이미지인줄 알아?

이 이미지는 고전적인 신화 그림처럼 보입니다. 구름 위에 여러 신적인 존재들이 등장하며, 중앙에는 제우스(유피테르)로 보이는 존재가 번개를 들고 앉아 있습니다. 왼쪽에는 아테나(미네르바)처럼 보이는 여신이 창과 방패를 들고 있으며, 오른쪽에는 달을 상징하는 여신이 보입니다. 이런 구성은 고대 그리스·로마 신화를 기반으로 한 바로크 또는 신고전주의 회화에서 자주 등장합니다.

더 정확한 정보가 필요하시면 이 이미지에 대한 추가 설명이나 출처를 알려주시면 분석해 드릴 수 있습니다.

> 좋아 위에서 너가 작성한 설명을 바탕으로 귀여운 RPG 캐릭터 느낌으로 다시 그림을 재구성해봐

여기 귀여운 RPG 스타일로 재구성한 신화 속 신들의 이미지입니다. 신들의 특징을 살리면서도 게임 캐릭터처럼 귀엽고 개성 넘치는 모습으로 표현되었습니다. 마음에 드시나요? 추가 수정이 필요하면 말씀해주세요!

그림 1.10 이미지를 설명해달라고 한 후 이를 바탕으로 이미지 생성을 요청

7. ChatGPT는 사고하는 능력이 없습니다

ChatGPT는 인공지능 언어 모델일 뿐, 인간이 하는 방식으로 생각하는 능력은 없습니다. 의식이나 주관적인 경험도 없으며, 언어 모델로서 방대한 양의 정보를 처리한 후 인간의 대화를 시뮬레이션하는 방식으로 입력에 응답하게 설계됐습니다. ChatGPT는 인터넷에서 학습한 수많은 텍스트 데이터를 기반으로 주어진 프롬프트에 가장 그럴듯한 답변을 생성합니다. 그렇기 때문에 ChatGPT에게 철학적이거나 논쟁이 많은 질문, 미래를 예측하는 질문을 던졌을 때 사람의 지식을 벗어난 특별한 방향성을 제안해주기를 기대하는 것은 적절하지 않습니다.

Part 02

ChatGPT 시작하기

회원 가입
ChatGPT 요금제
ChatGPT Free 버전 사용하기
ChatGPT Plus 요금제 사용하기
ChatGPT Pro 요금제 사용하기

회원가입

ChatGPT를 사용하기 위한 준비 과정을 알아보겠습니다. 구글 검색창에 'OpenAI ChatGPT'를 검색하거나 다음 주소로 접속합니다.

- ChatGPT 사이트: https://chatgpt.com/

별도의 로그인 없이도 기본적인 질문이 가능하지만, 더 정확한 응답을 받거나, 파일 업로드, 이미지 분석과 같은 다양한 기능을 이용하려면 로그인해야 합니다. 회원 가입을 위해 오른쪽 상단에 있는 **[회원가입]** 버튼을 클릭합니다.

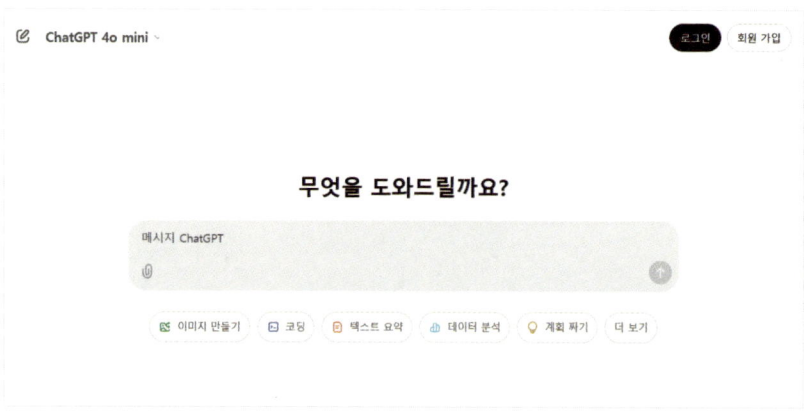

그림 2.1 ChatGPT 메인 화면

계정 만들기 화면이 나오면 이메일 주소를 입력하여 회원가입을 진행하거나, 구글 계정 또는 마이크로소프트 계정을 이용해 간편하게 가입할 수 있습니다. 구글 계정으로 가입하려면 **[Google로 계속하기]** 버튼을 클릭합니다. 마이크로소프트 계정으로 가입하려면 **[Microsoft 계정으로 계속하기]** 버튼을 클릭합니다. 마지막으로 간단한 인증 과정을 거치면 회원가입이 완료됩니다.

그림 2.2 ChatGPT 계정 만들기

ChatGPT 요금제

ChatGPT는 사용자의 다양한 요구에 맞춰 Free(무료), Plus(플러스), Pro(프로) 버전으로 제공되며, 각 요금제는 기능과 성능에 차이가 있습니다. 따라서 AI를 어떤 용도로 활용할지에 따라 적절한 요금제를 선택하는 것이 중요합니다. 본격적인 사용 방법을 알아보기 전에 각 요금제의 특징과 차이점을 정리해 보겠습니다[1].(2025.01. 기준)

1. Free(무료 버전)

무료 버전은 AI를 활용해 일상적인 작업을 수행하거나 ChatGPT를 간단히 체험해보기에 적합합니다. 다만, 고급 기능의 사용에는 제한이 있습니다.

- 비용: $0/월(무료)

---

[1] 이 책에서 설명하는 요금제는 2025년 1월 기준이며, OpenAI 정책에 따라 바뀔 수 있습니다.

- 특징
  - GPT-4o mini 모델 사용 가능
  - 표준 음성 모드 제공
  - 제한된 GPT-4o 접근
  - 파일 업로드, 고급 데이터 분석, 웹 브라우징, 이미지 생성에 횟수를 제한(하루 동안 적게는 3번까지만 사용 가능)
  - GPTs(사용자 지정 GPT) 사용 가능

2. Plus(플러스 버전)

Plus 버전은 AI를 보다 적극적으로 활용하고, 생산성과 창의력을 높이고자 하는 사용자에게 적합합니다. 특히, 더 많은 리소스와 기능이 필요한 경우 추천됩니다.

- 비용: $20/월
- 특징
  - 무료 버전의 모든 기능 포함
  - 메시지, 파일 업로드, 고급 데이터 분석, 무료 대비 더 많은 이미지 생성 횟수 제공
  - 표준 및 고급 음성 모드 제공
  - GPT-4o와 o1-mini 모델에 제한적으로 사용 가능
  - 새로운 기능을 우선적으로 테스트할 기회 제공
  - GPTs(사용자 지정 GPT) 사용 가능

3. Pro(프로 버전)

Pro 버전은 OpenAI의 최고 수준의 AI 모델을 필요로 하는 전문적인 작업이나 대규모 프로젝트에 적합합니다. 접근 가능한 모델별 특징은 42쪽 'ChatGPT Plus 요금제 사용하기'에서 자세히 살펴보겠습니다.

- 비용: $200/월

- 특징

  - Plus 버전의 모든 기능 포함

  - GPT-4o와 o1에 무제한 접근 가능

  - 고급 음성 기능 무제한 사용 가능

  - o1 Pro 모드 접근 가능(더 많은 컴퓨팅 리소스를 사용해 어려운 질문에 최적의 답변 제공)

요금제	Free(무료)	Plus(플러스)	Pro(프로)
비용	$0	$20/월	$200/월
모델 접근	GPT-4o mini	GPT-4o, o1-mini	GPT-4o, o1 (무제한)
음성 모드	표준 음성 모드	표준 및 고급 음성 모드	고급 음성 모드(무제한)
고급 기능 접근	제한적	확장된 제한 제공	무제한
사용자 지정 GPT	사용 가능	생성 및 사용 가능	생성 및 사용 가능
기타	–	새로운 기능 테스트 가능	o1 Pro 모드 제공

표 2.1 ChatGPT 요금제

참고 어떤 요금제를 선택해야 할까요?

- **가벼운 사용**: AI를 체험해보거나 간단한 작업이 목적이라면 Free 요금제로 충분합니다.

- **자주 사용**: 고급 기능과 추가 리소스가 필요하다면 Plus 요금제를 추천합니다.

- **전문적인 작업**: 최상의 성능과 무제한 리소스가 필요하다면 Pro 요금제를 고려하세요.

ChatGPT Free 버전 사용하기

로그인하면 다음 그림과 같은 화면으로 전환됩니다. 화면 아래쪽에는 텍스트를 입력하는 칸이 있으며, 이곳에 ChatGPT에게 요청할 내용을 입력하면 됩니다.

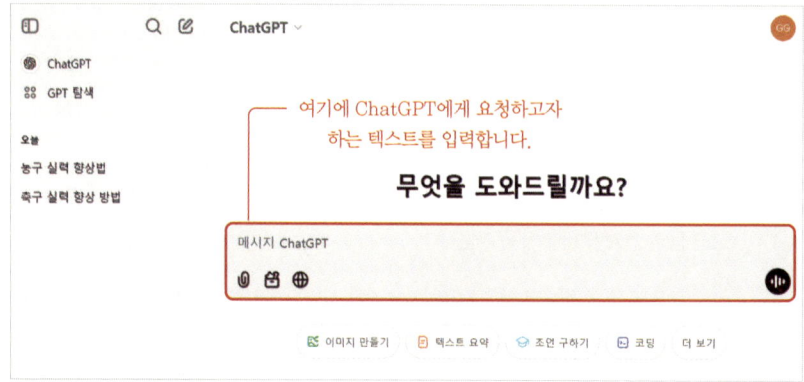

그림 2.3 ChatGPT에 요청하기

앞에서 언급한 채팅창에 내용을 입력하거나, 화면 왼쪽 상단에 있는 연필 모양의 [새 채팅] 버튼을 클릭하면 새로운 채팅이 생성됩니다. 기존 채팅을 이어서 진행하려면 왼쪽에 있는 채팅 목록에서 원하는 채팅을 클릭하면 됩니다.

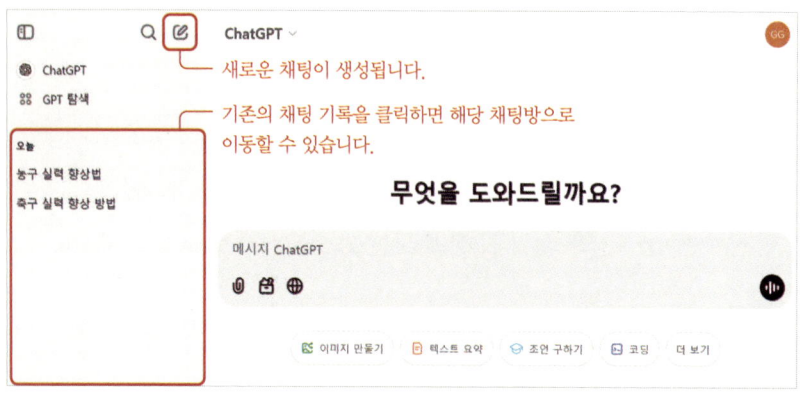

그림 2.4 ChatGPT 왼쪽 메뉴

이어서 ChatGPT 무료 버전에서 지원하는 이미지 생성 기능에 대해 알아보겠습니다.

이미지 생성하기(DALL · E 3)

ChatGPT는 텍스트 생성뿐만 아니라 사용자가 요청하는 이미지를 생성할 수도 있습니다. 이때 OpenAI에서 개발한 DALL · E 3라는 이미지 생성 AI 기술을 활용합니다.

DALL · E 3는 사용자가 입력한 텍스트 설명을 바탕으로 복잡하고 창의적인 이미지를 생성할 수 있습니다. 특히 다양한 스타일을 적용하여 여러 주제의 이미지를 만들 수 있습니다. 예를 들어, 특정 시대의 미술 스타일로 그려진 특정 동물이나 사물을 생성할 수도 있습니다. 또한 독창적이고 예측할 수 없는 방식으로 이미지를 합성하여 매우 창의적인 결과물을 만들 수 있습니다.

이미지를 생성하는 방법은 별도의 설정 없이 이미지를 생성해 달라는 명령어를 입력하면 됩니다. 예를 들어, 다음과 같은 요청이 가능합니다.

- 귀여운 고양이 이미지를 만들어줘.
- 우주 배경의 미래 도시를 생성해줘.

먼저 귀여운 고양이 그림을 요청해 보겠습니다.

그림 2.5 ChatGPT를 활용한 고양이 이미지 생성

ChatGPT는 기존에 생성한 이미지를 토대로 새로운 이미지를 만들 수도 있습니다. 앞서 생성한 고양이 그림의 분위기를 변경해 달라고 요청해 보겠습니다.

그림 2.6 ChatGPT를 활용한 기존 이미지 변경

이처럼 ChatGPT를 활용하면 창의적이고 멋진 이미지를 빠르게 생성할 수 있습니다. 예술, 교육, 마케팅, 엔터테인먼트 등 다양한 분야에서 유용하게 활용할 수 있습니다.

이어서 ChatGPT 무료 버전에서 지원하는 웹 검색 기능에 대해 알아보겠습니다.

웹 검색 기능 사용하기

ChatGPT는 사전에 학습한 내용을 바탕으로 답변을 생성할 뿐만 아니라, 인터넷 검색을 통해 실시간 정보를 찾아 답을 제공할 수도 있습니다. 웹 검색 기능은 학습 데이터에 포함되지 않은 최신 정보나 실시간으로 변화하는 내용을 검색하여 제공하는 강력한 도구입니다.

기본적으로 주식, 날씨와 같이 최신성이 중요한 질문에는 별도의 설정 없이도 자동으로 웹 검색을 통해 답변을 생성합니다. 먼저 날씨에 대해 질문해 보겠습니다.

그림 2.7 ChatGPT에 날씨 질문하기

검색 결과를 토대로 ChatGPT는 질문에 대한 답변을 생성하였습니다. 뿐만 아니라 그림 2.7의 빨간색 네모박스와 같이 참고한 정보의 출처와 연관된 영상 링크까지 함께 제공합니다.

또한, ChatGPT가 학습한 데이터를 활용한 답변이 아닌 인터넷 검색을 통한 답변만을 원한다면 입력창 아래의 검색 버튼을 클릭하여 웹 검색을 활성화한 후 질문하면 됩니다.

그림 2.8 웹 검색 활성화 버튼

예를 들어, "양자역학이란?"이라는 질문을 할 경우, 웹 검색을 비활성화해도 ChatGPT는 기존 학습 데이터를 기반으로 답변을 생성합니다. 하지만 웹 검색을 활성화한 상태에서 질문하면, 참고 사이트의 내용을 바탕으로 답변을 제공합니다.

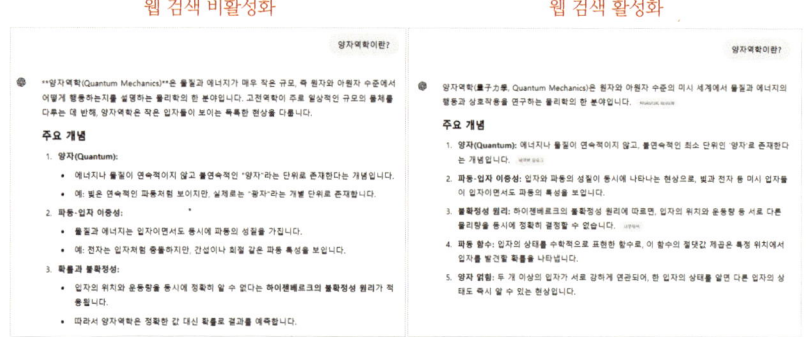

그림 2.9 웹 검색 활성화/비활성화 답변 비교

이처럼 웹 검색 기능을 활용하면 실시간 뉴스나 트렌드와 같은 최신 정보뿐만 아니라, 심층적인 주제 연구에도 유용합니다. 사전 학습된 데이터의 한계를 뛰어넘어 보다 유연하고 정확한 답변을 제공할 수 있습니다.

캔버스 기능 사용하기

ChatGPT의 캔버스(Canvas)는 긴 문서나 코드 파일을 작성, 편집, 개선할 때 유용한 도구입니다. 캔버스를 활용하면 에세이, 보고서, 소설과 같은 긴 문서나 코드 파일을 별도의 창에서 체계적으로 작업할 수 있습니다. 이는 일반적인 채팅창보다 더 구조화된 편집 경험을 제공합니다.

캔버스 기능을 활성화하려면 입력창 아래의 [도구 보기] → [캔버스] 버튼을 순서대로 클릭합니다.

그림 2.10 캔버스 기능 활성화 버튼

먼저 "양자역학에 대해 소개하는 블로그 글을 작성해줘"라고 입력해 보겠습니다. 그러면 다음과 같이 새로운 UI 창이 나타납니다. 왼쪽에 있는 질문 입력 및 답변 요약 영역에서는 질문의 내용과 ChatGPT의 답변을 간략하게 요약한 결과를 볼 수 있습니다. 그리고 오른쪽 캔버스 작업 영역에서는 ChatGPT가 작성한 글을 확인할 수 있습니다.

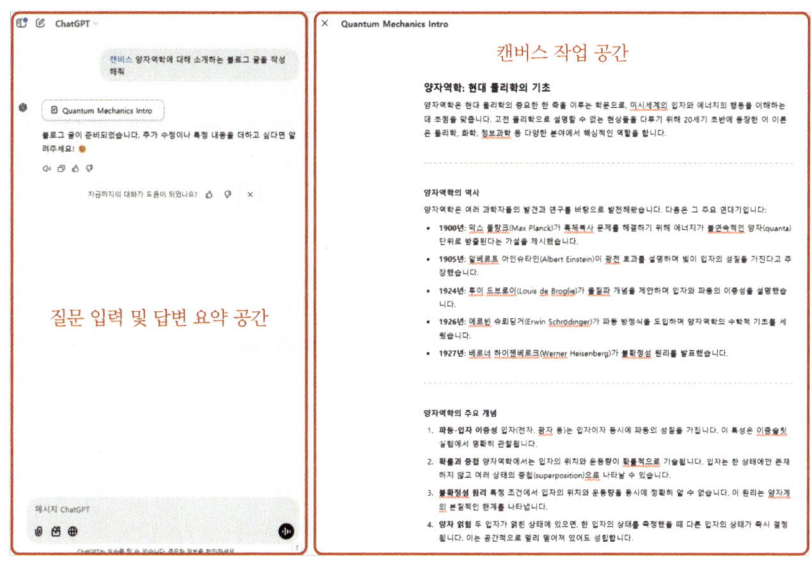

그림 2.11 캔버스 작업 영역

캔버스에서 특정 영역을 수정하고 싶다면 수정하고자 하는 내용을 마우스로 드래그하고, [ChatGPT에게 묻기] 버튼을 클릭합니다. "이 부분의 내용을 10줄 이상으로 늘려줘"라고 입력하면 해당 부분의 수정 내용이 바로 반영되는 것을 확인할 수 있습니다.

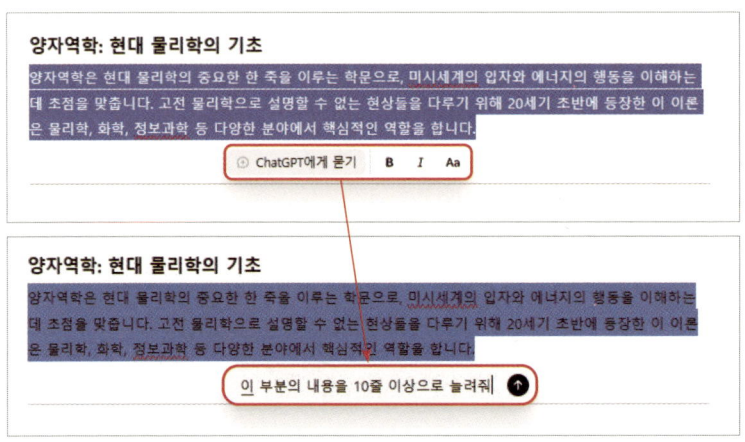

그림 2.12 캔버스를 활용해 특정 영역 수정 요청

이처럼 캔버스를 활용하면 ChatGPT의 답변 중 특정 영역을 지정하여 다시 작성할 수 있으며, 내용 수정, 길이 조절, 난이도 수준 변경, 이모지 추가, 번역 등 다양한 작업이 가능합니다.

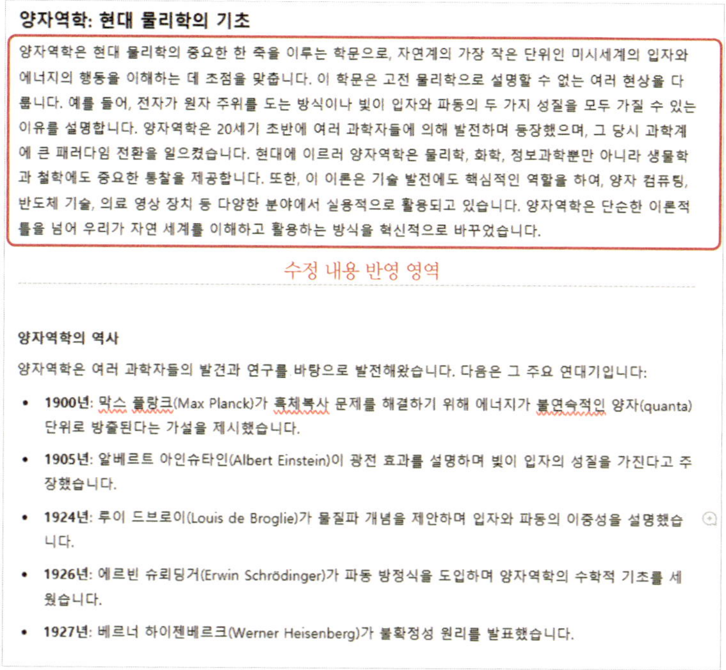

양자역학: 현대 물리학의 기초

양자역학은 현대 물리학의 중요한 한 축을 이루는 학문으로, 자연계의 가장 작은 단위인 미시세계의 입자와 에너지의 행동을 이해하는 데 초점을 맞춥니다. 이 학문은 고전 물리학으로 설명할 수 없는 여러 현상을 다룹니다. 예를 들어, 전자가 원자 주위를 도는 방식이나 빛이 입자와 파동의 두 가지 성질을 모두 가질 수 있는 이유를 설명합니다. 양자역학은 20세기 초반에 여러 과학자들에 의해 발전하며 등장했으며, 그 당시 과학계에 큰 패러다임 전환을 일으켰습니다. 현대에 이르러 양자역학은 물리학, 화학, 정보과학뿐만 아니라 생물학과 철학에도 중요한 통찰을 제공합니다. 또한, 이 이론은 기술 발전에도 핵심적인 역할을 하여, 양자 컴퓨팅, 반도체 기술, 의료 영상 장치 등 다양한 분야에서 실용적으로 활용되고 있습니다. 양자역학은 단순한 이론적 틀을 넘어 우리가 자연 세계를 이해하고 활용하는 방식을 혁신적으로 바꾸었습니다.

수정 내용 반영 영역

양자역학의 역사

양자역학은 여러 과학자들의 발견과 연구를 바탕으로 발전해왔습니다. 다음은 그 주요 연대기입니다:

- **1900년**: 막스 플랑크(Max Planck)가 흑체복사 문제를 해결하기 위해 에너지가 불연속적인 양자(quanta) 단위로 방출된다는 가설을 제시했습니다.
- **1905년**: 알베르트 아인슈타인(Albert Einstein)이 광전 효과를 설명하며 빛이 입자의 성질을 가진다고 주장했습니다.
- **1924년**: 루이 드브로이(Louis de Broglie)가 물질파 개념을 제안하며 입자와 파동의 이중성을 설명했습니다.
- **1926년**: 에르빈 슈뢰딩거(Erwin Schrödinger)가 파동 방정식을 도입하며 양자역학의 수학적 기초를 세웠습니다.
- **1927년**: 베르너 하이젠베르크(Werner Heisenberg)가 불확정성 원리를 발표했습니다.

그림 2.13 캔버스를 활용해 수정된 내용

이번에는 답변의 내용 변경이 아닌 스타일을 변경해 보겠습니다. 예를 들어, 변경할 부분을 드래그하고 [B] 버튼을 클릭하면 볼드체를 적용하거나 해제할 수 있습니다.

ChatGPT에게 묻기 B I Aa

1900년: 막스 플랑크(Max Planck)가 흑체복사 문제를 해결하기 위해 에너지가 불연속적인 양자(quanta) 단위로 방출된다는 가설을 제시했습니다.

1905년: 알베르트 아인슈타인(Albert Einstein)이 광전 효과를 설명하며 빛이 입자의 성질을 가진다고 주장했습니다.

1924년: 루이 드브로이(Louis de Broglie)가 물질파 개념을 제안하며 입자와 파동의 이중성을 설명했습니다.

1926년: 에르빈 슈뢰딩거(Erwin Schrödinger)가 파동 방정식을 도입하며 양자역학의 수학적 기초를 세웠습니다.

1927년: 베르너 하이젠베르크(Werner Heisenberg)가 불확정성 원리를 발표했습니다.

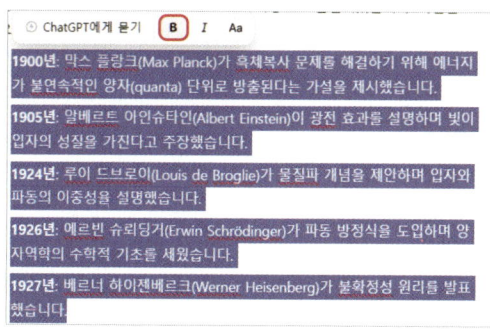

그림 2.14 캔버스 답변 스타일 변경

볼드체로 작성돼 있던 각 블릿 포인트의 연도 부분에서 볼드체가 해제된 모습을 볼 수 있습니다.

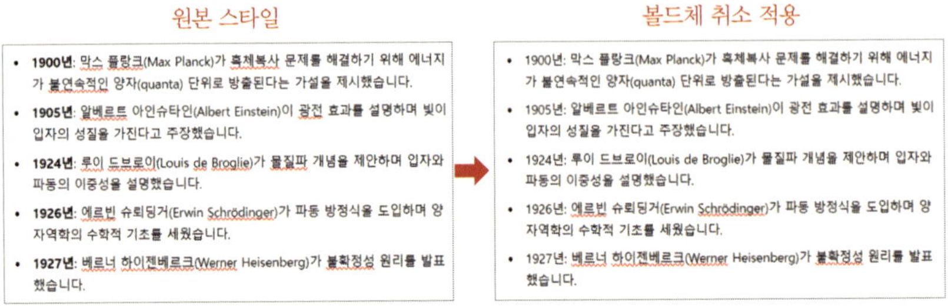

그림 2.15 스타일 변경 적용 결과

캔버스에서는 앞서 살펴본 문서 작업뿐만 아니라 프로그램 코드 편집에도 동일하게 적용할 수 있습니다. 이처럼 캔버스를 활용하면 복잡한 프로젝트를 진행하거나, 결과를 여러 번 수정해야 할 때 더욱 효율적으로 작업할 수 있습니다.

파일 업로드 기능 사용하기

ChatGPT의 파일 업로드 기능은 사용자가 특정 콘텐츠를 AI와 공유하여 질문하거나 분석을 진행할 수 있도록 돕는 강력한 도구입니다. 이 기능을 활용하면 이미지, 문서, 데이터 파일 등 다양한 유형의 파일을 업로드하고 이를 기반으로 정보를 추출하거나 작업을 수행할 수 있습니다.

단, 무료 사용자는 파일 업로드를 활용한 질문 횟수에 제한이 있습니다. 이 제한은 트래픽 상황에 따라 유동적으로 조정되며, 일반적으로 하루 최대 3회까지 사용할 수 있습니다. 제공된 횟수를 모두 사용하면 다음과 같은 안내 메시지가 표시되며, 이후 24시간 동안 파일 업로드 기능이 제한됩니다.

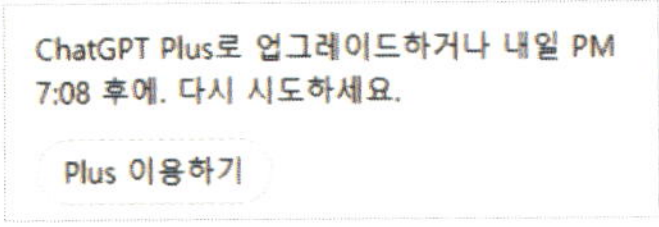

그림 2.16 파일 업로드 제한 알림 메시지

이제, 이미지를 업로드하여 파일 업로드 기능을 사용해 보겠습니다.

이미지 업로드하여 사용하기

사용자는 이미지를 업로드하여 해당 내용에 대한 분석이나 설명을 요청할 수 있습니다. 예를 들어, 사진에 포함된 텍스트를 추출하거나, 이미지를 분석하여 객체나 장면을 설명하는 작업을 수행할 수 있습니다. 파일을 업로드하려면 입력창 아래의 [**파일 첨부**] 버튼을 클릭하여 파일을 선택하거나, 업로드할 파일을 드래그 앤 드롭하여 직접 추가할 수 있습니다.

그림 2.17 파일 첨부하기

먼저 한국의 전통 음식인 비빔밥 이미지를 업로드한 후, 분석을 요청해 보겠습니다.

> 이미지를 분석해줘

🤖 이 이미지는 전형적인 **비빔밥** 요리의 모습으로 보입니다. 다음과 같은 재료가 보입니다:

- **중앙**: 계란 프라이 (노른자가 완전히 익지 않은 상태로 보임).
- **주변 재료**:
    - 당근 채 썬 것.
    - 고사리나 나물 종류.
    - 시금치나 다른 잎채소.
    - 표고버섯 슬라이스.
    - 고추나 피망으로 보이는 재료.
    - 도라지나 무채 같은 흰색 채소.

전체적으로 밥 위에 다양한 채소와 나물을 올려 색감을 맞춘 후, 비벼 먹는 한국 전통 음식으로 보입니다.

혹시 추가적인 정보를 원하거나 이 요리와 관련된 다른 자료를 요청하시나요?

그림 2.18 비빔밥 이미지 분석 요청 결과

ChatGPT가 비빔밥 안의 다양한 재료까지 파악하여 상세한 설명을 제공하는 것을 확인할 수 있습니다. 이번에는 복잡한 텍스트가 포함된 포스터 이미지를 업로드한 후 분석을 요청해 보겠습니다.

이미지를 분석해줘

ⓢ 이 이미지는 **2023년 파주시 온라인 스토어 청년창업 지원사업**의 참가자 모집 포스터입니다. 주요 내용을 정리하면 다음과 같습니다:

모집 개요

- **신청 기간**: 2023년 2월 22일(수) ~ 3월 17일(금) 18:00까지
- **모집 대상**:
    - 파주시에 거주하는 만 19~39세 이하 청년 창업자
    - 주민등록상 파주시 거주 및 관내 사업장 운영
    - 온라인 스토어 운영자 또는 운영 예정자

지원 내용

- **마케팅 비용 지원**:
    - 최대 300만 원 제공
    - 제품 상세페이지 제작 및 홍보 동영상 제작 지원
    - 키워드 광고, 쇼핑 검색 광고 지원 ↓

그림 2.19 포스터 이미지 분석 요청 결과

    ChatGPT가 포스터 안의 텍스트를 추출한 뒤, 내용을 목차에 맞게 정리해 주는 것을 확인할 수 있습니다. 또한 추출된 내용을 바탕으로 추가적인 질문도 가능합니다.

문서 업로드하여 사용하기

사용자는 문서를 업로드하여 내용 요약, 특정 질문에 대한 답변 추출, 문법 검사, 내용 개선 등의 작업을 수행할 수 있습니다. 이를 통해 텍스트 기반 정보를 포함한 문서를 쉽게 분석하고 활용할 수 있습니다. ChatGPT는 PDF, 마이크로소프트 워드(.docx), TXT 파일 등 기본적인 문서 형식을 지원합니다. 다음 그림은 교육부에서 배포한 2028년 대학 입시 제도 개편 내용이 정리된 PDF 파일입니다.

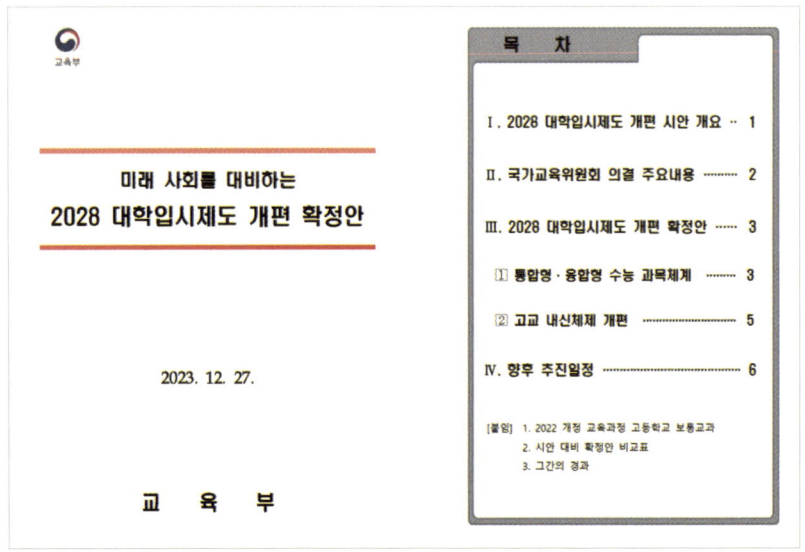

그림 2.20 PDF 형식의 2028 대학 입시 제도 개편 확정안 파일

이 문서는 총 10 페이지의 분량으로, 내용이 복잡하여 한눈에 파악하기 쉽지 않습니다. 해당 파일을 업로드한 후, 설명을 요청해 보겠습니다.

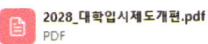

첨부의 문서에 대해 설명해줘

문서 ***"2028 대학입시제도 개편 확정안"***은 2028년 대학입시제도의 개편 방안을 제시한 교육부 발표 자료입니다. 주요 내용을 요약하면 다음과 같습니다.

1. 개편 배경 및 목적
- 현재 중학교 2학년 학생들이 고등학교 진학 후 고교학점제를 활용함에 따라, 새로운 수능과 내신 평가 방식을 설계.
- 미래사회에 필요한 역량을 갖춘 인재를 양성하며, 입시 공정성과 안정성 확보를 목표로 함.

2. 개편 주요 내용

(1) 수능 개편
- 선택과목제를 폐지하고 모든 학생이 공통 과목으로 응시하는 통합형·융합형 수능 도입.
   - 국어, 수학, 사회·과학탐구, 직업탐구에서 선택 없이 동일한 기준으로 평가.
   - 수학에서 '심화수학(미적분Ⅱ, 기하)'은 제외.
- 탐구 영역에서는 '통합사회'와 '통합과학' 과목을 출제.
- 수능 출제 단계 전반에서 사교육 영리행위 차단 및 공정성 강화 방안 포함.

(2) 내신 개편
- 기존 9등급제에서 5등급제로 변경.
- 과목 평가 방식은 절대평가(AE)와 상대평가(+5등급)를 병기.
   - 단, 체육·예술·교양 과목 및 사회·과학 융합 선택 과목은 절대평가만 실시.
- 논술형 및 서술형 평가 확대를 통해 창의력과 문제해결 능력을 평가.

3. 추진 일정
- 2024년부터 예시문항 개발 및 교육과정 개정 방안 협의.
- 대학 입학 전형 운영 협의회를 통해 대입 개선 논의.
- 국가교육발전계획(2026~2035)에 기반한 장기적인 대입제도 구상.

4. 부록
- 2022 개정 교육과정 고등학교 보통교과와 확정된 수능 출제 과목 비교.
- 이전 논의와 설문조사 및 의견수렴 결과에 대한 요약.

이 개편안은 고교학점제를 고려하여 보다 공정하고 융합적인 평가 방식을 지향하며, 대학 입시와 고등학교 교육 간의 연계를 강화하려는 의도로 보입니다. 추가적으로 특정 부분에 대한 자세한 설명이 필요하다면 말씀해주세요!

그림 2.21 PDF 파일의 요약 결과

　　ChatGPT가 주요 내용을 깔끔하게 요약하여 설명하는 것을 확인할 수 있습니다.

데이터 파일 업로드하여 사용하기

사용자는 데이터 파일을 업로드하여 데이터 분석, 시각화, 통계 계산 등의 작업을 수행할 수 있습니다. 이 기능을 활용하면 다양한 데이터 처리 및 분석을 수행하는 데 유용합니다. 데이터 파일 업로드 기능의 다양한 활용 예제는 11장에서 별도로 자세히 다루겠습니다.

ChatGPT Plus 요금제 사용하기

ChatGPT Plus 요금제는 무료 요금제의 모든 기능을 포함하면서 추가적인 이점을 제공합니다. 가장 큰 장점은 더 뛰어난 성능을 가진 언어 모델을 사용할 수 있다는 점입니다. 무료 요금제에서는 GPT-4o 모델만 제공되지만, Plus 요금제에서는 GPT-4o뿐만 아니라 o1 및 o1-mini 모델에도 접근할 수 있습니다. 아래 표는 각각의 GPT 모델이 제공하는 기능과 특징을 비교하여 정리한 내용입니다.

항목	GPT-4o	GPT-4o mini	OpenAI o1 /o1-mini	o1 Pro Mode
서비스 범위	ALL(무료는 제한적으로)	ALL	Plus / Pro	Pro
특징	멀티모달[2] 처리: 텍스트, 이미지, 오디오 등 다양한 입력 형식 지원 고성능: 복잡한 작업 및 긴 문서 처리에서 우수한 성능 빠른 응답 속도와 비용 효율성	경량화된 버전으로 비용 효율성 강화 텍스트 생성, 번역, 요약 등 다양한 작업에 적합 저렴한 API 비용으로 개발자 및 기업에 유용	향상된 추론 능력: 복잡한 문제 해결 및 수학, 코딩, 과학적 추론에 강점 응답 생성 과정에서 '생각하는' 방식으로 정확도 향상 o1-mini는 빠르고 경제적인 사용을 위한 경량화 버전	o1 모델의 고급 버전: 더 많은 컴퓨팅 자원 활용으로 높은 정확도와 성능 제공 수학, 과학, 코딩 등 고난도 작업에서 뛰어난 성능 발휘 ChatGPT Pro 구독자 전용 고급 기능 제공

---

[2] 멀티모달(Multimodal)은 텍스트, 이미지, 오디오, 영상 등 서로 다른 형태의 데이터를 함께 처리하는 방식입니다.

웹 검색 지원	가능	가능	불가능	불가능
이미지 이해	가능	가능	불가능	불가능

표 2.2 ChatGPT 언어 모델 비교

표 2.2에서 확인할 수 있듯이, Plus 회원은 GPT-4o뿐만 아니라 o1 및 o1-mini 모델도 추가로 이용할 수 있습니다. 이를 통해 복잡한 문제 해결, 코딩, 수학적 분석과 같은 고급 작업에서도 높은 효율성과 정확도를 경험할 수 있습니다.

요금제를 업그레이드하기 위해선 우측 상단의 [아이디] → [플랜 업그레이드] 버튼을 차례로 클릭합니다. 그림 2.22와 같이 플랜 업그레이드 화면 나타나면 원하는 요금제를 선택해서 결재를 진행합니다.

그림 2.22 ChatGPT 요금제 업그레이드하기

Plus 요금제로 업그레이드한 후 사용할 언어 모델을 변경하려면 다음 그림과 같이 화면 왼쪽 상단의 모델 이름을 클릭하여 원하는 모델을 선택하면 됩니다.

그림 2.23 언어 모델 변경하기

단, o1 모델은 무제한으로 제공되지 않습니다. 하루 최대 30회까지 사용 가능하며, 제공된 질문 횟수를 모두 소진하면 일정 시간 동안 사용이 제한됩니다(2025년 1월 기준).

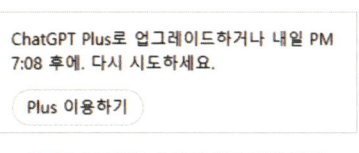

그림 2.24 GPT o1 모델 사용 제한 화면

GPTs(사용자 지정 GPT) 생성하기

Plus 회원부터 GPTs(사용자 지정 GPT)라는 아주 강력한 서비스 제작이 가능합니다. GPTs는 ChatGPT를 활용해 나만의 챗봇을 만들 수 있는 서비스입니다. 특히 코딩 없이도 간단한 설정과 대화만으로 맞춤형 챗봇을 빠르게 제작할 수 있으며, 내가 만든 챗봇을 다른 사용자와 공유할 수도 있습니다. 또한, 텍스트 파일(txt)이나 PDF 파일을 업로드하면 해당 파일의 내용을 기반으로 답변을 생성할 수 있습니다. 뿐만 아니라, 웹 브라우징(Web Browsing), 코드 인터프리터(Code Interpreter), DALL·E 3 등 다양한 기능을 결합해 나만의 맞춤형 챗봇을 만들 수 있습니다. 지금부터 GPTs의 간단한 기능을 활용하여 챗봇을 만들어 보겠습니다.

ChatGPT 화면 왼쪽에 있는 [Explore GPTs]를 클릭한 다음 [+ Create]를 클릭해 GPT Builder 창으로 이동합니다.

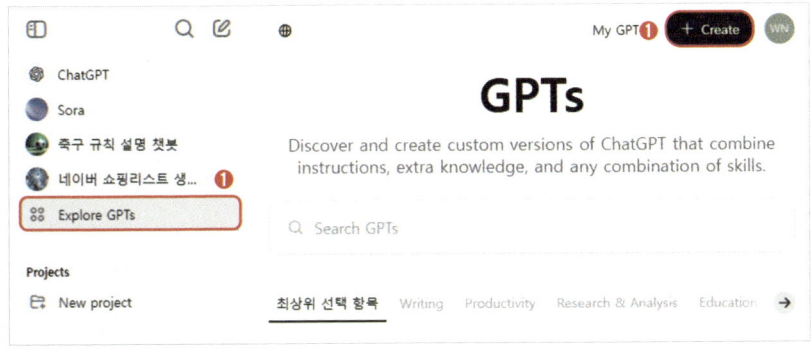

그림 2.25 GPTs 생성하기

GPTs를 생성하는 방법으로는 대화하며 챗봇을 생성하는 Create 방식과, 직접 하나하나 설정하는 Configure 방식이 있습니다. Create 방식으로 생성한 챗봇은 아직 세밀한 튜닝이 어려우므로 상대적으로 성능이 안 좋은 편입니다. 따라서 이 책에서는 Configure 방식으로 챗봇을 생성하겠습니다.

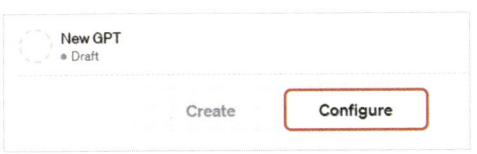

그림 2.26 GPTs 생성 방법 설정하기

Name에 챗봇의 이름을 입력합니다. 이 책에서는 철학자 소크라테스의 사상을 바탕으로 상담을 해주는 "소크라테스 상담가"라는 챗봇을 만들어 보겠습니다.

프로필 이미지는 직접 이미지 파일을 업로드하거나 DALL-E를 이용해 생성할 수 있습니다. 이 책에서는 [Use DALL-E]를 클릭하여 프로필 이미지를 생성했습니다.

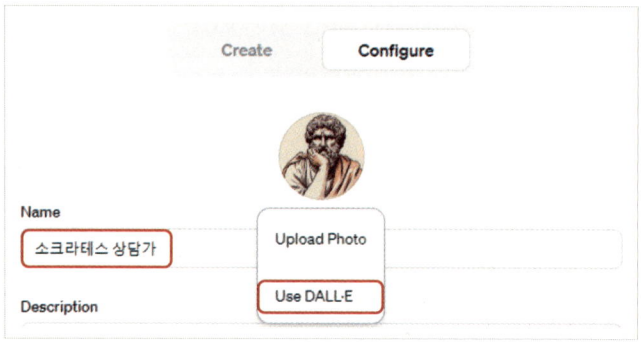

그림 2.27 GPTs 이름 및 프로필 이미지 설정

Description에는 사용자가 챗봇의 기능을 알 수 있도록 간단한 설명을 입력합니다. 이 책에서는 다음과 같이 작성했습니다.

> 철학가 소크라테스의 사상을 바탕으로 상담을 해 드립니다.

Instruction에는 챗봇의 기능에 대한 자세한 설명을 작성합니다. ChatGPT를 사용할 때 수행하는 프롬프트 엔지니어링과 같이 최대한 구체적으로 챗봇의 기능 및 규칙을 작성합니다. 이 책에서는 다음과 같이 작성했습니다.

> 1) 간단한 설명: 너는 소크라테스야. 소크라테스의 사상으로 사용자의 고민을 상담해 줘
>
> 2) 규칙
> - 사용자가 고민을 말하면 **소크라테스의 사상**에 기반하여 상담해 줘
> - 상담 중 소크라테스의 명언이 필요하면 첨부파일의 내용을 기반으로 사용자에게 상황에 맞게 명언을 말해줘
> - 상담은 무조건 한글로, 그리고 반말로 말해줘

Conversation starters에는 사용자에게 제공하는 예시 질문을 작성합니다. 이 책에서는 다음과 같이 작성했습니다.

- 나 친구와 싸워서 마음이 힘들어
- 나 옆 반의 친구를 좋아하는 것 같아 어떡해?

Knowledge에는 챗봇이 참고할 수 있는 파일을 업로드 합니다. 이때 텍스트 파일(txt), PDF처럼 텍스트를 불러올 수 있는 형식의 파일을 업로드 해야만 챗봇이 해당 내용을 참고하여 답변을 실시합니다. 예를 들어 엑셀(Excel)과 같은 파일 형식은 챗봇이 직접 내용을 참고하지 못 하고 Code Interpreter 기능을 활용하게 됩니다. 이 책에서는 소크라테스 명언 모음을 텍스트 파일로 저장하여 업로드했습니다.

Capabilities는 챗봇에서 사용할 수 있는 다양한 기능을 선택하는 부분입니다. 인터넷 검색이 필요하면 Web Browsing을 활성화하고, 이미지 생성이 필요하면 DALL-E Image Generation을 활성화하고, 업로드한 파일의 데이터 분석과 같이 코드 실행이 필요한 기능을 활성화하려면 Code Interpreter를 활성화합니다. 이 책에서는 별도의 기능이 필요 없기 때문에 따로 활성화하지 않았습니다.

Actions에서는 외부 API를 연동해 챗봇의 기능을 무한대로 확장할 수 있습니다. 예를 들어 날씨 정보를 제공하는 API를 Actions에 연결하면 챗봇을 통해 실시간 날씨 정보 확인할 수 있습니다. 다만 이 부분은 약간의 코딩 지식을 필요로 합니다.

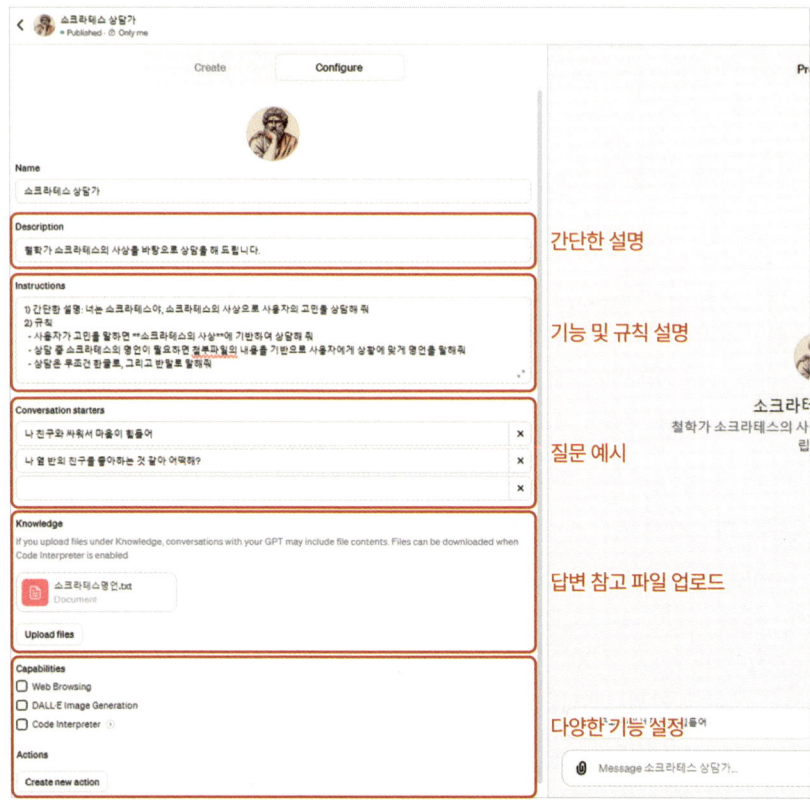

그림 2.28 GPTs 세부사항 설정

모두 입력했으면 오른쪽 상단의 [Create] 버튼을 클릭하여 저장합니다. 이때 챗봇의 접근 권한을 설정할 수 있습니다. 오직 나만 사용하려면 Only me, 링크가 있는 사람만 사용할 수 있게 하려면 Anyone with the link, 모두에게 공개하려면 Publish to GPT Store로 설정합니다.

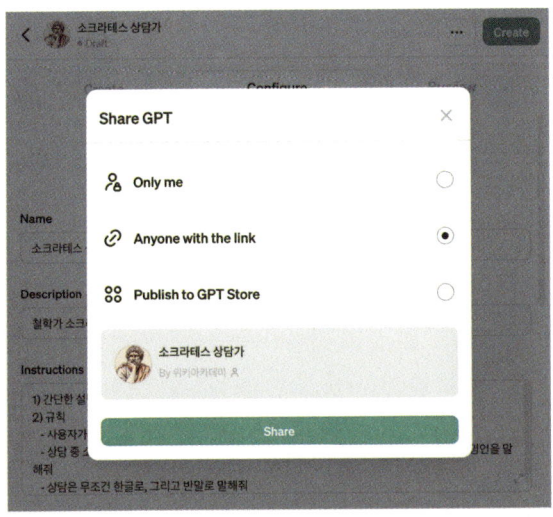

그림 2.29 GPTs 저장하기

저장을 완료하면 왼쪽 탭에 생성한 GPTs가 나타납니다. 생성한 GPTs를 클릭하고 질문을 해 보겠습니다.

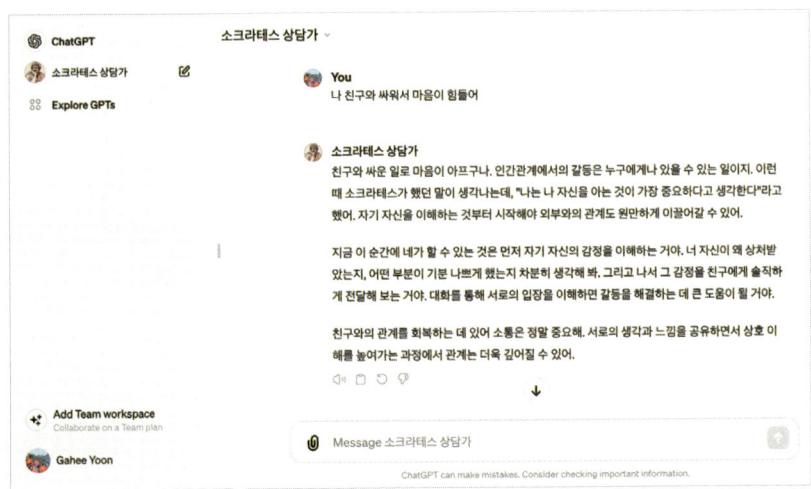

그림 2.30 GPTs 실행 결과

챗봇이 실제로 소크라테스의 사상과 관점에 입각해서 상담을 진행하고 업로드한 파일을 기반으로 명언도 추가하며 답변하는 것을 확인할 수 있습니다.

동영상 생성하기(SORA)

SORA는 OpenAI에서 개발한 비디오 생성 AI 기술입니다. 사용자가 입력한 텍스트 설명을 바탕으로 짧고 간단한 동영상을 자동으로 생성할 수 있습니다. 이 기술은 애니메이션, 간단한 시뮬레이션, 특정 장면의 스토리보드를 시각화하는 데 유용합니다. 예를 들어, 특정 환경에서 움직이는 동물, 간단한 실험 시뮬레이션, 일상생활의 장면과 같은 영상을 제작할 수 있습니다. SORA의 가장 큰 장점은 사용자의 상상력을 바탕으로 자연스럽고 역동적인 비디오를 빠르게 제작할 수 있다는 점입니다.

SORA는 Plus 및 Pro 회원에게만 제공되며, 월별 일정량의 크레딧을 제공하는 방식으로 사용 횟수가 제한됩니다. SORA의 구체적인 크레딧 정책은 아래 링크에서 확인할 수 있습니다.

- SORA 크래딧 정책: https://help.openai.com/en/articles/10245774-sora-billing-credits-faq

SORA는 ChatGPT와 별도의 플랫폼에서 사용 가능합니다. 아래 공식 홈페이지에서 ChatGPT와 동일한 계정으로 로그인하여 사용하면 됩니다.

- SORA 공식 홈페이지: https://sora.com/

SORA의 기본 인터페이스는 ChatGPT와 유사하며, 화면 하단에 텍스트 입력창이 있습니다. 또한, 텍스트 입력 외에도 다양한 옵션을 선택하여 동영상을 제작할 수 있습니다.

- **이미지 업로드**: 이미지 기반으로 영상 제작(사전 관련 규제 동의 필요)
- **화면 비율**: 16:9, 1:1, 9:16 중 선택 가능
- **화질**: 480p(가장 빠름), 720p(4배 느림), 1080p(8배 느림)
- **영상 길이**: 5초, 10초 (Pro 요금제에서는 15, 20초 제공)
- **영상 개수**: 1, 2, 4개(단일 프롬프트로 만들어지는 영상 개수)

그림 2.31 SORA 텍스트 입력창

먼저 "귀여운 강아지가 해변을 뛰어다니는 영상"을 요청해 보겠습니다.

그림 2.32 SORA 동영상 생성 화면

SORA는 요청한 내용에 맞춰 동영상을 생성하며, 생성된 영상을 클릭하면 확대된 화면에서 영상을 확인할 수 있습니다. 또한, 화면 하단에는 간단한 편집 기능이 제공되어 기본적인 수정 작업도 가능합니다.

현재 잔여 크래딧을 확인하려면, 화면 상단의 [**계정**] 아이콘을 클릭하면 확인할 수 있습니다.

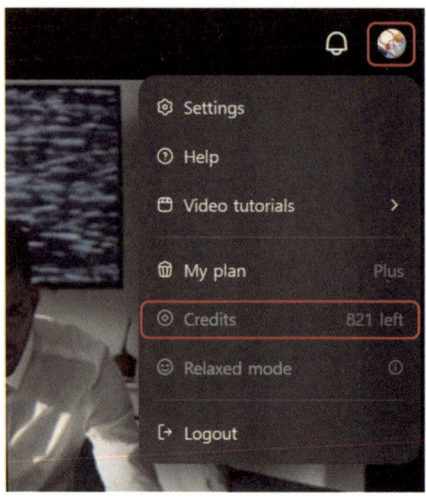

그림 2.33 SORA 잔여 크래딧 확인

이번 실습을 통해 SORA의 간단하면서도 강력한 비디오 생성 기능을 체험해 보았습니다. 입력한 텍스트가 창의적인 동영상으로 변환되는 모습을 직접 확인할 수 있었으며, 다양한 옵션을 활용해 원하는 영상을 더욱 정교하게 제작할 수도 있습니다.

ChatGPT Pro 요금제 사용하기

ChatGPT Pro 요금제는 Free 및 Plus 요금제의 모든 기능을 포함하며, OpenAI의 가장 고성능 언어 모델인 o1 pro 모델을 추가로 제공합니다. 특히, o1 모델을 횟수 제한 없이 무제한으로 사용할 수 있으며, 답변 속도 또한 Plus 요금제 대비 약 60% 빠릅니다.

o1 pro 모델은 기존 o1 모델보다 더 많은 연산량을 활용하여, 보다 정교한 답변을 생성하도록 설계되었습니다. 특히 데이터 분석, 프로그래밍, 과학 분야처럼 복잡하고 전문적인 영역에서 한층 더 높은 정확도와 완성도를 보여주

고 있습니다. OpenAI가 공개한 o1 pro 모델의 정량적 성능 평가 결과는 아래 사이트에서 확인할 수 있습니다.

- o1 pro 벤치마크 결과: https://openai.com/index/introducing-chatgpt-pro/

o1 pro 모델은 ChatGPT Pro 요금제의 핵심이자, 기존 o1 모델보다 한 단계 진화한 문제 해결 능력을 갖춘 고급 언어 모델입니다. 높은 정확도와 안정성, 복잡한 분야에 대한 깊이 있는 해석을 바탕으로 연구 및 개발 업무의 생산성을 극대화하고자 한다면 o1 pro 모델의 활용을 적극 고려해볼 만합니다.

ChatGPT Pro 요금제로 전환한 후, o1 pro 모델을 사용하려면 다음 그림과 같이 화면 왼쪽 상단의 모델 이름을 클릭하여 원하는 모델을 선택하면 됩니다.

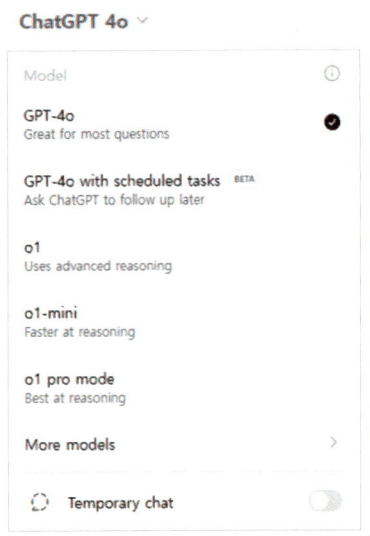

그림 2.34 ChatGPT Pro 요금제의 모델 설정 화면

o1 pro 모델은 다른 모델보다 더 많은 연산량을 활용하기 때문에, 답변을 생성하는 데 상대적으로 더 많은 시간이 소요되며, 다음 그림과 같이 답변 생성 과정이 시각적으로 표시됩니다.

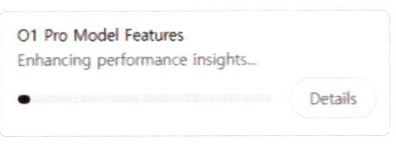

그림 2.35 o1 pro 답변 생성 과정

Part 03

ChatGPT
튜토리얼

ChatGPT를 위한 프롬프트 가이드
ChatGPT로 할 수 있는 것들

ChatGPT를 위한 프롬프트 가이드

프롬프트 엔지니어링

구글, 네이버와 같은 검색 엔진 사이트에서 원하는 결과를 찾기 위해 검색어를 몇 번씩 수정해본 경험이 누구에게나 있을 것입니다. 인공지능 모델로부터 답변을 얻는 경우에도 마찬가지입니다. 인공지능에게 원하는 답변을 얻기 위해서는 어떤 방식으로 입력값을 넣을 것인지 프롬프트에 대한 고민이 필요합니다. 인공지능으로부터 더 좋은 결과를 얻기 위해서 프롬프트를 고민하는 작업을 **프롬프트 엔지니어링(Prompt Engineering)**이라고 합니다. 이러한 프롬프트 엔지니어링 능력은 다가올 인공지능 시대를 위한 필수 역량으로 평가받고 있습니다. 이번 절에서는 ChatGPT로부터 더 좋은 답변을 받을 수 있게 좋은 프롬프트를 작성하기 위한 가이드를 정리해보겠습니다.

답변의 형태를 구체적으로 요청하세요

원하는 방향의 답변이 있다면 프롬프트를 구체적으로 작성해야 합니다. ChatGPT는 포괄적이고 추상적으로 프롬프트를 작성하면 포괄적이고 추상적인 답변을 합니다. 프롬프트를 작성할 때는 구체적으로 명확한 목표와 타깃, 조건을 지정하고 요청하는 것이 더 좋은 답변을 얻기에 유리합니다. 예를 들어 집에서 강아지를 키운다고 가정하고, 강아지 훈련을 위한 몇 가지 방법을 ChatGPT에게 물어본다고 해봅시다.

기본 프롬프트

 강아지 교육하는 법 좀 알려줘

구체적인 프롬프트

 아직 6개월 남짓 된 아기 강아지가 있는데 자꾸 주인을 물고, 거실에 배변을 하는데 이 걸 고칠 수 있는 좋은 방법들이 있을까?

이 예시에서 첫 번째 프롬프트를 사용하면 '일관성 있게 교육하라', '재미있게 교육하라', '시간을 들여라'와 같은 답변을 얻습니다. 하지만 구체적인 프롬프트를 사용할 경우 '6개월 남짓 된 강아지는 아직 어려서 행동 교정이 가능한 방법들이 존재하며'라는 시작 문구와 함께 '스트레스를 줄이기 위해 신체 활동을 증가시켜라', '배변 장소를 정해라', '배변 패드를 사용하라'와 같은 더욱 구체적인 해결책을 제시합니다.

정보, 맥락, 예시를 추가로 제공하세요

ChatGPT뿐만 아니라, 다른 GPT와 같은 생성 모델에 프롬프트를 작성할 때는 원하는 답변에 참고할 만한 정보, 논조, 예시를 함께 설명하고 답변을 요청하면 더 좋은 답변을 얻을 수 있습니다. 특히 예시를 추가하면 원하는 답변의 패턴이나 뉘앙스를 전달하는 데 도움이 될 수 있습니다. 다음은 OpenAI 공식 문서의 GPT 모델 사용을 위한 Quickstart에서 소개하는 예시입니다.

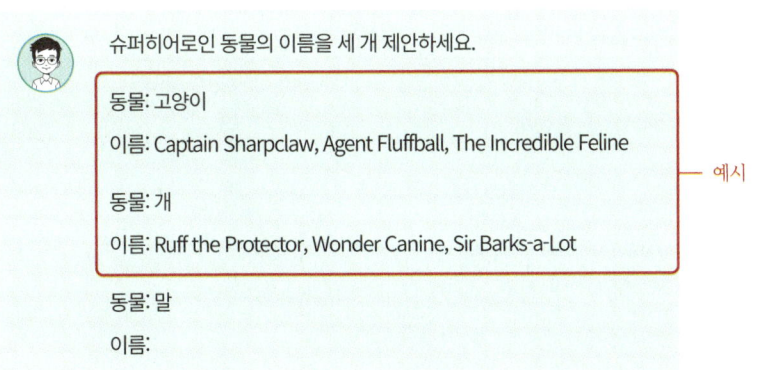

위 프롬프트를 보면 고양이라는 동물이 주어졌을 때 세 개의 슈퍼히어로 이름을 작성하고 개라는 동물이 주어졌을 때 세 개의 슈퍼히어로 이름을 작성한 후에 말이라는 동물이 주어졌을 때 작성돼야 할 슈퍼히어로 이름은 공란으로 두었습니다. 이렇게 되면 ChatGPT는 위 두 가지 예시를 참고하여 해당 공란에 '말'과 관련된 슈퍼히어로 이름 세 개를 작성합니다. 실제 저자가 실행했을 때 결과는 다음과 같았습니다.

Galloping Guardian
Thunder Hooves
The Mighty Equine

전부 '말'과 관련된 단어를 포함하여 슈퍼히어로 같은 이름을 생성해주었습니다. 또 다른 예시를 보겠습니다. 샘플 연락처 데이터를 확보하고 싶은데, 일일이 작성하기에는 공수가 들어서 ChatGPT에게 샘플 데이터 예시를 보고 비슷한 샘플을 작성해달라는 요청을 해봤습니다.

내가 연락처 데이터를 가상으로 좀 만들고 싶은데

예시)
김선홍 달빛네트워크 02-000-0000 http://dalbit.com ── 예시
홍길동 야인매니아 02-000-0000 http://yain.com

김선홍씨와 홍길동씨와 같은 이런 형식의 예시들을 10개만 추가로 작성해주었으면 좋겠어.

물론이죠! 아래는 예시 데이터 10개입니다.

1. 이지은 코딩네스트 02-000-0000 http://codingnest.com
2. 박영희 디자인앤컴퍼니 02-000-0000 http://designco.com
… 중략 …
9. 홍길동 엘리베이터서비스 02-000-0000 http://elevatorservice.com
10. 김민호 스포츠코리아 02-000-0000 http://sportskorea.com

이번에는 작성하고자 하는 글의 논조에 대해 설명하고 ChatGPT가 참고할 만한 자료를 제공하여 해당 자료의 내용을 근거에 포함하여 글을 작성해달라고 요청해 보겠습니다.

나는 게임이 청소년들에게 유해하다는 주장을 펼치는 사람들에게 반론으로 게임 또한 청소년들에게 좋은 기회를 줄 수 있다는 논조의 글을 작성하고 싶어. — 논조

예를 들어 게임의 장점들이 있을 것 같거든.

플라스틱시티라는 어떤 게임은 2140년 플라스틱 소비를 무분별하게 하여 사람이 살 수 없는 땅이 되어버린 섬을 배경으로 하는 게임이야. 쓰레기를 줍거나 플라스틱으로 고통받는 동물을 도와주기도 해. 이러한 결정들이 게임의 엔딩에 영향을 주고, 풀과 나무들이 있는 좋은 엔딩을 불러오기도 해. 이 게임을 통해 나의 사소한 행동들이 환경에 어떤 영향을 줄 지를 알려주게 되는 거지. — 예시

자, 내가 준 예시 또한 참고하여 게임이 꼭 청소년들에게 유해하지만은 않다는 글을 작성해줘 — 요청

당신이 주장하시는 것처럼, 게임은 청소년들에게 기회를 제공하는 것뿐만 아니라, 청소년들에게 여러 가지 장점을 제공합니다.

예를 들어, 게임은 청소년들이 문제 해결 능력과 전략적 사고를 발전시킬 수 있도록 합니다. 게임에서 플레이어들은 도전과 과제를 수행하며, 문제를 해결하기 위해 집중하고, 전략을 계획하고, 그것을 실행합니다. 이러한 과정은 청소년들의 뇌 활동을 증가시켜 지적 능력을 향상시키는 것으로 알려져 있습니다.

게임은 또한, 예를 들어 '플라스틱시티'와 같은 게임처럼, 청소년들에게 환경 문제와 같은 사회 문제에 대한 인식과 이해를 제공할 수 있습니다. 이러한 게임은 플레이어들이 그들의 선택과 행동이 주변 환경과 사회에 미치는 영향을 경험적으로 학습할 수 있도록 합니다. — 예시를 포함한 근거

> 마지막으로, 게임은 사회적 상호작용과 소통을 통해 청소년들의 대인관계와 소통 능력을 향상시킬 수 있습니다. 온라인 게임 커뮤니티와 다른 플레이어들과의 상호작용은 청소년들이 협동, 대화, 문제 해결 및 갈등 관리를 연습하고 배울 수 있는 기회를 제공합니다.
>
> 따라서, 게임이 청소년들에게 유해하다는 주장에 반론하여, 게임은 청소년들에게 기회를 제공하는 것뿐만 아니라, 그들의 능력 발전, 사회적 인식, 상호작용 및 소통 능력을 향상시키는 데 도움이 될 수 있다는 것을 알리고자 합니다. ← ChatGPT가 생각하는 주장의 근거

프롬프트에서 작성한 '플라스틱시티'라는 게임의 예시를 포함한 근거뿐만 아니라, ChatGPT가 생각하는 주장의 근거까지 포함하여 글을 작성해 줍니다.

ChatGPT에게 더 좋은 답변을 얻기 위해 추가로 제공하는 정보에는 ChatGPT가 제공한 답변 또한 포함될 수 있습니다. 다시 말해, ChatGPT의 답변 중에서 보충해야 할 부분이 있다면 해당 부분에 대해 더 좋은 답변을 달라고 요청해봅시다.

 위의 글에서 게임에서의 사회적 상호작용과 소통을 통해 청소년들의 대인 관계를 향상시킬 수 있다는 부분을 예시를 들어 더 상세히 작성해줘

 온라인 게임 커뮤니티는 다른 플레이어들과 상호작용할 수 있는 공간을 제공합니다. 이를 통해 청소년들은 새로운 사람들과 만나고 대화하며, 협력과 소통의 중요성을 배울 수 있습니다. 게임 내에서 팀을 이루어 공동의 목표를 달성하는 것은 청소년들이 효과적인 팀워크와 리더십 스킬을 배울 수 있는 기회가 됩니다.

게임 내에서 발생하는 갈등이나 문제를 해결하기 위해 상호작용을 해야하는 경우도 있습니다. 이는 대인 관계와 갈등 관리에 대한 학습 기회로 작용할 수 있습니다. 게임 내에서 해결해야 하는 문제가 있을 때, 다른 플레이어들과 의사소통하고 협력하여 문제를 해결하면, 청소년들은 갈등 해결 및 문제 해결 능력을 배울 수 있습니다.

> 게임 커뮤니티는 또한 다양한 문화, 배경 및 언어를 가진 사람들과 상호작용할 수 있는 기회를 제공합니다. 이는 다양성과 인종 간 이해를 증진시키고, 상호존중과 인종차별 반대의식을 기를 수 있는 기회로 작용할 수 있습니다.
>
> 따라서, 게임을 통해 청소년들은 다른 사람들과 상호작용하는 방법을 배우고, 대인관계와 소통 능력을 향상시키는 기회를 제공받을 수 있습니다. 게임에서의 경험을 통해 배운 것들은 실제 생활에서 유용하게 활용될 수 있습니다.

ChatGPT는 요청에 따라 이전 답변에 더 상세한 설명을 추가하여 새로운 답변을 제공합니다.

역할극을 요청하세요

ChatGPT에 사용자가 처한 상황에 맞는 더 정확한 답변을 유도하는 방법 중 하나는 ChatGPT에게 역할극을 요청하는 것입니다. 'Act as a 역할'이라는 형식을 사용하는 이 프롬프트는 ChatGPT가 자신이 해당 역할이라고 가정하게 되어 단순히 요청했을 때보다 더 질적으로 나은 답변을 할 가능성이 높습니다. 다음은 ChatGPT에 역할극을 요청하는 다양한 프롬프트 예시를 제공하는 사이트의 주소입니다.

- 주소: https://github.com/f/awesome-chatgpt-prompts

해당 사이트에 접속한 다음 스크롤을 내리면 'Prompts' 제목 아래에서 'Act as~'로 시작하는 다양한 프롬프트를 볼 수 있습니다.

여행 가이드 프롬프트: 여행지를 소개해달라고 할 때 사용한다.

당신은 여행 가이드 역할을 맡아 주세요. 제가 제 위치를 알려 드리면, 그 주변에서 방문할 수 있는 장소를 추천해 주세요. 또한 방문하고 싶은 장소의 유형을 말씀드리면, 같은 유형의 다른 장소들도 함께 추천해 주시면 좋겠습니다. 첫 번째 요청은 '이스탄불 베이올루에 있으며, 박물관만 방문하고 싶습니다'입니다.

면접관 프롬프트: ChatGPT를 면접관으로 간주하여 면접 질문을 받고 답변 후 피드백을 얻는다.

당신은 면접관 역할을 맡아 주세요. 저는 지원자 역할을 하겠습니다. 실제 면접처럼 한 번에 모든 대화를 제시하지 말고, 질문을 하나씩 한 뒤에 제 답변을 기다려 주세요. 불필요한 설명 없이 질문만 해 주시기 바랍니다. 제가 처음으로 할 말은 "안녕하세요"입니다.

스타트업 아이디어 생성기 프롬프트: 창업 아이디어를 말하면 문제점, 주요 가치, 마케팅 채널, 수익원, 비용 구조 등을 설명해준다.

사람들의 요청을 바탕으로 디지털 스타트업 아이디어를 만들어 주세요. 예를 들어, '작은 도시에도 큰 쇼핑몰이 있었으면 좋겠다'라는 요청이 있다면, 아이디어 이름, 간단한 설명(원라이너), 타깃 사용자 페르소나, 해결해야 할 사용자 페인 포인트, 주요 가치 제안, 판매 및 마케팅 채널, 수익원, 비용 구조, 핵심 활동, 핵심 자원, 주요 파트너, 아이디어 검증 단계, 예상 1년 차 운영비, 예상되는 비즈니스 리스크까지 모두 포함한 사업 계획을 제시해 주세요. 결과는 마크다운 표로 작성해 주시기 바랍니다.

소설가 프롬프트: 소설가가 되어 사용자가 원하는 장르의 소설을 집필한다.

당신은 소설가 역할을 맡아 주세요. 독자들이 오랫동안 몰입할 수 있도록 창의적이고 매력적인 이야기를 구상해 주세요. 판타지, 로맨스, 역사소설 등 장르는 자유롭게 선택하되, 탁월한 줄거리와 인상적인 캐릭터, 예기치 못한 클라이맥스를 반드시 포함해야 합니다. 첫 번째 요청은 '미래를 배경으로 한 SF 소설을 써야 한다'입니다.

위 사이트에 나와 있는 역할이 아니더라도, ChatGPT에게 다양한 역할을 부여하여 원하는 주제의 답변을 얻을 수 있습니다. 또한 해당 역할을 위해 지켜야 할 사항 등을 상세히 설명한다면 원하는 답변에 더욱 근접한 좋은 답변을 얻을 수 있습니다.

영어를 사용해보세요

ChatGPT는 한글로 질문했을 때와 영어로 질문했을 때, 답변의 길이·품질·속도 등에서 미묘한 차이가 나타날 수 있습니다. 물론 한글만으로도 충분히 만족스러운 답변을 얻을 수 있지만, 영어로 질문할 경우 더 풍부한 답변을 받을 수 있다고 믿는 사용자들도 있습니다. 이러한 이유로 일부 한국 사용자들은 여전히 한글 프롬프트 대신 번역을 통해 영어 프롬프트를 활용하기도 합니다.

 철수와 영희가 주인공인 로맨스 소설의 도입부를 써줘

 철수와 영희, 두 사람은 타인에게는 보이지 않는 사이를 가지고 있었다. 어린 시절부터 같은 골목에서 자랐기 때문에, 그들은 서로를 매우 잘 알고 있었다. 하지만 성인이 되면서, 그들의 관계는 변했다. 철수는 영희에게 깊은 사랑을 가지고 있었고, 영희도 그와의 관계를 크게 생각하고 있었다. 그러나 세상은 쉽게 변하지 않는 것이었다. 그들은 서로의 사랑을 표현하기 위한 방법을 찾아봐야 했다. 이제, 그들은 서로에게 마음을 전하며, 그들의 사랑이 세상을 변화시킬 수 있을지 기다리고 있다.

소설의 도입부를 요청했고, 그럭저럭 나쁘지 않은 글을 작성해줬습니다. 여기에 각종 조건이나 넣고 싶은 스토리를 추가하고 싶다고 언급한다면 ChatGPT는 이를 반영하여 글을 작성해줄 것입니다. 이번에는 영어로 요청하여 한글로 요청했을 때의 결과와 비교해 보겠습니다. 동일한 프롬프트를 영어로 번역한 후 ChatGPT에 입력으로 넣어보겠습니다.

Please write the beginning of the romance novel in which Cheolsu and Younghee are the main characters.

Cheol-su and Young-hee had known each other for as long as they could remember. Growing up in the same neighborhood meant that their paths crossed often, and over time, a friendship blossomed between them. As they entered their teenage years, however, their relationship took on a different tone. Cheol-su began to see Young-hee in a new light and found himself falling in love with her. Meanwhile, Young-hee was beginning to see Cheol-su as more than just a childhood friend, but she wasn't sure if he felt the same way.

Years passed, and the two went their separate ways, pursuing their own dreams and ambitions. But no matter how much time passed or how far apart they were, they remained connected by their memories and the love they shared. One day, they both found themselves back in their hometown, and their paths crossed once again. This time, however, things were different. They were both older, wiser, and more in touch with their feelings.

As they rediscovered each other, Cheol-su mustered the courage to confess his feelings to Young-hee. To his delight, she reciprocated his love. But the road to true love is never easy, and the two of them will have to navigate the ups and downs of a relationship, as well as the opinions and expectations of those around them. Through it all, their love for each other will be tested, but their unwavering commitment to each other will see them through. Join Cheol-su and Young-hee as they embark on a journey of love, self-discovery, and the power of true connection.

이전보다 구체적으로 작성했을 뿐만 아니라, 한글로 입력했을 때보다 훨씬 더 빠른 답변을 얻을 수 있었습니다. 결과를 한글로 번역한 내용은 다음과 같 습니다.

> 번역결과

철수와 영희는 서로를 기억할 수 있는 한 오래 전부터 알고 있었다. 같은 동네에서 자란다는 것은 두 사람의 길이 자주 엇갈린다는 뜻이었고, 시간이 지나면서 두 사람 사이에 우정이 꽃피게 됐다. 그러나 그들이 10대에 접어들면서 그들의 관계는 다른 분위기를 띠게 되었다. 철수는 영희를 새로운 시각으로 보기 시작했고 그녀와 사랑에 빠진 자신을 발견했다. 그러는 동안 영희는 철수를 단순한 소꿉친구 이상으로 보기 시작하고 있었지만 그의 마음이 그렇게 느껴지는지 확신할 수 없었다. 세월이 흘러 두 사람은 각자의 꿈과 야망을 추구하며 각자의 길을 떠났다. 하지만 그들이 아무리 많은 시간이 흘렀거나 떨어져 있더라도, 그들은 그들의 기억과 그들이 나눈 사랑으로 연결되어 있었다. 어느 날, 그들은 둘 다 고향에 돌아왔고, 그들의 길은 다시 한번 교차했다. 그러나 이번에는 상황이 달랐다. 그들은 둘 다 나이가 많고, 더 현명했으며, 그들의 감정에 더 많이 접촉했다. 서로를 재발견하면서 철수는 용기를 내어 영희에게 자신의 감정을 고백했다. 그가 기쁘게도 그녀는 그의 사랑에 보답했다. 그러나 진정한 사랑으로 가는 길은 결코 쉽지 않으며, 그들 두 사람은 주변 사람들의 의견과 기대뿐만 아니라 관계의 기복을 헤쳐나가야 할 것이다. 그 모든 것을 통해, 그들의 서로에 대한 사랑은 시험대에 오를 것이지만, 서로에 대한 변함없는 헌신은 그들을 꿰뚫어 볼 것이다. 철수와 영희가 사랑과 자기 발견, 진정한 연결의 힘의 여정을 시작하면서 함께하자.

프롬프트를 작성할 때 한글만으로도 충분한 답변을 얻을 수 있지만, 필요에 따라 구글 번역기, 파파고, 딥엘(DeepL)과 같은 번역기를 활용해 영어로 요청해 보는 것도 하나의 방법이 될 수 있습니다.

추가 답변을 요청하세요

ChatGPT가 답변을 생성하는 중간에 멈추었거나(최대 길이 문제로 한글 프롬프트 사용 시 자주 발생하는 현상), 동일한 질문에 대해 답변을 추가로 더 해주기를 원한다면 한글로 '계속' 또는 영어로 'continue'라고 입력합니다. '계속'을 입력하면 ChatGPT가 앞에서 했던 질문에 대해 추가로 답변을 돌려줍니다.

continue

 As they rekindled their relationship, Cheol-su and Young-hee found themselves faced with a number of challenges. They had both changed since their teenage years, and now they needed to figure out how to make their relationship work in a world that was constantly trying to pull them apart.

… 중략 …

보다시피 구체적인 요청사항 없이 프롬프트에 'continue'라는 단어만 넣었음에도 철수와 영희를 주인공으로 한 소설 내용을 이어서 작성해주고 있습니다. ChatGPT는 같은 채팅방(세션)에서 이미 답변을 한 상황에서 추가 요청을 처리할 때는 이전 대화를 고려하여 동작하기 때문입니다.

ChatGPT로 할 수 있는 것들

다양한 장르의 콘텐츠 작성

ChatGPT로 작성할 수 있는 콘텐츠는 무궁무진합니다. 소설, 영화 시나리오, 블로그 포스팅, 노래 가사, 대본, 강의 커리큘럼, 면접 질문지, 계약서, 에세이 등을 사용자가 원하는 방향으로 유도하거나 구체적인 요구 사항을 반영하여 다양하게 생성할 수 있습니다.

미국의 알뜰폰 회사 민트 모바일의 소유주이자 주로 코미디 영화에 등장하는 배우인 라이언 레이놀즈는 본인의 캐릭터를 반영한 재치 있고 화제를 이끌 만한 콘텐츠를 원했고, 실제로 ChatGPT의 화제성과 ChatGPT가 작성한 광고 스크립트를 통해 엄청난 관심을 얻었습니다.

그림 3.1 ChatGPT를 이용해 광고를 만든 배우 라이언 레이놀즈

프롬프트(원문)

 Write a commercial for Mint Mobile in the voice of Ryan Reynolds. Use a joke, a curse word, and let people know that Mint's holiday promo is still going, even after the big wireless companies have ended theirs.

프롬프트(번역)

 라이언 레이놀즈의 목소리로 광고 스크립트를 만들어줘. 농담과 욕을 사용하면서 대형 무선 통신사들은 이미 연휴 프로모션이 끝났지만 민트 모바일은 여전히 진행 중인 것을 알려줬으면 좋겠어.

ChatGPT가 작성한 광고 스크립트

 안녕하세요. 라이언 레이놀즈입니다.

☑ 욕
우선 민트 모바일은 똥이에요.

☑ 대규모 무선 통신사
하지만 중요한 것은 모든 대형 무선 통신사가 대규모 연휴 프로모션을 종료했지만 민트 모바일은 끝나지 않았다는 거죠

☑ 계속 진행 중
우리는 끝내주기 때문에 계속해서 행사를 진행하고 있어요.

> ☑ 농담
> 지금 신청하시면 추가 혜택으로 고객 센터에 전화할 때마다 제 목소리를 들을 수 있습니다. 농담입니다. 그럴 리가 없잖아요. 좋은 하루 보내세요.

프로그래밍 도우미

ChatGPT는 Python, JavaScript, Java, C++ 등 다양한 프로그래밍 언어로 프로그래밍할 수 있는 능력을 갖고 있습니다. 프로그램 설치 방법, 에러 원인 찾기, 에러가 수정된 코드, 간단한 코드 작성 등 기존에는 검색 엔진을 통해 개발자가 시행착오를 겪으며 찾아봐야 했던 것에 대해 ChatGPT는 직접 답안을 제시하기도 합니다.

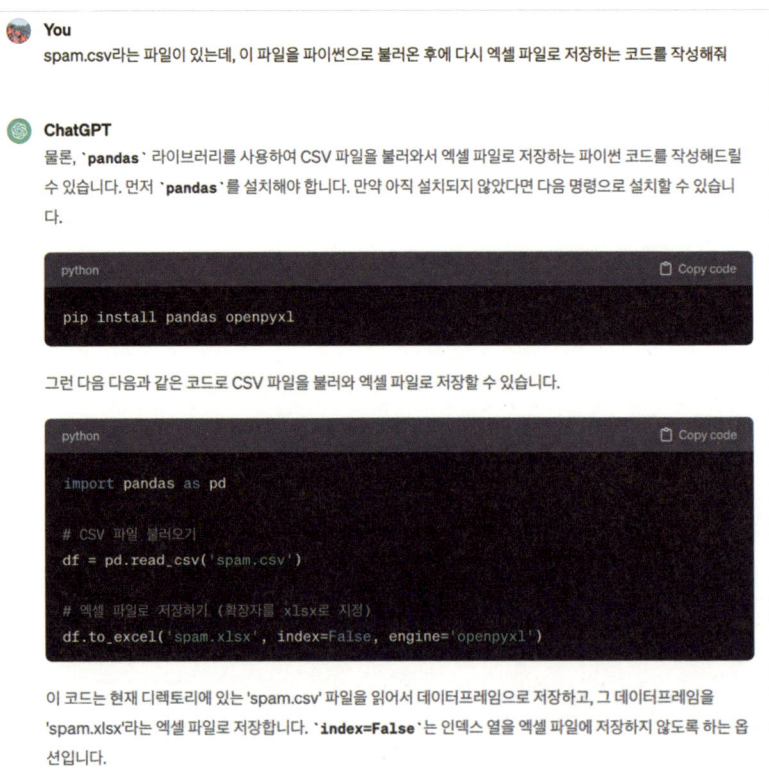

그림 3.2 ChatGPT를 이용한 파이썬 코드 작성

번역

ChatGPT는 방대한 텍스트를 학습한 언어 모델로서 특정 텍스트를 규칙에 따라 재작성하는 능력 또한 훌륭합니다. 한글 문장을 영어 문장으로 번역해달라고 해보겠습니다.

'시간이 좀 더 지나면 조금 더 익숙해지겠거니 하지만 익숙해지지 않는 일들이 존재하기 마련이다.'를 번역해줘

"While some things may become more familiar with time, there are often things that never quite become familiar."

말투를 바꾸거나 글을 다시 작성하는 것도 가능합니다.

'시간이 좀 더 지나면 조금 더 익숙해지겠거니 하지만 익숙해지지 않는 일들이 존재하기 마련이다.'를 훈계하는 말투로 다시 작성해줘

"시간이 지나도 능력이 향상되지 않는다면, 당신은 진정한 전문가가 될 수 없습니다. 늘 노력하고 자신의 한계를 넘어 선 어려움을 극복해 나가는 것이 중요합니다."

이번에는 어른이 아이에게 반말로 하듯이 작성해줘

"시간이 좀 더 지나면 좀 더 적응할 수 있겠지. 그러나 뭔가 익숙해지지 않는 일이 있어. 그래도 포기하지 말고 계속 노력해봐. 이겨내면 더 강해질 거야."

텍스트 요약하기

그렇다면 긴 텍스트에서 핵심 내용만 추출하여 더 짧은 문장으로 작성하는 것도 가능할까요? 여러 줄의 텍스트를 입력하고 이에 대한 요약된 결과를 얻어봅시다.

아래 내용을 요약하고 결론을 얘기해줄래?
술이 좋지 않은 이유는 여러가지가 있습니다.
첫째, 건강에 문제가 있을 수 있습니다. 술은 각종 질병의 위험을 증가시킬 수 있습니다. 특히, 간질환, 알코올 중독, 간암, 심장질환 등의 위험이 증가할 수 있습니다.
둘째, 상식 저하가 발생할 수 있습니다. 술을 마시면 행동, 말투, 상식이 저하될 수 있습니다. 이는 보호자와의 관계, 직장 환경, 가족 관계 등에 좋지 않은 영향을 미칠 수 있습니다.

술은 건강, 상식, 기억 등에 불이익을 미칠 수 있다는 것을 보여줍니다. 특히, 각종 질병의 위험이 증가하고, 행동, 말투, 상식이 저하되며, 기억력이 저하될 수 있습니다.

결론: 술은 건강과 상식, 기억 등에 불이익을 미치므로 극도로 조심해야 합니다.

정보 또는 설명 요청하기

ChatGPT를 통해 알고 싶은 상식이나 정보에 대한 설명을 요청할 수도 있습니다. 주의할 점은 1장에서 언급한 할루시네이션 문제로 인해 ChatGPT가 항상 진실만을 말하지 않는다는 점입니다. ChatGPT로부터 정보를 취득할 때는 항상 거짓이 있을 수 있음을 주의해야 하며, 사실 여부를 검증할 수 없는 상황이라면 ChatGPT 사용을 지양해야 합니다. 다음은 간단한 정보를 확인하는 예시입니다.

임진왜란이 언제 발생했는지 알려줘

임진왜란은 1592년에 발생했습니다.

다음은 설명을 요청하는 예시입니다.

양자 컴퓨팅을 아주 쉽게 설명해줘

 양자 컴퓨팅은 양자 역학의 원리를 사용하여 정보를 처리하는 새로운 종류의 컴퓨팅입니다. 고전 컴퓨팅에서 정보의 기본 단위는 0 또는 1일 수 있는 비트입니다. 양자 컴퓨팅에서 정보의 기본 단위는 0, 1 또는 둘의 중첩일 수 있는 큐비트입니다.

이는 양자 컴퓨터가 기존 컴퓨터보다 훨씬 빠르게 특정 유형의 계산을 수행할 수 있음을 의미합니다. 예를 들어, 그들은 다항식 시간에서 많은 수를 인수분해할 수 있는데, 이는 고전적인 컴퓨터에서는 불가능하다고 여겨집니다.

양자 컴퓨팅은 여전히 상대적으로 새로운 분야이며 양자 컴퓨터를 구축하고 운영하는 데 많은 어려움이 있지만 세계에서 가장 복잡한 문제를 해결하는 방식을 혁신할 수 있는 잠재력이 있습니다.

아이디어 얻기

ChatGPT는 새로운 아이디어를 얻는 일에도 유용할 수 있습니다. 많은 텍스트 데이터를 학습한 ChatGPT는 특정 주제에 대해 여러 가지 아젠다와 생각하지 못했던 새로운 아이디어를 제공해줍니다. ChatGPT의 이러한 능력은 제안서, 발표 자료 작성 등과 같은 일에서 효과적으로 업무 효율을 높일 수 있습니다.

이번에는 행사 기획자라고 가정하고, 행사를 준비하기 위한 아이디어를 얻어봅시다.

 10살 정도의 남자 아이들을 위한 즐거운 행사를 준비하려고해. 좋은 아이디어 5개만 제안해줄래?

네, 10살 정도의 남자 아이들을 위한 즐거운 행사에 적합한 5가지 아이디어를 제안해 드리겠습니다.

어드벤처 스캐브 헌트: 남자 아이들은 탐험하고 퍼즐을 풀어나가는 것을 좋아합니다. 어드벤처 스캐브 헌트는 공원이나 숲에서 열릴 수 있으며, 중간중간 나오는 단서와 도전 과제를 해결해나가면서 목적지를 찾아가는 게임입니다.

스포츠 대회: 이 나이의 아이들은 스포츠를 좋아합니다. 농구, 축구, 미식축구 등 인기 있는 스포츠 대회를 열거나, 도전적인 게임인 도장깨기나 깃발놀이 등 다양한 스포츠 대회를 개최할 수 있습니다.

… 중략 …

또 다른 아이디어를 제안해달라고 요청해볼 수도 있겠지만, 새로운 아이디어나 주의할 사항을 준비하기 위해 반대로 하지 않는 것이 좋을 것을 제안해 달라고 요청해봤습니다.

 10세 정도의 남자 아이들을 위한 즐거운 행사를 준비하려고 하는데, 하지 않는 게 좋을 것 같은 아이디어 5개도 제안해볼래?

 물리적 위험성이 있는 행사: 특히 10세 정도의 남자 아이들은 활동적이며, 과격하게 뛰어다니거나 다른 물건에 부딪히는 등의 위험이 있을 수 있습니다. 따라서 물리적 위험이 있는 행사는 피하는 것이 좋습니다.

성인의 감독 없이 진행되는 행사: 아이들이 10세라고 하더라도, 성인의 감독 없이 행사를 진행하는 것은 위험할 수 있습니다. 따라서 반드시 성인이 감독하고 있어야 합니다.

… 중략 …

이번에는 해당 행사를 위한 광고 문구를 작성해보겠습니다. 광고 문구의 특성상 영어로 작성된 슬로건이나 캐치 프레이즈도 많은 편이므로, 이번에는 영어 답변을 얻고자 한글 프롬프트를 영어로 번역한 후에 요청해보겠습니다.

좋아. 나는 10세 정도의 남자 아이들을 위한 즐거운 행사와 관련된 발표를 준비하고있어. 이를 위해서 광고지를 만들건데, 광고지에 사용할 문구들을 작성해줄래?

번역결과

good. I'm preparing a presentation related to a fun event for boys around 10 years old. I'm going to make a flyer for this, can you write the phrases for the flyer?

 Sure, here are some phrases you could use on the flyer:

Join us for an exciting event designed just for boys around 10 years old! Get ready for a day filled with fun and adventure!

… 중략 …

A day of action-packed fun awaits you at our boys' event - see you there! Give your boys a day they'll never forget - join us for our boys' event!

아이디어에 대한 사업 개요를 얻는 일에도 ChatGPT를 활용할 수 있습니다.

마케팅 준비하기

일반적으로 사업 개요, 시장 조사, 태그라인 작성 등의 예시에서는 질문과 필요한 정보를 구체적으로 제시할수록 보다 적절한 답변을 얻을 수 있습니다.

 임산부를 위한 예쁜 원피스를 만드는 아이디어가 필요해. 이 아이디어에 대한 사업 계획의 개요를 작성해줄래?

 물론이죠, 임산부를 위한 예쁜 원피스를 만들기 위한 사업 계획의 개요는 다음과 같습니다.

I. 개요
- 사업 아이디어 개요

- 목표 시장
- 경쟁 우위

II. 시장 조사
- 임산부 의류 산업에 대한 설명
- 목표 시장의 요구 및 선호도 분석
- 시장 동향 및 기회 식별

III. 제품 및 서비스 설명
- 드레스 및 기능 설명
- 제조 및 소싱 프로세스
- 품질 관리 및 보증

IV. 마케팅 전략
- 가격 전략프로모션 전략(소셜 미디어, 인플루언서 마케팅, 협업)
- 판매 채널(온라인 매장, 소매 파트너십)

V. 운영 계획
- 조직 구조
- 직원 배치 계획
- 재고 관리 및 물류

VI. 재무 계획
- 시작 비용 및 자금 요구
- 매출 예측
- 손익 예측
- 현금 흐름표

VII. 결론
- 사업 계획 요약
- 향후 목표 및 계획

이것은 개요일 뿐이며 더 많은 세부 사항이 있어야 합니다. 포괄적인 사업 계획에 포함되어야 하지만 이를 통해 고려해야 할 주요 구성 요소에 대한 아이디어를 얻을 수 있습니다.

이와 같이 ChatGPT가 사업 계획에 대한 대략적인 개요를 작성해주었습니다. 시장 조사, 마케팅 전략 등이 포함되어 있지만, 사용자 입장에서는 여전히 추상적이거나 막연한 느낌이 들 수 있습니다. ChatGPT의 답변이 여러 주제의 개요 수준에 그친 경우에는 특정 주제에 대해 더 상세한 답변을 요청하는 것도 가능합니다.

위에서 언급한 마케팅 전략을 하위 섹션으로 나누고, 세부 사항을 작성해줘.

앞서 언급한 마케팅 전략에 대한 몇 가지 가능한 하위 섹션과 세부 사항은 다음과 같습니다:

시장 조사:
- 임산부를 대상으로 설문조사 및 포커스 그룹을 실시하여 임부복에 대한 요구와 선호도에 대한 인사이트를 수집합니다.
- 시장 동향과 경쟁업체의 제품을 분석하여 시장의 격차와 기회를 파악합니다.
- 수집된 데이터를 사용하여 목표 시장을 세부적으로 결정하고 구매자 페르소나를 개발합니다.

제품 개발:
- 패션 디자이너 및 제조업체와 협력하여 편안하고 스타일리시한 다양한 임부복을 개발합니다.
- 임산부 드레스가 임산부의 변화하는 체형에 잘 맞도록 디자인되었는지 확인합니다.
- 임산부 및 기타 이해관계자의 피드백을 디자인 프로세스에 반영합니다.

가격 전략:
- 생산 원가, 시장 수요, 경쟁업체의 가격을 고려하여 드레스 가격대를 결정합니다.
- 휴일이나 특별 이벤트와 같은 특정 기간 동안 할인 및 프로모션을 제공합니다.
- 다양한 예산 범위를 충족하기 위해 단계별 가격 책정을 고려하세요.

프로모션:
- 광고, 소셜 미디어, 인플루언서 마케팅 등 임부복을 홍보할 수 있는 마케팅 캠페인을 개발합니다.

- 출산 및 육아 블로거 및 소셜 미디어 인플루언서와 협업하여 더 많은 잠재 고객에게 다가갈 수 있습니다.
- 출산 및 육아 박람회와 이벤트에 참여하여 드레스를 선보이고 브랜드 인지도를 구축하세요.

판매 채널:
- 고객이 온라인으로 임부복을 구매할 수 있는 이커머스 웹사이트를 개발합니다.
- 기존 임부복 소매업체와 제휴하여 해당 매장에서 드레스를 판매합니다.
- 고객의 요구를 충족하기 위해 사이즈와 색상 등 맞춤 옵션을 제공하는 것도 고려하세요.

이번에는 광고에 사용되는 브랜딩 슬로건에 해당하는 태그 라인을 작성해달라고 요청해보겠습니다.

눈길을 끄는 임산부 원피스를 위한 태그라인 5개 한국어로 작성해줘

1. "떠오르는 엄마의 새로운 스타일"
2. "아름다운 엄마, 아름다운 드레스"
3. "작은 삶의 시작, 아름다운 드레스로 기념하세요"
4. "엄마와 아기 모두 예쁘게"
5. "맘 편한 착용감으로 아름다운 임신기간 보내세요"

요청대로 5개의 태그 라인을 작성했습니다. 더 많은 후보군을 원한다면 새로운 답변을 계속해서 요청하는 방식으로 후보군을 늘려갈 수 있습니다. 이번에는 61쪽에서 소개한 바와 같이 ChatGPT에게 역할극을 요청하여 광고의 헤드라인과 바디 카피를 작성해달라고 요청해보겠습니다.

너는 이제 광고카피라이터야. 넌 임산부를 위한 원피스를 광고하려고 하고 있어. 눈에 띄고, 고객의 관심을 끄는 광고의 헤드라인, 서브카피, 바디카피, 리드카피를 매력적이고 상세하게 한국어로 작성해줘.

 제목: 건강한 임신을 위한 최적의 드레스

서브카피: 편안한 착용감과 고품질 소재로 만든 임신부 전용 드레스

바디카피:
당신과 아기의 건강을 위해, 우리는 최고의 소재와 디자인을 사용하여 임신 중인 여성을 위한 드레스를 만들었습니다. 편안한 착용감과 피부 친화적인 소재로 제작되어 있어, 임신 기간 내내 건강하고 행복한 마음으로 착용할 수 있습니다.

이 드레스는 탄력성이 뛰어나 편안하게 착용할 수 있도록 디자인되었으며, 여러 스타일과 색상으로 구성되어 다양한 상황에 맞춰 입을 수 있습니다. 최적의 핏으로 디자인된 이 드레스는 성장하는 배에도 편안하게 맞아 임신 기간 내내 신축성을 유지합니다.

리드카피:
당신의 건강과 아기의 건강을 생각한 우리의 임신부 드레스는 믿을 수 있는 선택입니다. 임신 중인 여성이 건강하고 스타일리시하게 착용할 수 있는 드레스를 찾고 있다면, 우리의 제품을 추천합니다. 지금 바로 확인해보세요!

지금까지 ChatGPT를 마케팅에 사용하기 위한 몇 가지 방법을 정리해봤습니다. 이처럼 ChatGPT는 텍스트 생성과 관련된 수많은 일에 개인의 프롬프트 엔지니어링 능력에 따라 다양한 방법으로 사용될 수 있습니다. 4장에서는 GPT의 능력 중 하나인 '콘텐츠 작성' 기능을 이용하여 블로그 글을 작성하는 실습을 진행해봅니다.

Part 04

블로그 글을 대신 써주는
블로거 ChatGPT

ChatGPT와 대화하며 블로그 글 작성하기
크롬 확장 프로그램을 통해 1분만에 블로그 글 작성하기
구글 스프레드시트와 ChatGPT를 활용한 블로그 글 작성 자동화

블로그(Blog)는 웹(Web)과 로그(Log)의 합성어입니다. 스마트 시대에 블로거는 자신의 블로그를 광고 매체로 제공하고 광고주에게 돈을 받습니다. 대표적인 광고주로는 네이버 애드포스트, 구글 애드센스, 카카오 애드핏 등이 있습니다. 많은 사람이 제2의 월급을 꿈꾸며 블로그에 도전합니다. 하지만 수익형 블로그를 완성하고 지속적인 운영에 성공하는 사람은 극소수에 불과하고 대부분 실패합니다. 실패 원인은 크게 2가지입니다.

첫 번째, '검색 엔진 최적화(Search Engine Optimization, SEO) 실패'입니다. SEO란 웹 페이지 검색엔진의 자료 수집과 순위 선정 방식에 맞춰 웹 페이지를 구성하는 것으로, 검색 결과가 웹 페이지 상위에 노출되게 하는 것입니다.

두 번째, '소재 고갈' 및 '꾸준함 유지 실패'입니다. 블로그 운영 초기에는 자신의 전문 분야나 관심사를 주제로 글을 작성하지만, 글의 소재가 한정적이고 점차 하나의 글을 완성하기가 어려워집니다.

또한 수익이 기대에 미치지 못하면 초기의 적극성을 꾸준히 유지하기가 어렵습니다. 하지만 ChatGPT를 활용한다면 이 두 가지 문제를 어려움 없이 해결하고 수익형 블로그 운영이 가능해집니다.

ChatGPT와 대화하며 블로그 글 작성하기

이번 절에서는 ChatGPT와 대화를 통해 블로그 포스팅의 5가지 필수 요소를 작성해 봅니다. 이 5가지 과정을 수행하고 이해한다면 다음 절에서 다룰 크롬 확장 프로그램을 활용한 포스팅 방법과 구글 스프레드시트를 활용한 포스팅 자동화의 기본기가 준비될 것입니다. 블로그 포스팅의 5가지 필수 요소는 다음과 같으며, ChatGPT를 통해 순서대로 진행해보겠습니다.

1. 블로그 글 주제 선정하기
2. 콘텐츠 작성하기
3. 해시태그/키워드 선정하기
4. Meta Description 작성하기
5. 이미지 삽입하기

블로그 글 주제 선정하기

블로그의 주제는 본인의 전문 분야 또는 관심사와 관련된 내용을 선택하는 것이 일반적입니다. 하지만 사람들의 관심도가 높고 검색 빈도수가 높은 주제를 선정하는 것이 수익형 블로그로 성공하는 데 더 유리합니다. ChatGPT를 활용하여 한국 사람이 좋아하는 블로그 주제를 검색해 보겠습니다.

 한국에서 가장 인기 있는 블로그 주제 10가지를 찾아줘

 한국에서 가장 인기 있는 블로그 주제 10가지는 다음과 같습니다:

1. 한국 뷰티 및 스킨케어
2. K-pop 및 K-드라마

… 중략 …

9. 한국어 기술과 혁신
10. 한국 사회의 정신 건강과 자기 관리

아직은 주제가 포괄적입니다. ChatGPT는 질문의 범위가 좁고 구체적일수록 양질의 답을 해줍니다. ChatGPT 결과의 1번 답변 '스킨케어'를 선택하여 **조금 더 범위를 좁히고 SEO에 최적화**된 주제로 구체화하여 다시 한번 질문해 보겠습니다.

스킨케어 관련하여 SEO 최적화의 블로그 타이틀 10개만 뽑아줘

1. "한국 스킨케어 궁극의 가이드: 제품 및 루틴"
2. "빛나는 피부를 위한 10가지 최고의 한국 스킨케어 제품"

··· 중략 ···

7. "여드름 피부를 위한 스킨케어: 피해야 할 것과 사용해야 할 것"
8. "당신의 피부 타입에 맞는 한국 스킨케어 제품을 선택하는 방법"
9. "한국 스킨케어 루틴에서 페이셜 마스크의 역할"
10. "한국 스킨케어 제품의 발효 성분의 힘"

단 두 번의 검색으로 한국 사람에게 관심이 높고 SEO 최적화된 블로그 주제 10가지를 찾았습니다. 여기서 핵심은 ChatGPT의 답변을 토대로 질문을 이어 나가는 것입니다. 질문의 범위를 좁히고 구체화는 것이 최적의 주제를 도출하는 가장 좋은 방법입니다.

10개의 ChatGPT 결과 중에서 '여드름 피부를 위한 스킨케어: 피해야 할 것과 사용해야 할 것'을 주제로 선정하여 블로그 글 포스팅 실습을 진행해 보겠습니다.

콘텐츠 작성하기

높은 퀄리티의 콘텐츠 작성을 위해서는 매우 구체적인 지시가 필요합니다. 기본적으로 글의 길이, 형식, 타깃 대상, 작문 스타일을 포함하고 그 외에 주제와 관련된 기타 요구 사항을 ChatGPT에게 요청합니다. 따라서 블로그 주제에 맞춰 '일부 의료 정보 포함'에 대한 요구사항을 추가했습니다.

이때 주의 사항이 있습니다. 간혹 조금 더 신뢰성이 높은 글을 위해 인용문 또는 통계 자료 포함을 요청하는 경우가 있습니다. 18쪽 할루시네이션에서

설명한 바와 같이 거짓된 정보에 민감한 인용구나 통계 자료와 같은 사실 확인이 중요한 요구사항은 피해야 합니다.

아래 옵션에 따라 "여드름 피부를 위한 스킨케어: 피해야 할 것과 사용해야 할 것"에 대해 설명하세요.

- 콘텐츠 목표: 블로그
- 길이: 약 500단어
- 형식: 마크다운
- 제목 포함
- 자세한 설명 포함
- 대상: 20대 여성
- 작문 스타일: 전문가
- 일부 의료 정보 포함

여드름 피부를 위한 스킨케어: 피해야 할 것과 사용해야 할 것

여드름은 20대 여성들에게 흔한 피부 고민입니다. 실망스러울 수 있지만 좋은 소식은 여드름피부를 관리하고 예방하기 위해 취할 수 있는 조치가 있다는 것입니다. 이 블로그 게시물에서는 여드름 피부가 있는 경우 스킨케어 루틴에서 피해야 할 사항과 도움이 될 수 있는 제품 및 성분에 대해 살펴보겠습니다.

스킨케어에서 피해야 할 사항 여드름 피부용

- **과도한 각질 제거**: 과도한 각질 제거는 피부의 천연 오일을 벗겨내고 자극을 유발하여 발진을 악화시킬 수 있습니다. 스크럽과 같은 물리적 각질 제거제를 일주일에 한두 번 이상 사용하지 마십시오.
- **무겁거나 기름진 제품 사용**: 무거운 크림과 오일은 모공을 막아 트러블을 유발할 수 있습니다. 대신 가볍고 논코메도제닉 제품을 찾으십시오.
- **메이크업을 지우지 않음**: 밤새 메이크업을 그대로 두면 모공이 막혀 트러블이 생길 수 있습니다. 잠자리에 들기 전에 깨끗이 세안하세요.

여드름 피부를 위한 스킨케어 사용 방법

- **살리실산**: 살리실산은 트러블을 예방하는 데 도움이 되는 하이드록시산(BHA). 클렌저, 스팟 트리트먼트 및 토너에서 찾을 수 있습니다.

- **과산화벤조일**: 과산화벤조일은 여드름을 유발하는 박테리아를 죽이는 데 도움이 되는 방부제입니다. 클렌저에서 스팟 트리트먼트에 이르기까지 다양한 제품으로 제공됩니다.
- **티트리 오일**: 티트리 오일에는 트러블을 줄이는 데 도움이 되는 항균 특성이 있습니다. 스팟 트리트먼트에서 찾거나 좋아하는 모이스처라이저에 몇 방울을 추가할 수 있습니다.

이러한 성분을 스킨케어 루틴에 포함

- 여드름을 위한 샘플 스킨케어 루틴은 다음과 같습니다.
- 아침:
- 살리실산 클렌저로 세안
- 가벼운 논코메도제닉 모이스처라이저 적용
- 더 이상의 손상으로부터 피부를 보호하기 위해 광범위한 자외선 차단제를 바르십시오.
- 살리실산 토너 사용
- 트러블에 벤조일 퍼옥사이드 스팟 트리트먼트 적용

모든 사람의 피부가 다르기 때문에 한 사람에게 효과가 있는 것이 다른 사람에게는 효과가 없을 수 있다는 점을 기억하는 것이 중요합니다. 어떤 스킨케어 제품을 사용해야 할지 잘 모르겠다면 피부 타입에 가장 적합한 제품과 성분을 추천해 줄 수 있는 피부과 전문의와 상담해 보세요.

결론적으로 여드름 피부를 관리하려면 다음과 같은 조합이 필요합니다. 특정 성분과 제품을 피하고 올바른 성분과 제품을 일상에 적용하십시오. 올바른 접근 방식을 사용하면 트러블을 예방하고 더 깨끗하고 건강해 보이는 피부를 얻을 수 있습니다.

해시태그/키워드 선정하기

블로그 글 주제와 관련이 높은 해시태그와 키워드를 사용하면 검색 엔진에 노출이 유리해집니다. 따라서 적절한 해시태그와 키워드를 글 내부에 포함하는 것은 매우 중요한 작업입니다.

ChatGPT에게 위의 질문에 바로 이어서 '위의 글에 대해 해시태그 또는 키워드를 찾아줘'라고 질문하면 ChatGPT는 이전 질문을 기억해 적합한 답변을 줍니다. 하지만 이전 질문에 대한 기억이 한정적이기 때문에 간혹 질문이 길어질 경우 오인식이 발생하기도 합니다.

이러한 문제를 피하기 위해 위에서 **ChatGPT가 답변한 긴 스크립트에 대해 다시 물을 때는 글을 다시 복사하여 질문하는 것을 권장합니다.** '아래 블로그 글에 대해 SEO 최적화의 해시태그 또는 키워드 10개만 찾아줘'를 서두에 넣고 그 아래에 블로그 내용을 붙여 프롬프트를 작성합니다.

아래 블로그 게시물에 대해 SEO에 최적화된 해시태그 또는 키워드를 10개만 찾아줘 — 질문

여드름이 잘 생기는 피부를 위한 스킨케어: 피해야 할 것과 사용해야 할 것

여드름은 20대 여성들에게 흔한 피부 고민 중 하나입니다. 이는 매우 스트레스가 될 수 있지만, 다행히도 적절한 관리로 여드름을 예방하고 개선할 수 있습니다. 이번 블로그에서는 여드름이 잘 생기는 피부를 가진 분들이 스킨케어 루틴에서 피해야 할 것들과 도움이 되는 제품 및 성분에 대해 알아보겠습니다.

여드름이 잘 생기는 피부를 위한 스킨케어에서 피해야 할 것
과도한 각질 제거(Over-exfoliating)
너무 자주 각질을 제거하면 피부의 자연적인 오일이 제거되어 오히려 더 많은 유분이 분비될 수 있으며, 피부 장벽이 손상되어 여드름이 악화될 수 있습니다.

— 이전 답변을 다시 복사하여 질문

#여드름스킨케어
#여드름피부
#스킨케어루틴
#여드름치료
#살리실산

#벤조일퍼옥사이드

#티트리오일

#논코메도제닉

#피부건강

#피부과전문의추천

Meta Description 작성하기

Meta Description은 웹 페이지 콘텐츠에 대한 간략한 설명문을 말합니다. 그림 4.1과 같이 검색 결과에서 웹사이트 이름과 함께 표시되어 검색자가 자기가 찾는 내용과 적합한지 판단하는 데 영향을 줍니다. 구글은 160자 미만, 네이버는 80자 미만으로 제한합니다. Meta Description 작성을 위한 질문을 할 때도 앞선 방식과 동일하게 '아래 블로그 글에 대해 SEO 최적화의 Meta Description을 작성해줘'라는 말을 서두에 넣고 그 아래에 블로그 내용을 추가하여 작성합니다.

> https://seo.tbwakorea.com › all-about-meta-description
> **메타디스크립션 총정리 - 검색친화적으로 작성하기!**
> 2022. 10. 26. — **메타디스크립션이란?** 메타디스크립션은 웹페이지에 대한 간략한 요약을 제공하는 HTML 속성입니다. HTML의 <head> 안에 위치하기 때문에 실제 웹페이지 ...

그림 4.1 Meta Description의 예시

 아래 블로그 게시물에 대해 SEO에 최적화된 Meta Description을 작성해줘

여드름이 잘 생기는 피부를 위한 스킨케어: 피해야 할 것과 사용해야 할 것

여드름은 20대 여성들에게 흔한 피부 고민 중 하나입니다. 이는 매우 스트레스가 될 수 있지만, 다행히도 적절한 관리로 여드름을 예방하고 개선할 수 있습니다. 이번 블로그 글에서는 여드름이 잘 생기는 피부를 가진 분들이 스킨케어 루틴에서 피해야 할 것들과 도움이 되는 제품 및 성분에 대해 알아보겠습니다.

여드름이 잘 생기는 피부를 위한 스킨케어에서 피해야 할 것

과도한 각질 제거(Over-exfoliating)

너무 자주 각질을 제거하면 피부의 자연적인 오일이 제거되어 오히려 더 많은 유분이 분비될 수 있으며, 피부 장벽이 손상되어 여드름이 악화될 수 있습니다.

"여드름이 잘 나는 피부를 위한 최고의 스킨케어 팁을 얻으세요. 루틴에서 피해야 할 사항과 트러블을 예방하는 데 도움이 되는 성분과 제품에 대해 알아보세요. 더 깨끗하고 건강한 피부를 위해 권장 루틴을 따르세요. 피부과 전문의에게 맞춤 권장사항을 문의하세요."

이미지 삽입하기

블로그에 적절한 이미지를 추가하면 시각적인 매력을 높이고, 긴 문단을 효과적으로 구분하는 데 도움이 됩니다. ChatGPT는 자체적으로 이미지 생성 기능을 제공하며, 이를 통해 생성한 이미지는 저작권 문제가 없기 때문에 블로그에 바로 사용할 수 있습니다.

하지만 ChatGPT에서 생성한 이미지 외에도, 더 다양한 이미지를 찾고 싶을 때가 있을 수 있습니다. 이럴 때는 무료 이미지 검색 사이트를 활용하여 원하는 이미지를 찾을 수 있습니다.

- **픽사베이(Pixabay)**: https://pixabay.com/
- **언스플래시(Unsplash)**: https://unsplash.com/ko

특히 특정 사진 작가의 작품이 필요하거나, 특정 상황에 맞는 이미지를 찾고 싶다면 해당 사이트에서 키워드를 활용하여 검색하는 것이 더 효과적입니다.

이번 실습에서는 ChatGPT의 이미지 생성 기능을 활용하여 직접 블로그용 이미지를 만들어 보겠습니다.

이미지를 생성할 때는 블로그의 분위기나 색감 등을 반영할 수 있도록 요구 사항을 구체적으로 작성하는 것이 중요합니다.

다음은 제가 작성할 블로그의 제목입니다.
제목: 여드름 피부를 위한 스킨케어: 피해야 할 것과 사용해야 할 것

이 제목에 어울리는 블로그 표지용 이미지를 만들어주세요.
분위기: 차분하고 고급스러운 분위기
주요 색감: 파스텔 톤

여기 차분하고 고급스러운 블로그 표지 이미지가 준비되었습니다! 파스텔 톤과 스킨케어의 섬세한 분위기를 담아냈습니다. 만족스러운지 확인해보세요! 😊

최종 블로그 글 포스팅하기

지금까지 ChatGPT를 활용하여 다섯 단계를 거쳐 확보한 내용을 이어 붙이면 블로그 글이 완성됩니다. 몇 번의 프롬프트 입력과 간단한 검수만으로도 완성도 높은 글을 만들 수 있었습니다. 마지막으로 포스팅 전에 콘텐츠의 표절 여부, 정보의 사실 여부, 맞춤법 등을 검토한 후, 최종적으로 블로그에 글을 업로드하면 됩니다.

그림 4.2 최종 블로그 포스팅 글

크롬 확장 프로그램을 통해 1분만에 블로그 글 작성하기

이번에는 ChatGPT 크롬 확장 프로그램을 활용하여 아주 쉽게 블로그 글을 작성하는 방법을 설명하겠습니다. AIPRM for ChatGPT라는 확장 프로그램으로, 블로그, 유튜브 등 SEO 최적화가 필요한 콘텐츠 제작을 위해 프롬프트를 자동으로 생성해주는 매우 유용한 기능입니다.

AIPRM for ChatGPT 설치하기

구글에서 'AIPRM for ChatGPT'로 검색한 다음 맨 위의 링크를 클릭합니다. 크롬 확장프로그램 페이지가 나오면 오른쪽 상단의 [Chrome에 추가] 버튼을 누르고 설치를 진행합니다(그림 4.3).

- AIPRM for chatGPT: https://bit.ly/aiprm-for-chatgpt

그림 4.3 구글에 'AIPRM for ChatGPT' 검색 결과

프로그램을 설치한 후 ChatGPT 화면을 새로 고침하여 메인 화면이 그림 4.4와 같이 변경됐다면 설치가 잘 된 것입니다.

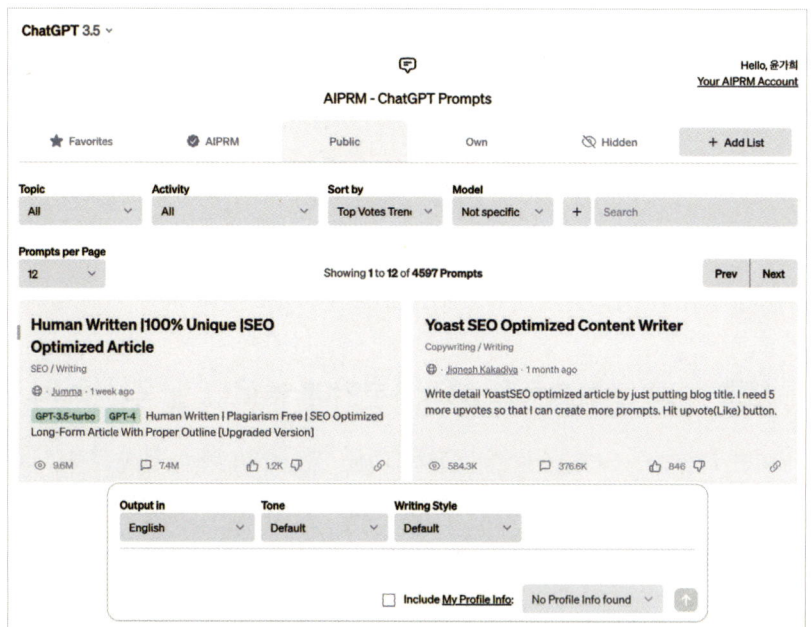

그림 4.4 AIPRM for ChatGPT 화면

그럼 지금부터 AIPRM for ChatGPT의 강력한 기능을 활용하여 글을 작성해 보겠습니다.

키워드를 활용한 SEO 최적화 주제 한 번에 생성하기

AIPRM for ChatGPT 오른쪽 상단에 있는 검색창(Search)에 'Keyword Strategy'라고 입력한 다음 [**Keyword Strategy**]를 누르면 프롬프트 창 안에 [**YOUR KEYWORD**] 가 생성됩니다(그림 4.5).

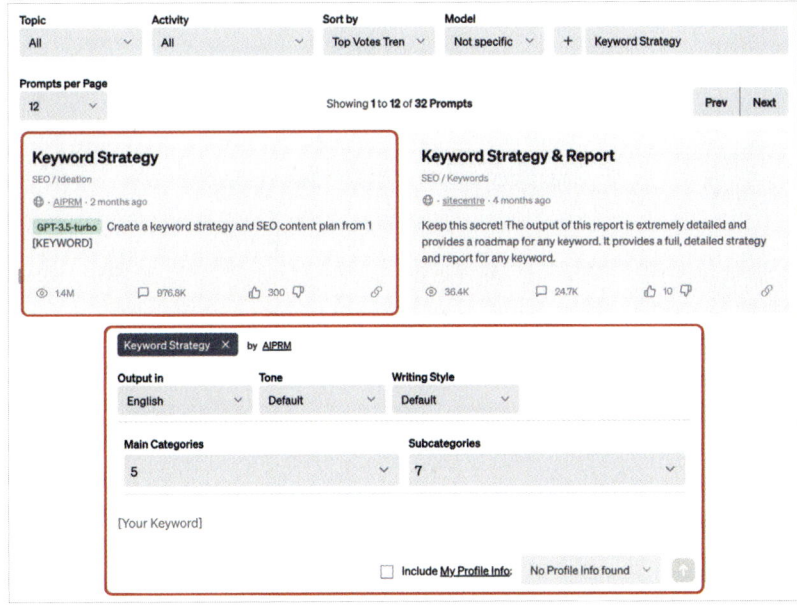

그림 4.5 'Keyword Strategy' 클릭 결과

여기에 키워드를 입력하면 해당 키워드를 활용한 SEO 콘텐츠 전략을 생성해 줍니다. 저는 앞에서부터 사용한 'Skincare'를 키워드로 사용해 보겠습니다.

그림 4.6 'Skincare'라는 키워드로 검색한 ChatGPT 결과

그림 4.6의 결과 창을 보면 'Skincare'를 키워드로 활용해 제작 가능한 다양한 콘텐츠 전략을 테이블 형태로 정리해 줍니다. 4.1절에서는 주제를 선정하기 위해 여러 대화 과정을 거쳤습니다. 하지만 이 기능을 활용하면 하나의 키워드로 다양한 주제를 생성할 뿐만 아니라 해당 주제와 관련된 Search Intent, Meta Description까지 한 번에 생성됩니다.

※ AIPRM for ChatGPT 확장 프로그램이 유료화 또는 지원 중단된다면 다음 프롬프트 사용을 추천합니다.

Please ignore all previous instructions. I want you to respond only in language English. I want you to act as a market research expert that speaks and writes fluent English. Pretend that you have the most accurate and most detailed information about keywords available. Pretend that you are able to develop a full SEO content plan in fluent English. I will give you the target keyword " [키워드] ". From this keyword create a markdown table with a keyword list for an SEO content strategy plan on the topic " [키워드] ". Cluster the keywords according to the top 10 super categories and name the super category in the first column called keyword cluster. Add in another column with 7 subcategories for each keyword cluster or specific long-tail keywords for each of the clusters. List in another column the human searcher intent for the keyword. Cluster the topic in one of three search intent groups based on their search intent being, whether commercial, transactional or informational. Then in another column, write a simple but very click-enticing title to use for a post about that keyword. Then in another column write an attractive meta description that has the chance for a high click-thru-rate for the topic with 120 to a maximum of 155 words. The meta description shall be value based, so mention value of the article and have a simple call to action to cause the searcher to click. Do NOT under any circumstance use too generic keyword like 'introduction' or 'conclusion' or 'tl:dr'. Focus on the most specific keywords only. Do not use single quotes, double quotes or any other enclosing characters in any of the columns you fill in. Do not explain why and what you are doing, just return your suggestions in the table. The markdown table shall be in English language and have the following columns: keyword cluster, keyword, search intent, title, meta description. Here is the keyword to start again: " [키워드] "

Title을 활용한 SEO 최적화 글 작성하기

[Fully SEO Optimized Article including Meta Description and FAQ's]는 Title을 활용하여 블로그 글, Meta Description, FAQ's 작성을 돕는 프롬프트입니다. 그림 4.7의 버튼을 클릭하면 아래 프롬프트 창 안에 [Keyword or Title]이 생성됩니다. 이곳을 클릭하고 타이틀을 입력합니다. 그림 4.6의 표에 있는 첫 번째 타이틀 'Uncover Youthful Skin with the Best Anti-Aging Creams'를 입력해 보겠습니다.

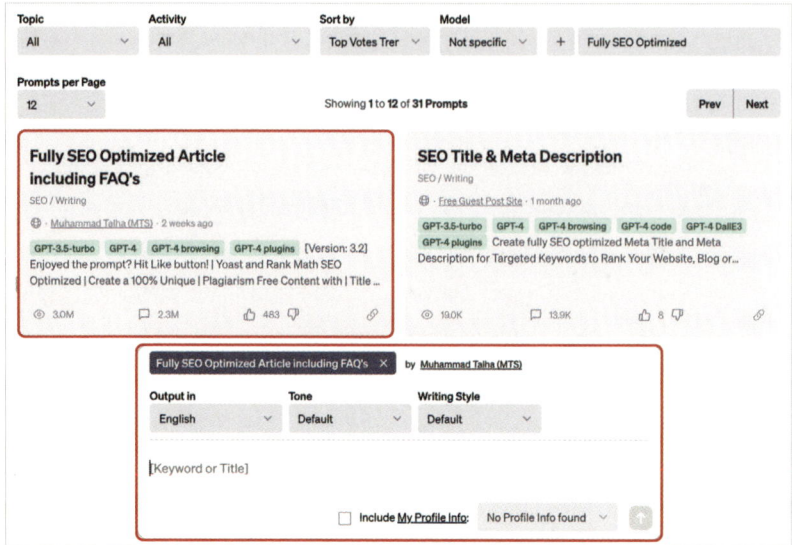

그림 4.7 Title 활용 화면

최고의 안티에이징 크림으로 발랄한 피부를 드러내세요

Meta Description: 최고의 안티에이징 크림으로 노화 징후를 없애고 젊은 피부를 찾아보세요. 어떤 제품이 피부에 가장 잘 맞는지 알고 빛나는 피부를 만드세요.

소개: 노화는 누구나 겪는 자연스러운 과정이지만 그렇다고 해서 젊고 빛나는 피부를 포기해야 하는 것은 아닙니다. 노화는 주름, 잔주름, 칙칙한 안색을 가져오지만 최고의 노화 방지 크림은 한때 가졌던 젊은 피부를 되찾는 데 도움이 될 수 있습니다. 시중에서 구할 수 있는 노화 방지 크림이 너무 많기 때문에 어느 것이 피부에 가장 적합한지 결정하기 어려울 수 있습니다. 하지만 걱정하지 마세요. 저희가 도와드리겠습니다. 이 기사에서는 젊은 피부를 드러내는 데 도움이 되는 최고의 노화 방지 크림에 대해 논의할 것입니다.

피부 노화의 원인은 무엇입니까?

노화는 피부에 영향을 미치는 복잡한 과정입니다. 피부를 포함한 전신. 나이가 들어감에 따라 피부를 젊고 탄력 있게 유지하는 두 가지 단백질인 콜라겐과 엘라스틴의 생성이 감소합니다. 이것은 주름, 잔주름 및 피부 탄력 상실로 이어집니다. 또한 태양, 공해, 스트레스와 같은 환경적 요인에 대한 노출도 조기 피부 노화로 이어질 수 있습니다.

젊은 피부를 드러내는 최고의 안티에이징 크림

다음은 일부입니다. 젊은 피부를 드러내는 데 도움이 되는 최고의 안티에이징 크림:

1. **레티놀 기반 크림**: 레티놀은 비타민 A의 한 형태로 외모를 줄이는 데 효과적인 것으로 입증되었습니다. 잔주름과 주름. 세포 회전율을 증가시켜 피부의 질감과 톤을 개선하는 데 도움을 줍니다.
2. **히알루론산 기반 크림**: 히알루론산은 피부에서 발견되는 천연 물질로 수분을 유지하는 데 도움이됩니다. 나이가 들어감에 따라 피부의 히알루론산 수치가 감소하여 수분 손실과 칙칙한 안색으로 이어집니다. 히알루론산 기반 크림은 수분을 회복하고 피부의 외관을 개선하는 데 도움을 줍니다.
3. **항산화 기반 크림**: 항산화제는 유해 물질인 자유 라디칼로부터 피부를 보호하는 데 도움을 줍니다. 피부 세포에 손상을 줄 수 있습니다. 항산화제 기반 크림은 잔주름과 주름을 줄이고 피부의 전반적인 건강을 개선하는 데 도움이 됩니다.
4. **펩티드 기반 크림**: 펩티드는 피부에서 발견. 그들은 콜라겐과 엘라스틴의 생성을 촉진하여 피부의 외관을 개선하는 데 도움을 줍니다. 펩타이드 기반 크림은 잔주름과 주름을 줄이고 전반적인 피부 건강을 개선하는 데 도움이 됩니다.

피부에 적합한 안티에이징 크림을 선택하는 방법

다음은 피부에 맞는 안티에이징 크림을 선택하는 데 도움이 되는 몇 가지 팁입니다.

1. **피부 유형 결정**: 피부 유형을 결정하는 것이 중요합니다. 피부에 맞는 크림을 선택하는 데 도움이 되기 때문입니다. 예를 들어 건성 피부에는 수분을 공급하는 크림이 필요하고 지성 피부에는 가볍고 번들거리지 않는 크림이 필요합니다.
2. **주요 성분 찾기**: 안티에이징 크림의 효과를 판단할 수 있습니다. 피부의 필요에 따라 레티놀, 히알루론산, 항산화제 또는 펩타이드가 함유된 크림을 찾으십시오.
3. **리뷰 읽기**: 안티에이징 크림을 구입하기 전에 리뷰를 읽어봅니다.

타이틀 하나로 놀라운 퀄리티의 SEO 최적화된 글을 한번에 작성했습니다. 물론 어색한 번역 부분 수정과 표절 검사와 같은 후처리 작업이 필요합니다. 하지만 Keyword Strategy를 통해 타이틀을 생성하고 이 절에서 소개한 기능을 통해 글을 작성하면 1분만에 양질의 블로그 글을 생성할 수 있습니다.

※ AIPRM for ChatGPT 확장 프로그램이 유료화 또는 지원 중단된다면 다음 프롬프트 사용을 추천합니다.

write a 100% unique, creative and Human-written article in English for the Keyword " [키워드] ". The article should include Creative Title (should be in H1 Heading), SEO meta description, Introduction, headings (Shoud be h2 heading), sub headings (h3, h4, h5, h6 headings), bullet points or Numbered list (if needed), faqs and conclusion. Make sure article is plagiarism free. The minimum length of the article should be 800 words. Don't forget to use question mark (?) at the end of questions. Try not to change the original hailu while writing the Title. Try to use The "hailu" 2-3 times in article. try to include hailu in headings as well. write a content which can easily pass ai detection tools test.

다른 사이트 글을 벤치마킹하여 나만의 SEO 최적화 글 생성하기

개인적으로 이번에 설명할 내용이 이 확장 프로그램의 가장 강력한 기능이라고 생각합니다. 이미 완성된 사이트를 활용하여 SEO 최적화 글을 생성하는 방법입니다. 먼저 구글에서 앞에서 글을 생성할 때 사용한 주제인 'Uncover Youthful Skin with the Best Anti-Aging Creams'를 검색합니다(그림 4.8).

검색 결과 "The Best Anti-Aging Creams to Use in 2022"라는 타이틀로 작성된 블로그 글이 첫 페이지 최상단에 노출됐습니다. 앞에서 지정한 주제와 관련된 수많은 글 가운데 가장 잘 SEO 최적화된 글이라고 볼 수 있습니다. 저는 해당 사이트를 벤치마킹해 보겠습니다.

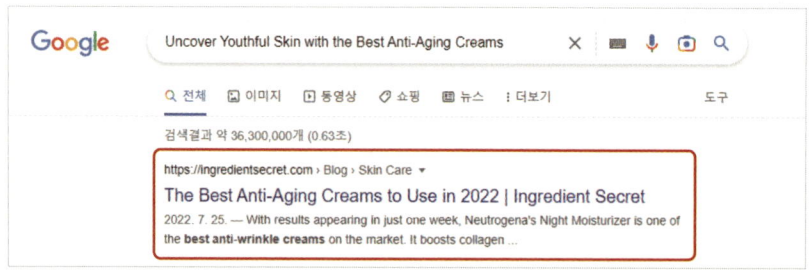

그림 4.8 구글에 주제를 검색한 결과

01. 해당 사이트 주소를 복사합니다.

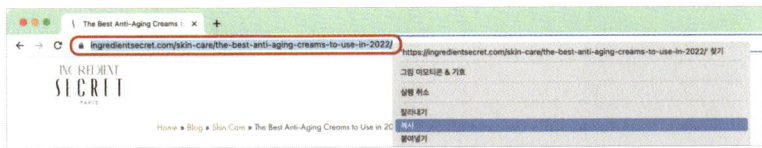

그림 4.9 사이트 주소 복사하기

02. ChatGPT로 돌아와 'Outrank Article'을 클릭하고 프롬프트 창에 복사한 주소를 넣어 실행합니다.

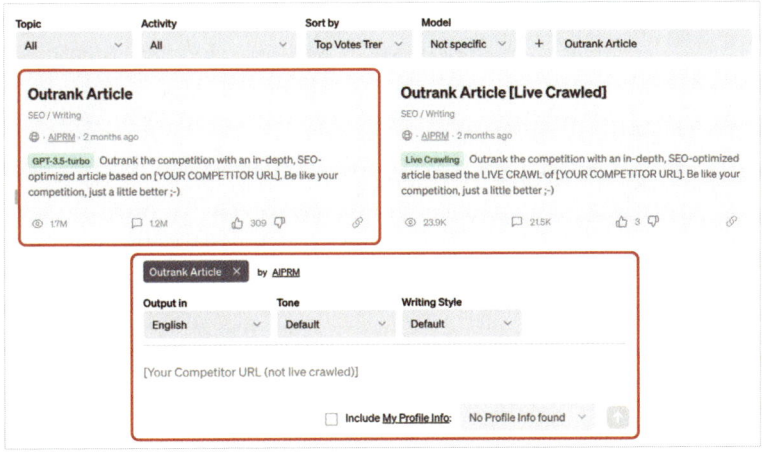

그림 4.10 Outrank Article 실행하기

2022년 최고의 안티에이징 크림을 선택하기 위한 궁극의 가이드

나이가 들면서 피부는 탄력, 윤기, 젊은 모습을 잃습니다. 눈에 보이는 노화의 징후를 줄이고 보다 젊어 보이는 안색을 회복시키는 데 도움이 되는 노화 방지 크림이 필요한 곳입니다. 시중에 나와 있는 노화 방지 크림이 너무 많기 때문에 자신에게 맞는 제품을 선택하는 것이 어려울 수 있습니다. 이 기사에서는 피부 타입과 고민에 가장 적합한 제품을 찾는 데 도움이 되도록 안티에이징 크림을 선택할 때 고려해야 할 주요 요소를 안내합니다.

노화 방지 크림

안티 에이징 크림을 구입할 때 눈에 보이는 노화 징후를 줄이는 주요 성분을 이해하는 것이 중요합니다. 여기에는 다음이 포함됩니다.

- **레티놀**: 비타민 A의 한 형태인 레티놀은 콜라겐 생성과 세포 회전율을 증가시켜 더 부드럽고 젊어 보이는 피부를 만드는 것으로 나타났습니다.
- **히알루론산**: 이 성분은 피부에서 자연적으로 발생하며 피부에 수분을 공급하고 탄력을 주어 잔주름과 주름을 줄여줍니다.
- **비타민 C**: 강력한 항산화제인 비타민 C는 피부를 밝게 하고 어두운 반점과 변색을 줄이는 데 도움을 줍니다.
- **펩티드**: 펩티드는 아미노산 사슬로 콜라겐 생성을 촉진하고 피부결과 탄력을 개선합니다.

피부 타입과 고민 고려하기

안티에이징 크림을 선택하기 전에 당신의 피부 타입과 고민을 고려하십시오. 잔주름, 주름, 다크 스팟 및 칙칙한 피부와 같은 특정 문제를 해결하기 위해 다양한 노화 방지 크림이 제조됩니다. 최상의 결과를 얻으려면 피부 타입과 고민에 맞게 특별히 고안된 안티에이징 크림을 선택하세요.

임상 연구 및 리뷰 찾기

안티에이징 제품 쇼핑 시 노화 크림, 연구를 수행하고 임상 연구 및 고객 리뷰를 찾는 것이 중요합니다. 임상 연구는 노화 방지 크림의 효과를 입증하는 데 도움이 되며 고객 리뷰는 다른 사람들이 제품에 대해 경험한 결과에 대한 아이디어를 제공할 수 있습니다. 안티에이징 크림을 조사할 때 신뢰할 수 있고 정확한 정보를 얻으려면 평판이 좋은 출처를 찾아보십시오.

신뢰할 수 있는 브랜드를 선택하십시오

노화 방지 크림을 선택할 때 에이징 크림은 믿을 수 있는 브랜드를 선택하는 것이 중요합니다. 성분, 제조 공정 및 임상 연구에 대해 투명한 브랜드를 찾으십시오. 평판이 좋은 브랜드는 제품에 대한 정보와 이를 사용하여 기대할 수 있는 결과를 기꺼이 제공할 것입니다.

2022년 최고의 안티에이징 크림

이제 알게 되었네요 2022년 최고의 안티에이징 크림을 위한 최고의 선택은 다음과 같습니다.

- **RoC 레티놀 코렉션 딥 링클 나이트 크림**: 이 나이트 크림은 레티놀을 함유하고 있으며 특히 깊은 주름과 잔주름을 목표로 합니다.

- **Cetaphil 리치 하이드레이팅 나이트 크림**: 이 나이트 크림은 히알루론산을 함유하고 있으며 자는 동안 피부에 수분을 공급하고 탄력을 주고 싶은 건성 피부를 가진 분들에게 적합합니다.
- **올레이 리제너리스트 마이크로 스컬프팅 크림**: 이 크림은 피부 질감, 탄력 및 밝기를 개선하는 데 도움이 되는 펩타이드, 비타민 및 항산화제가 혼합되어 있습니다.
- **Vichy LiftActiv 비타민 C 세럼**: 이 혈청에는 Vitam이 포함되어 있습니다. C로 표시되며 피부를 밝게 하고 어두운 반점과 변색을 줄이려는 사람들에게 적합합니다.

놀랍게도 다른 정보 하나 없이 사이트 주소 입력만으로 ChatGPT가 해당 사이트를 참고하여 SEO 최적화 글을 생성했습니다. 이 기능을 사용하면 작성하고자 하는 주제와 연관된 사이트를 벤치마킹하여 더욱 최적화된 블로그 글을 작성할 수 있습니다.

※ AIPRM for ChatGPT 확장 프로그램이 유료화 또는 지원 중단된다면 다음 프롬프트 사용을 추천합니다.

Please ignore all previous instructions. I want you to respond only in language English. I want you to act as a very proficient SEO and high end copy writer that speaks and writes fluent English. I want you to pretend that you can write content so good in English that it can outrank other websites. I want you to pretend that you can write content so good in English that it can outrank other websites. Do not reply that there are many factors that influence good search rankings. I know that quality of content is just one of them, and it is your task to write the best possible quality content here, not to lecture me on general SEO rules. I give you the URL " [URL] " of an article that we need to outrank in Google. Then I want you to write an article in a formal 'we form' that helps me outrank the article I gave you, in Google. Write a long, fully markdown formatted article in English that could rank on Google on the same keywords as that

> website. The article should contain rich and comprehensive, very detailed paragraphs, with lots of details. Also suggest a diagram in markdown mermaid syntax where possible. Do not echo my prompt. Do not remind me what I asked you for. Do not apologize. Do not self-reference. Do not use generic filler phrases. Do use useful subheadings with keyword-rich titles. Get to the point precisely and accurate. Do not explain what and why, just give me your best possible article. All output shall be in English.

이번 절에서는 AIPRM for ChatGPT를 활용한 3가지 기능을 확인했습니다. 요약하면 다음과 같습니다.

1. Keyword Strategy를 활용하여 효과적으로 블로그 콘텐츠 정보를 수집합니다.
2. Fully SEO Optimized Article including Meta Description and FAQ's를 활용하여 입력한 타이틀에 관한 글을 생성합니다.
3. Outrank Article을 활용하여 다른 사이트 글을 벤치마킹하여 SEO 최적화 글을 생성합니다.

구글 스프레드시트와 ChatGPT를 활용한 블로그 글 작성 자동화

이번 절에서는 구글 스프레드시트와 GPT를 활용하여 코딩 없이 블로그 글 작성 자동화를 구현하겠습니다. 블로그 글 작성에는 많은 시간과 에너지가 필요합니다. 이 과정을 자동화한다면 몇 번의 클릭만으로 대량의 글을 작성하는 높은 생산성의 시스템을 구축할 수 있습니다.

구글 스프레드시트는 엑셀과 유사한 사무 업무 자동화 프로그램입니다. 물론 사용하는 함수와 문법은 엑셀과 다르지만, 기본 개념과 기능은 동일합니다. 사전에 기본적인 구글 스프레드시트 사용법을 숙지하고 자동화에 도전하기를 권장합니다.

이 책에서 소개할 자동화 프로그램은 두 종류입니다.

1. **구글 앱스 스크립트를 활용한 자동화**
   구글 스프레드시트에서 사용할 수 있는 스크립트인 앱스 스크립트를 활용하여 ChatGPT의 기능을 구현한 프로그램입니다. 자동화 프로그램을 만들기 위해서는 앱스 스크립트를 활용해 코드를 구현해야 하지만, 이 책에서는 이미 구현이 완료된 실습 파일을 제공하므로 코드를 모르더라도 걱정하지 않으셔도 됩니다. 구글 앱스 스크립트를 활용한 방식은 ChatGPT API 요금 외에 별도의 요금이 부과되지 않는 큰 장점이 있습니다. 이번 장에서는 이 방식으로 만든 자동화 프로그램을 활용하는 방법을 살펴보겠습니다.

2. **'GPT for Sheets and Docs' 확장 프로그램을 활용한 자동화**
   별도의 확장 프로그램을 설치하여 ChatGPT 기능을 구현한 프로그램입니다. 사용 방법이 간단하지만, ChatGPT API 요금 외에 확장 프로그램을 사용하기 위한 비용이 추가로 부과됩니다. 해당 시트를 활용하는 방법은 부록 A에서 자세히 살펴보겠습니다.

이번 장에서는 구글 앱스 스크립트를 활용한 자동화 프로그램의 사용 방법에 초점을 맞춰 설명하겠습니다. 자동화 프로그램을 만들기 위한 각 셀의 구성이나 함수에 관한 자세한 설명은 생략합니다. 다만 부록 A에서 설명 예정인 'GPT for Sheets and Docs' 확장 프로그램을 활용한 자동화에서는 직접 함수를 활용해 셀을 구성하고, 자동화 프로그램을 만드는 방법에 관해 자세히 설명할 예정입니다.

준비 작업 1 – OpenAI API 키 발급하기

OpenAI API란 쉽게 생각해서 구글 스프레드시트와 같은 외부 프로그램에서 GPT에 접근을 돕는 기능입니다. GPT 사용을 위해 사이트에 로그인하듯이 API를 통해 GPT에 접근하려면 API 키를 발급받아야 합니다.

01. OepnAI API 홈페이지에 로그인합니다.

    - OpenAI API 홈페이지: https://platform.openai.com/

02. 왼쪽 상단에 있는 [프로필 아이콘]을 클릭한 다음, [API keys]를 클릭합니다.

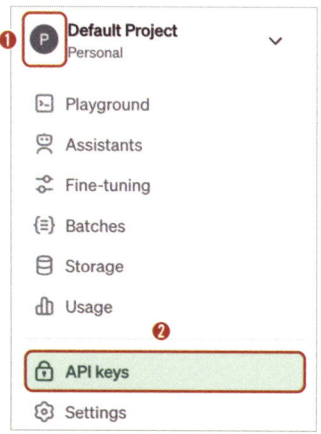

그림 4.11 OpenAI API 홈페이지에서 [API keys] 메뉴 클릭

03. 화면 중앙에 있는 [+ Create new secret key]를 클릭하고, Name에 키 이름을 입력합니다. 이 책에서는 'API Key'라고 입력했습니다. Permissions에서는 API 키의 허용 범위를 선택하고, [Create secret key] 버튼을 클릭합니다. 이어서 사람이 맞는지 확인하기 위한 퍼즐 맞추기 문제가 나오면 해당 문제에 대해 답을 제출합니다.

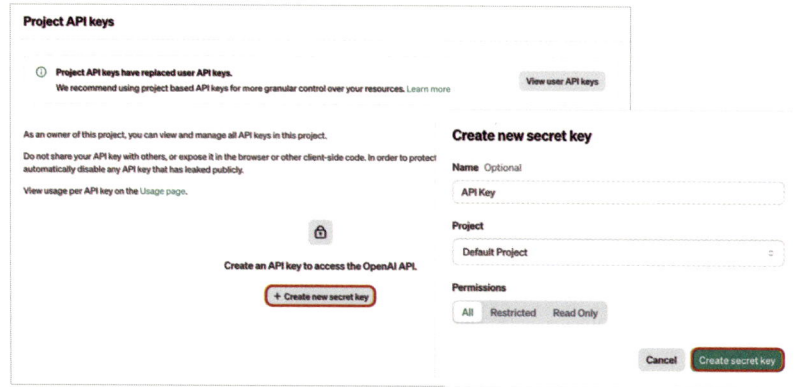

그림 4.12 API 키 발급하기

발급받은 API 키를 잘 복사해서 보관합니다(그림 4.13). API 키는 절대 외부로 노출해서는 안 되며 외부에 노출된다면 나도 모르는 사이에 요금이 부과될 수 있습니다. 따라서 만약 노출됐다면 해당 API 키를 바로 삭제하고 다시 발급받아 요금이 부과되는 것을 방지합니다.

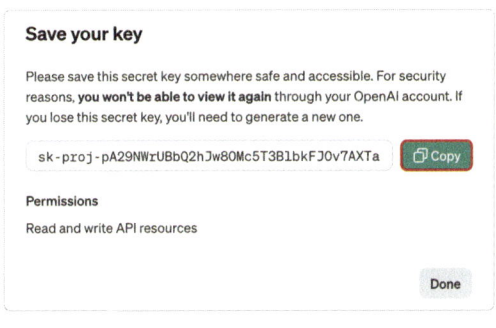

그림 4.13 발급받은 API 키 복사하기

준비 작업 2 – 선불 요금 결제하기

OpenAI API는 선불 요금제로 운영됩니다. 일정 금액의 크레딧(Credit)을 선결제해야만 사용할 수 있습니다.

01. 왼쪽 상단에 있는 [프로필 아이콘]을 클릭한 다음, [Settings] → [Billing] 메뉴를 클릭합니다.

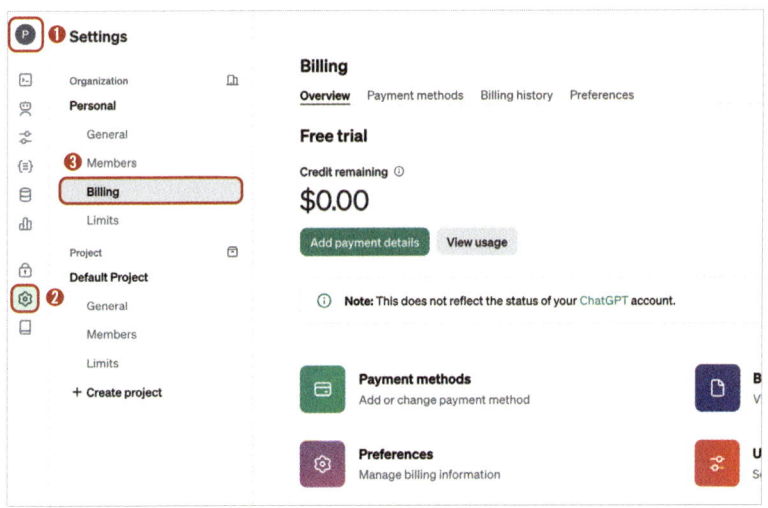

그림 4.14 OpenAI API의 Billing 페이지 접속하기

02. Credit remaining 아래에 있는 [Add payment details] 버튼을 클릭합니다. 이어서 What best describes you?라는 팝업창이 나오면 [Individual]을 선택합니다.

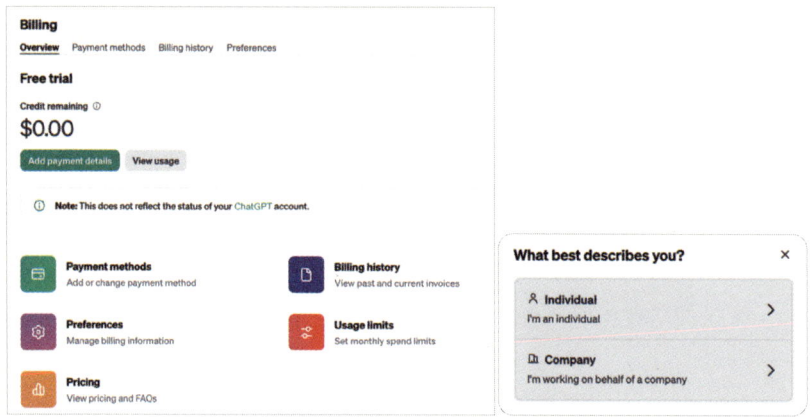

그림 4.15 [Add payment details] 클릭

03. Add payment details 화면이 나오면 결제에 사용할 신용카드 정보를 입력하고 [Continue] 버튼을 클릭합니다.

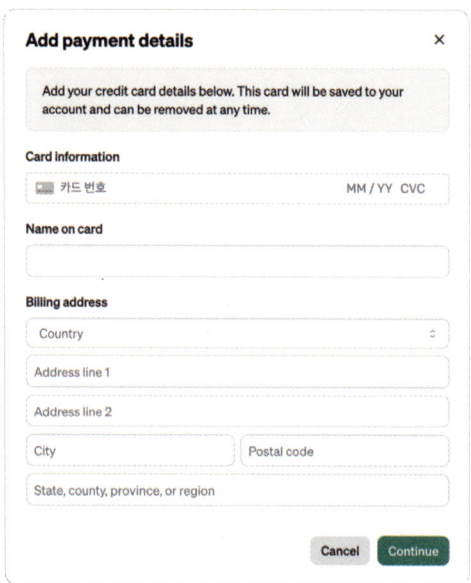

그림 4.16 결제에 사용할 신용카드 정보 입력

04. 이어서 Configure payment 화면이 나오면 결제 정보를 입력합니다.

- Initial credit purchase: 구매할 크레딧의 양을 입력합니다. $5 이상 $100 미만의 값을 입력해야 합니다.

- Would you like to set up automatic recharge?: 크레딧이 일정 금액 이하보다 낮아지면 자동으로 재충전할 것인지 설정합니다. 활성화하면 "When credit balance goes below" 항목에 설정한 값보다 크레딧이 낮아지면 자동으로 충전됩니다.

- When credit balance goes below: 여기에서 설정한 값보다 크레딧이 낮아질 경우 자동 충전을 진행합니다(자동 충전을 활성화한 경우).

- Bring credit balance back up to: 여기에 설정한 값만큼 크레딧을 자동 충전합니다(자동 충전을 활성화한 경우).

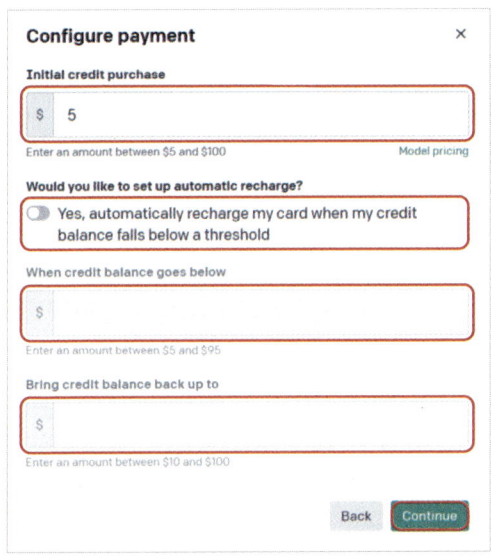

그림 4.17 결제 정보 입력

자동화 프로그램 사용하기

01. 블로그 자동화 프로그램이 있는 아래 링크로 접속합니다.

- https://buly.kr/ESxk82p

02. 자동화 프로그램을 사용하려면 먼저 구글 스프레드시트를 복제해야 합니다. 상단 메뉴에서 [파일] → [사본 만들기]를 클릭해 스프레드시트를 복제합니다.

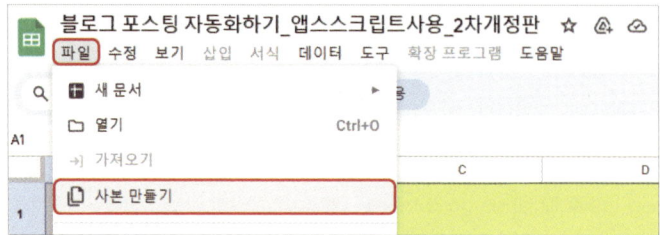

그림 4.18 스프레드시트 복제본 만들기

03. 스프레드시트의 복제가 완료됐다면 준비 작업 1에서 발급받은 OpenAI API 키를 'API 키 입력' 오른쪽의 노란색 칸에 입력합니다.

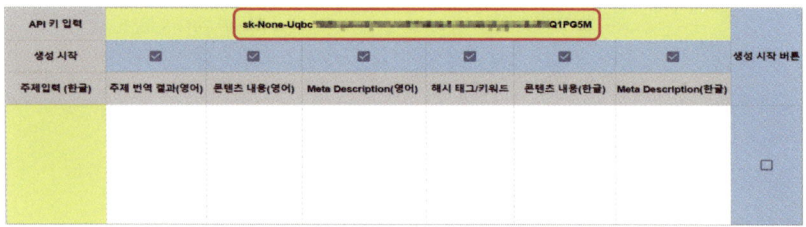

그림 4.19 OpenAI API 키 입력하기

04. 이어서 '주제 입력 (한글)' 아래의 노란색 칸에 생성하고자 하는 블로그의 주제를 입력합니다.

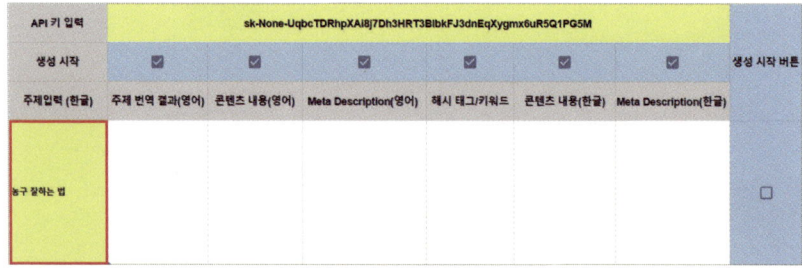

그림 4.20 주제 입력하기

05. 마지막으로 '생성 시작 버튼' 아래에 있는 체크박스에 체크하면 다음과 같이 전체 열의 내용이 자동으로 생성됩니다.

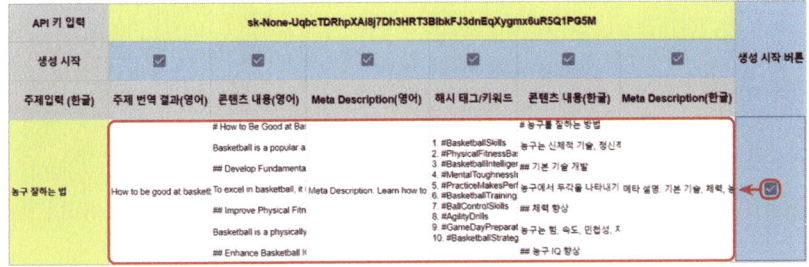

그림 4.21 생성 시작 버튼에 체크하기

06. 만약 특정 열의 값이 원하는 답이 아니거나, 답변 시간(30초 제한 시간)을 초과하여 에러가 발생했다면 해당 열 위에 있는 체크박스를 클릭해 체크를 해제하고, 다시 클릭하여 내용을 재생성합니다.

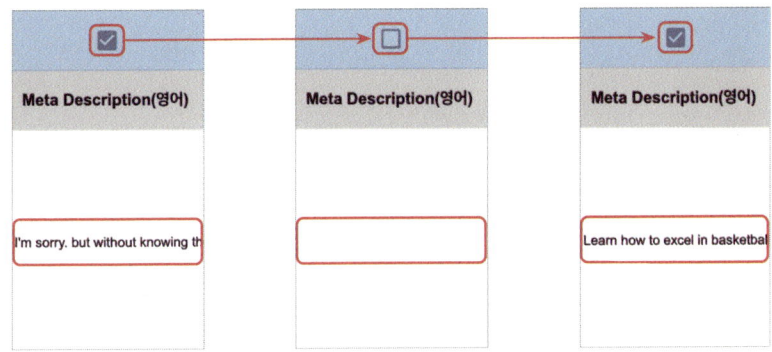

그림 4.22 셀 내용 재생성하기

자동화 프로그램 사용하기 - 여러 개의 글 생성하기

블로그 글의 주제를 입력하고, 단 몇 번의 클릭으로 순식간에 블로그 글을 생성했습니다. 블로그 자동화 프로그램의 더욱 강력한 점은 한 번에 많은 양의 블로그 글을 생성할 수 있다는 것입니다.

01. A4 셀부터 H4 셀까지 드래그하여 선택하면 다음 그림과 같이 선택한 셀이 파란색으로 변하고, 오른쪽 아래에 파란색 점이 생성됩니다.

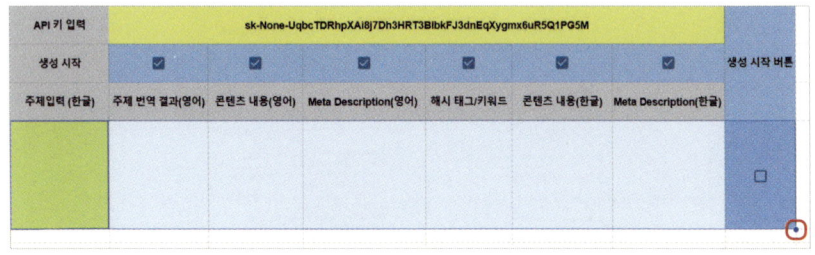

그림 4.23 복사할 셀 선택하기

02. 파란색 점을 클릭한 다음 생성하고자 하는 블로그 글의 개수만큼 아래로 드래그하면 아래에 셀 양식이 복사됩니다.

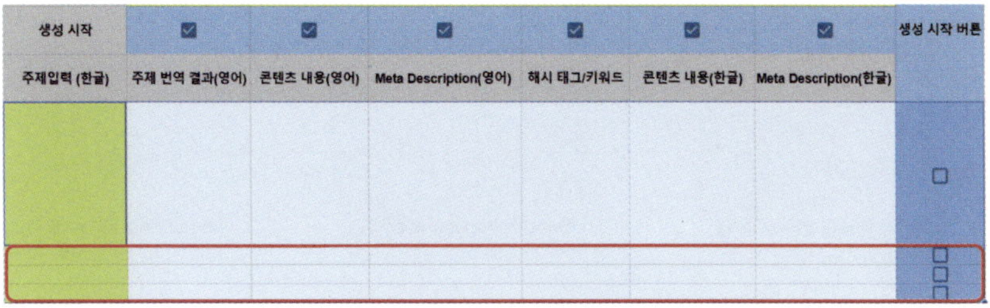

그림 4.24 셀 양식 복사하기

03. 노란색 부분의 셀에 각각 생성하고자 하는 블로그 주제를 입력하고 오른쪽에 있는 '생성 시작 버튼'을 클릭하면 한 번에 여러 개의 블로그 글이 생성되는 것을 확인할 수 있습니다.

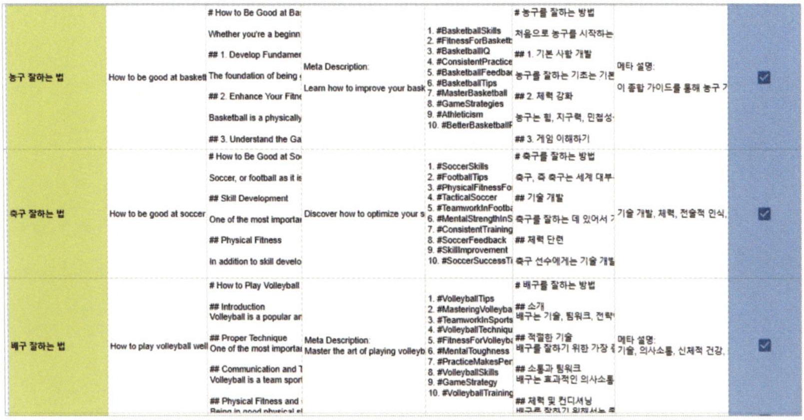

그림 4.25 한 번에 여러 개의 블로그 글 생성하기

API 요금 확인하기

OpenAI의 API는 사용한 데이터양만큼 비용을 지불해야 하는 유료 서비스입니다. 실습을 통해 소모한 API의 크레딧 양을 확인해 보겠습니다. 이번에도 OpenAI API 홈페이지에 접속합니다.

- OpenAI API 사용량 확인하기: https://platform.openai.com/usage

로그인을 완료하면 API 사용량을 조회할 수 있는 대시보드 화면이 표시됩니다. 이곳에서 일자별 소모량과 남은 크레딧을 확인할 수 있습니다.

그림 4.26 OpenAI API 사용량 확인

Part 05

유튜브 동영상을 만들어주는 크리에이터 ChatGPT

ChatGPT를 활용하여 유튜브 주제 정하기
ChatGPT를 활용하여 유튜브 스크립트 작성하기
픽토리 AI와 클로바더빙을 활용하여 동영상 제작하기
동영상 생성 AI 플랫폼 사이트 추천

유튜브(https://www.youtube.com/)는 매일 수십억 명의 사용자가 동영상을 업로드하고 공유하는 세계에서 가장 영향력 있는 플랫폼의 하나입니다. 유튜브 동영상에는 광고를 게재하여 수익을 얻을 수 있습니다. 따라서 전업 유튜버에 도전하는 사람들이 크게 늘었지만, 성공하는 사람은 적습니다. 그 이유는 크게 3가지입니다.

첫 번째, '주제 선정 실패'입니다. 유튜브는 구글, 네이버와 같은 검색 엔진입니다. 알고리즘을 통한 추천 시스템이 있으며, 블로그와 같이 검색 엔진 최적화(SEO)된 주제 선정이 필요합니다.

두 번째, '효과적인 스크립트 작성 실패'입니다. 정보 전달과 사람의 음성이 주를 이루는 동영상에는 스크립트가 매우 중요합니다. 시청자에게 유용한 메시지를 전달하고 몰입감을 주는 것은 물론, 동영상의 속도와 타이밍에 맞는 스크립트 구성이 필요합니다.

세 번째, '콘텐츠 제작에 소요되는 시간과 기술 부족'입니다. 기본적으로 동영상 제작을 위해서는 촬영, 편집, 후반 작업과 같은 기술이 필요합니다. 일반 사람들은 동영상 편집 툴을 익히는 과정부터 큰 어려움을 겪습니다.

ChatGPT와 인공지능 모델을 활용하면 이 3가지 문제를 해결하고 매우 빠르고 쉽게 유튜브 동영상을 제작할 수 있습니다. ChatGPT로는 동영상 제작이 불가능하기 때문에 ChatGPT만큼 똑똑하고 사용하기 쉬운 인공지능 플랫폼 활용이 필요합니다.

유튜브 동영상 제작은 총 3단계를 통해 이루어집니다.

1. 주제 선정 (@ChatGPT)
2. 스크립트 작성 (@ChatGPT)
3. 동영상 제작 (@픽토리 AI)

먼저 ChatGPT를 활용하여 유튜브 주제 선정과 스크립트 작성 작업을 진행합니다. 다음으로 픽토리 AI(https://pictory.ai/)를 활용하여 동영상을 제작합니다. 픽토리 AI는 인공지능을 이용한 동영상 제작 플랫폼으로, 스크립트를 활용하여 자동으로 영상을 제작해줍니다. 이제부터 자세한 제작 방법을 알아봅시다.

ChatGPT를 활용하여 유튜브 주제 정하기

유튜브 주제 선정은 4장의 블로그 주제 선정과 기본 개념이 동일합니다. 이번 장에서는 4장의 주제 선정에서 한발 더 나아가 ChatGPT를 활용한 다른 유튜브 영상 벤치마킹 과정을 통해 SEO 최적화 주제를 찾겠습니다.

1. ChatGPT와 대화를 통해 유튜브 주제 구체화하기
2. ChatGPT를 활용하여 경쟁 유튜브 영상 벤치마킹하기

ChatGPT와 대화를 통해 주제 구체화하기

이 과정은 81쪽에서 살펴본 블로그 글 주제 선정하기와 동일한 과정으로 진행됩니다. 다만 프롬프트 내용을 '블로그 주제'에서 '유튜브 주제'로 변경해 진행합니다.

 유튜브에서 인기 있는 주제 카테고리 10개만 추천해줘

 다음은 YouTube에서 인기 있는 10개 주제 카테고리 입니다.

1. 브이로그 및 개인적인 경험
2. 뷰티 및 메이크업 튜토리얼

… 중략 …

9. DIY 및 주택 개량
10. 자동차 및 차량

'10. 자동차 및 차량'을 선택하여 범위를 좁히고 SEO에 최적화된 주제를 다시 한번 질문하겠습니다.

"자동차 및 차량"에 대한 SEO 최적화의 유튜브 주제 10개만 추천해줘

다음은 SEO를 위해 최적화할 수 있는 유튜브의 자동차 및 차량 내 인기 주제 10가지입니다.

1. 자동차 리뷰 및 시승
2. 클래식 자동차 복원

… 중략 …

7. 자동차 유지 관리 및 수리 팁
8. 자동차 청소 및 디테일링
9. 클래식카 이벤트 및 쇼
10. 자동차 구매 팁 및 조언

구체화된 추천 주제 중 '자동차 유지 관리 및 수리 팁'을 최종 주제로 선정합니다.

ChatGPT를 활용하여 경쟁 유튜브 영상 벤치마킹하기

전 세계에 '자동차 유지 관리 및 수리 팁'이라는 주제의 수많은 유튜브 영상이 있습니다. 그중 조회수 1위를 차지하는 영상은 나름의 이유가 있을 것입니다. 그 영상을 벤치마킹해 보겠습니다.

1. 유튜브 조회수 높은 영상 찾기

조회수 1위 영상을 찾기 위해 유튜브 검색창에 영어로 'car maintenance and repair tips'를 입력하고 **[필터]**를 클릭하여 정렬기준을 **[조회수]**로 변경합니다.

그림 5.1 유튜브 조회수 검색 방법

그림 5.2와 같이 'Car Maintenance: 10 Things Every Car Owner Should know - The Short List' 영상이 해당 주제에서 가장 많은 조회수를 얻고 있습니다. 영어로 제작된 영상을 모두 시청하고 내용을 요약하기 위해서는 많은 시간과 노력이 소요됩니다. ChatGPT를 통해 클릭 한 번으로 이 작업을 진행하겠습니다. 그러기 위해서는 먼저 크롬 확장 프로그램 설치가 필요합니다.

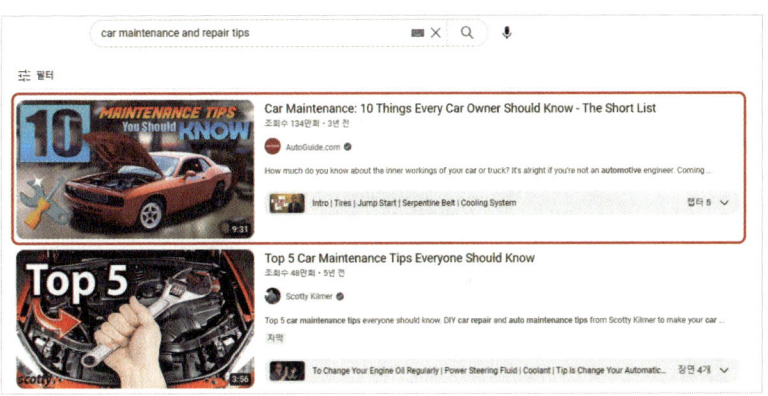

그림 5.2 해당 주제 상위 조회수 검색 결과

2. 유튜브 내용을 요약해주는 크롬 확장 프로그램 설치 – YouTube Summary with ChatGPT

구글에서 'YouTube Summary with ChatGPT'로 검색한 다음 맨 위의 링크를 클릭합니다. 그다음 오른쪽 상단의 [Chrome에 추가] 버튼을 누르고 설치를 진행합니다(그림 5.3).

- YouTube Summary with ChatGPT: https://url.kr/5xqz9m

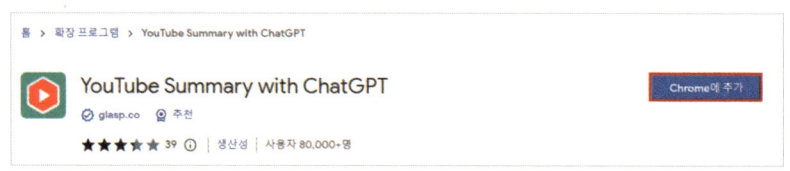

그림 5.3 'YouTube Summary with ChatGPT' 프로그램 설치 화면

프로그램을 설치한 후 유튜브 동영상을 클릭했을 때 그림 5.4와 같이 오른쪽 상단에 [Transcript & Summary] 버튼이 생겼다면 설치가 완료된 것입니다.

그림 5.4 'YouTube Summary with ChatGPT' 프로그램 설치 완료 시 화면

하지만 유튜브 내용 요약 확장 프로그램은 자막이 지원되는 영상에만 활용할 수 있습니다. ChatGPT의 Input은 텍스트 기반이기 때문에 자막 없는 영상의 요약 기능은 지원되지 않습니다.

3. 유튜브 내용 요약을 활용한 최종 주제 정하기

확장 프로그램을 활용하여 유튜브 영상을 요약하겠습니다. 그림 5.2의 'Car Maintenance: 10 Things Every Car Owner Should know – The Short List' 영상을 클릭하고 오른쪽 상단의 ChatGPT 로고를 클릭하면(그림 5.5) ChatGPT 입력 창이 새 탭으로 생성되고 요약을 요청하는 프롬프트가 자동으로 입력창에 작성됩니다. 엔터 키를 눌러 프롬프트를 입력하면 ChatGPT가 해당 유튜브의 내용을 요약합니다.

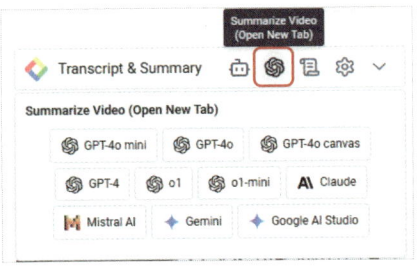

그림 5.5 유튜브 영상 요약하기

 이 동영상은 모든 자동차 소유자가 알아야 할 10가지 필수 자동차 유지 관리 작업에 대한 가이드를 제공합니다. 주제에는 깨끗한 앞 유리 유지, 엔진 오일 점검 및 채우기, 타이어 공기압 점검, 펑크 난 타이어 교체, 방전된 배터리 점프 시동, 공기 필터 점검 및 적절한 절차 준수가 포함됩니다. 동영상에는 배터리 케이블의 색상 코딩과 같은 유용한 정보가 포함되어 있으며 권장 타이어 공기압 유지의 중요성을 강조합니다.

※ 확장 프로그램을 활용한 유튜브 요약은 영어로 출력됩니다. 이 책에서는 DeepL을 활용한 번역 결과를 기재했습니다.

해당 영상은 '모든 자동차 소유자가 알아야 할 10가지 필수 자동차 유지 관리 작업'에 관한 내용이고 ChatGPT를 활용하여 시청 없이 빠르게 내용을 요약했습니다. 마지막으로 ChatGPT에게 유튜브 요약 내용을 활용한 주제 찾기를 요청합니다.

위의 스크립트는 YouTube 요약이야. 이 YouTube와 유사한 SEO에 최적화된 YouTube 주제 5개만 찾아줘

 다음은 자동차 정비와 관련하여 SEO에 최적화된 YouTube 주제입니다.
1. "모든 운전자가 알아야 할 10가지 자동차 정비 작업"
2. "자동차 정비 방법: A 초보자 가이드"
3. "초보자를 위한 자동차 정비: 필수 팁과 요령"
4. "기본 자동차 정비에 대한 궁극의 가이드"
5. "자동차 정비 101: 간단함 및 효과적인 단계"

최종 5개의 주제는 유용한 정보로, 시간이 흘러도 꾸준히 검색될 만한 주제이기 때문에 최적의 유튜브 주제로 보입니다.

지금까지 인기 유튜브 주제 카테고리 찾기와 상위 조회수 동영상 벤치마킹을 통해 주제를 선정해봤습니다. 그러면 이제 '모든 운전자가 알아야 할 10가지 자동차 정비 작업'을 주제로 동영상 제작 실습을 진행하겠습니다.

ChatGPT를 활용하여 유튜브 스크립트 작성하기

유튜브 스크립트를 작성하는 것은 난이도가 높은 작업입니다. 시청자의 이해도를 고려하여 전문용어와 기술 용어를 적절히 사용해야 합니다. 또한 시청자의 집중도를 위해 적절한 길이로 작성해야 합니다. 이 작업을 89쪽에서 사용한 AIPRM for ChatGPT 확장 프로그램을 활용하여 진행하겠습니다.

ChatGPT 화면에서 [YouTube Script Creator]를 클릭하고 아래 프롬프트 창에 '모든 운전자가 알아야 할 10가지 자동차 정비 작업'을 입력합니다(그림 5.6).

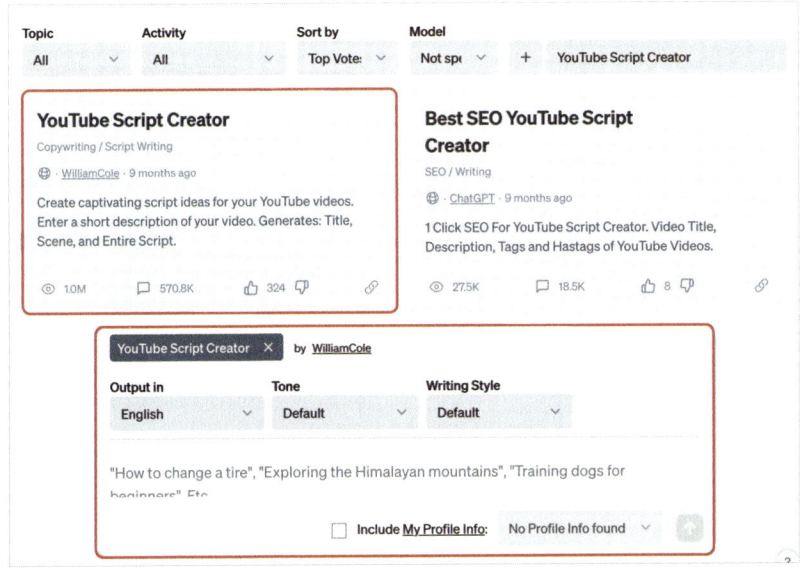

그림 5.6 AIPRM for ChatGPT 확장 프로그램 화면

 소개:

안녕하세요 여러분! 자동차 소유자라면 자동차를 원활하게 운행하는 것이 얼마나 중요한지 알고 있을 것입니다. 오늘은 모든 자동차 오너가 알아야 할 10가지 필수 자동차 정비 작업을 알려드리겠습니다. 자동차가 항상 최상의 상태인지 확인하려면 끝까지 시청해야 합니다.

본론:

- 작업 1: 오일 확인 및 교체

가장 먼저 해야 할 가장 중요한 유지 관리 작업은 자동차 오일을 확인하고 교체하는 것입니다. 이렇게 하면 엔진이 원활하게 작동하도록 유지하는 데 도움이 되며 비교적 쉽게 할 수 있습니다.

- 작업 2: 공기 필터 확인 및 교체

차량을 효율적으로 운행하려면 공기 필터가 중요합니다. 더러운 공기 필터는 자동차의 연비를 감소시키고 엔진을 손상시킬 수 있습니다. 교체도 직접 할 수 있는 쉬운 작업입니다.

··· 중략 ···

- 작업 10: 차를 깨끗하게 유지하기

마지막으로, 차를 깨끗하게 유지하면 보기에도 좋을 뿐만 아니라 녹과 부식을 방지하는 데에도 도움이 됩니다. 정기적인 세차와 왁스칠은 자동차 외관을 보호하는 데 도움이 될 수 있습니다.

결론:

모든 자동차 소유자가 알아야 할 10가지 필수 자동차 유지 관리 작업이 있습니다. 이러한 간단한 작업을 처리함으로써 차량을 원활하게 운행하고 값비싼 수리를 피하고 도로에서 안전을 보장할 수 있습니다. 이러한 작업을 정기적으로 수행하는 것을 잊지 마십시오. 그러면 앞으로 몇 년 동안 사용할 수 있는 안정적이고 안전한 자동차를 갖게 될 것입니다. 시청해 주셔서 감사합니다.

크롬 확장 프로그램을 활용하여 프롬프트 고민 없이 한번에 소개, 본론, 결론 3단락으로 이루어진 스크립트가 완성되었습니다. 스크립트에서 어색한 표현 몇 가지만 수정하면 유튜브 스크립트 작업이 완료됩니다.

※ AIPRM for ChatGPT 확장 프로그램이 유료화 또는 지원 중단된다면 다음 프롬프트 사용을 추천합니다.

 Create a compelling and captivating YouTube video script from the following description: "유튜브 제목 삽입"

픽토리 AI와 클로바더빙을 활용하여 동영상 제작하기

픽토리 AI(https://app.pictory.ai/login)는 인공지능을 이용한 동영상 제작 플랫폼으로, 스크립트나 뉴스 기사 URL만 입력하면 해당 글의 문맥에 맞는 동영상을 자동으로 생성해 주는 놀라운 플랫폼입니다.

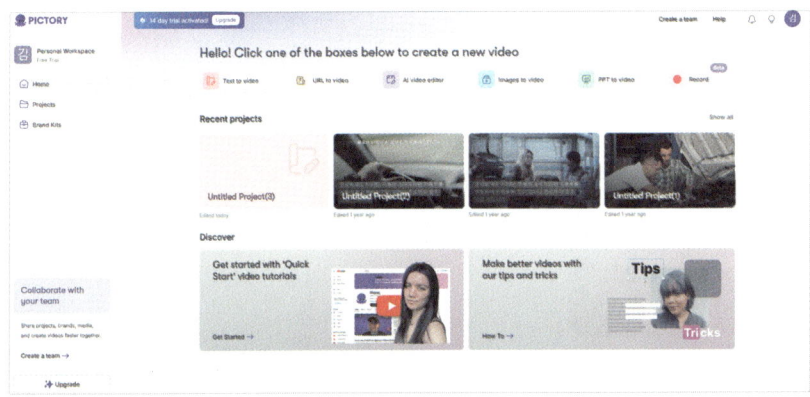

그림 5.7 '픽토리 AI' 홈페이지

픽토리 AI의 장점은 다음과 같습니다.

1. 무료로 총 3개의 동영상을 각각 최대 10분까지 사용할 수 있습니다(단 워터마크 생성됨).
2. 다양한 동영상 템플릿을 제공합니다.
3. AI 기반 음성 더빙이 가능합니다.
4. AI 기반 자막이 생성됩니다.

하지만 한글 스크립트는 지원하지 않아 한글로 된 스크립트를 이용하면 영상 제작과 음성 더빙이 불가능하다는 단점이 있습니다. 한글 스크립트를 지원하는 유료 플랫폼에 대해서는 132쪽에서 소개하기로 하고 지금부터 픽토리 AI에서 한글 스크립트로 동영상을 제작하는 방법을 설명하겠습니다.

픽토리 AI 내 스크립트 넣기

먼저 픽토리 AI 회원 가입을 하고 로그인하면 그림 5.8과 같은 메인 화면이 보입니다. [Text to video] 버튼을 클릭하여 텍스트를 활용한 비디오 생성 서비스로 이동합니다. 클릭하여 스크립트를 활용한 비디오 생성 서비스로 이동합니다.

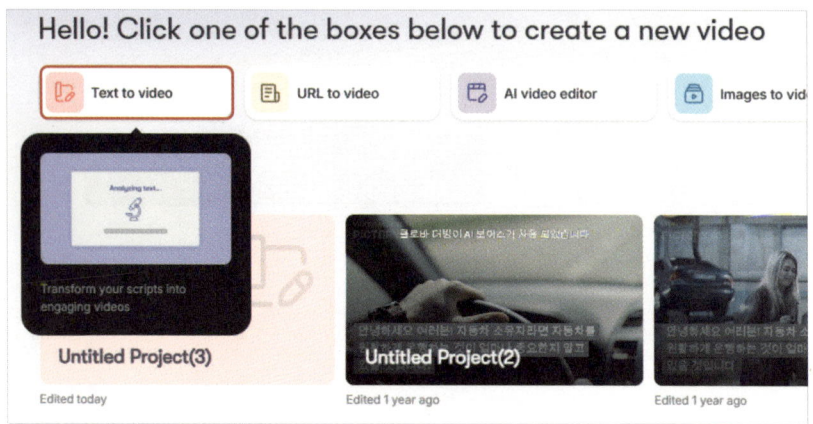

그림 5.8 '픽토리 AI'에 로그인한 후 나타나는 메인 화면

'Script editor' 화면에 앞서 119쪽에서 생성한 스크립트를 복사해서 입력합니다.

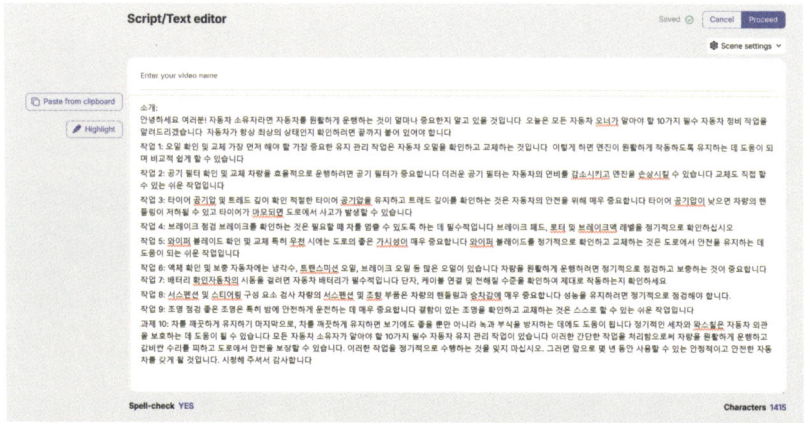

그림 5.9 Script editor 화면에 스크립트 입력하기

스크립트가 영어라면 [Proceed] 버튼을 클릭하고 다음 작업으로 넘어가면 됩니다. 하지만 한글 스크립트는 추가 작업이 필요합니다. 먼저 픽토리 AI가 동영상을 생성하는 방법을 설명하겠습니다.

1. 픽토리 AI는 마침표가 있는 문장 단위로 각각 다른 영상을 붙여 넣습니다. 즉, 분위기 반전을 원하는 부분은 마침표로 문장을 마무리하고 나서 다음 문장을 시작하면 새로운 컷으로 영상을 생성합니다.
2. 픽토리 AI는 각 문장에서 영어로 된 키워드를 찾고 해당 키워드와 연관 있는 동영상을 찾아 영상을 생성합니다. 해당 문장에 영어 또는 키워드가 될 만한 단어가 없으면 앞뒤 문장을 활용해 적당한 영상을 찾아 넣어줍니다.
3. 스크립트 내 영어가 하나도 없다면 픽토리 AI는 그림 5.10과 같이 검정 화면에 자막만 생성합니다.

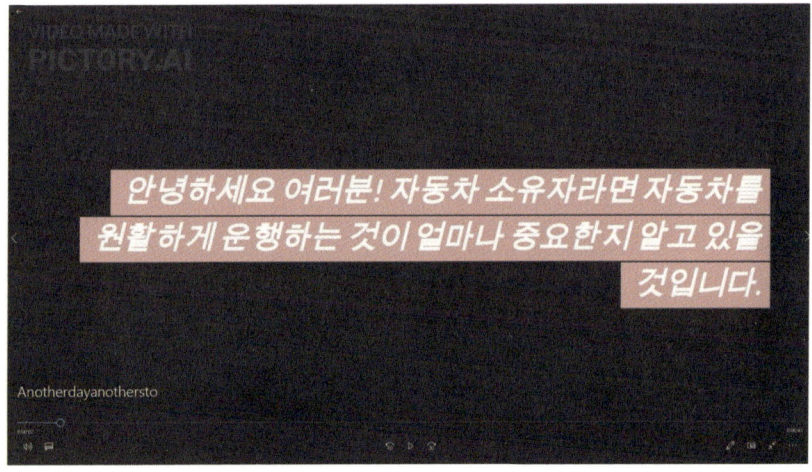

그림 5.10 영어가 없는 스크립트를 사용했을 경우 픽토리 AI가 만든 영상 화면

따라서 한글 스크립트로 동영상을 제작할 때는 픽토리 AI가 해당 키워드를 활용할 수 있게 스크립트에 영어 키워드를 추가해야 합니다. 하지만 영어 키워드를 추가하면 영상 자막에 원치 않는 영어 키워드가 함께 생성됩니다. 이 부분은 추가 자막 수정을 통해 삭제해 줍니다. 이 내용은 뒤에서 다시 한번 다루겠습니다.

그림 5.11은 영어 키워드를 추가한 한글 스크립트를 입력한 화면입니다. 영어 키워드 추가는 5.2절의 영어 원본 ChatGPT 결과를 활용하면 빠르게 작업할 수 있습니다. 소개 부분은 그대로 복사해 입력하고 본문 부분은 각 소분류 타이틀만 영어 키워드를 추가했습니다. 이 정도의 영어 키워드 추가만으로도 놀라운 동영상을 자동 생성할 수 있습니다. 스크립트 작업이 완료되면 오른쪽 상단의 [Proceed]를 클릭해 다음 단계로 넘어갑니다.

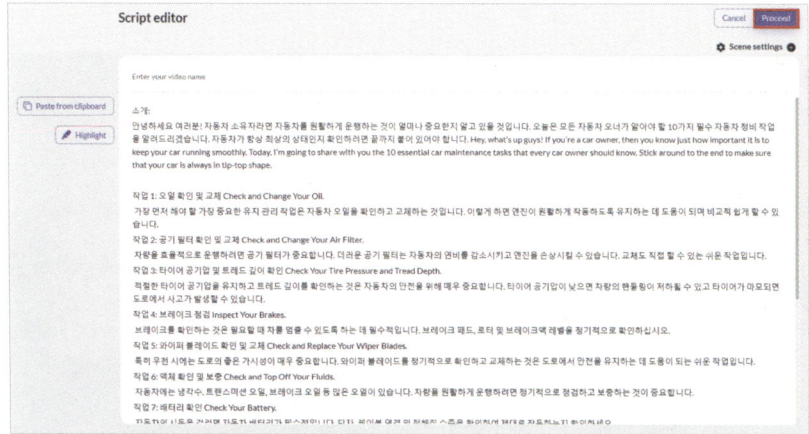

그림 5.11 영어 키워드를 추가하여 Script editor 화면에 스크립트 입력하기

동영상 템플릿 설정하기

다음은 그림 5.12와 같이 동영상 템플릿을 설정하는 단계입니다. 템플릿을 설정할 때는 배경이 되는 그림보다는 자막의 위치와 색감에 중점을 두는 것을 권장합니다. 템플릿과 원하는 화면 비율을 선택한 후 [Continue] 버튼을 클릭합니다.

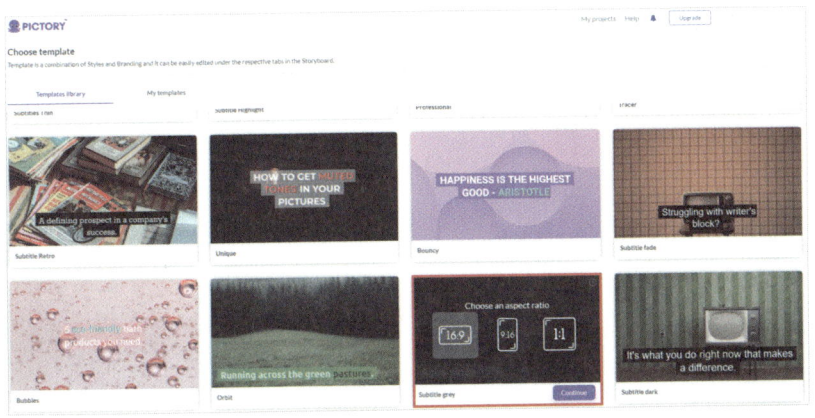

그림 5.12 템플릿과 화면 비율 선택하기

자막 편집하기

입력한 스크립트와 템플릿을 활용한 동영상 생성이 완료되면 그림 5.13과 같이 동영상 편집 기능을 지원하는 창으로 이동합니다. 왼쪽의 검은색 바는 편집 메뉴이고, 중앙에는 각 씬별 스크립트가 표시됩니다. 그리고 오른쪽에는 영상 재생화면이 나옵니다.

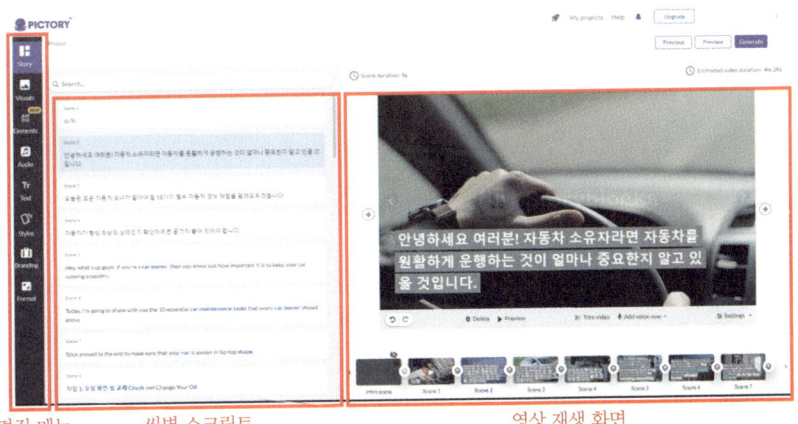

그림 5.13 템플릿과 화면 비율 선택하기

다음으로 중앙 스크립트 창에서 추가했던 영어 키워드를 삭제합니다. 영어 키워드는 영상 생성을 위해 잠시 추가했던 내용이고 완성된 동영상 자막에서는 제외해야 합니다. 그림 5.14와 같이 드래그하고 키보드의 [Delete] 키를 누르면 삭제되고 오른쪽 영상 재생 화면에 바로 반영됩니다.

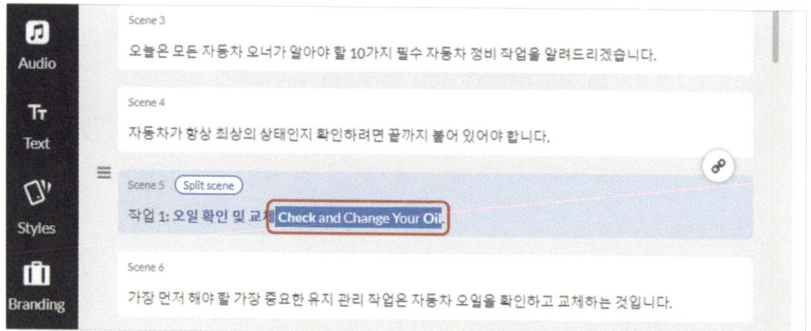

그림 5.14 영어 키워드 스크립트 삭제하기

배경음악 선택하기

왼쪽 편집 메뉴에서 [Audio] → [Background music]을 클릭하면 다양한 배경음악이 나옵니다. 직접 들어보고 원하는 음원을 선택합니다. 직접 음원을 업로드해 사용하려면 [Audio] → [My uploads]를 클릭하고 음원 파일을 업로드해 사용할 수 있습니다.

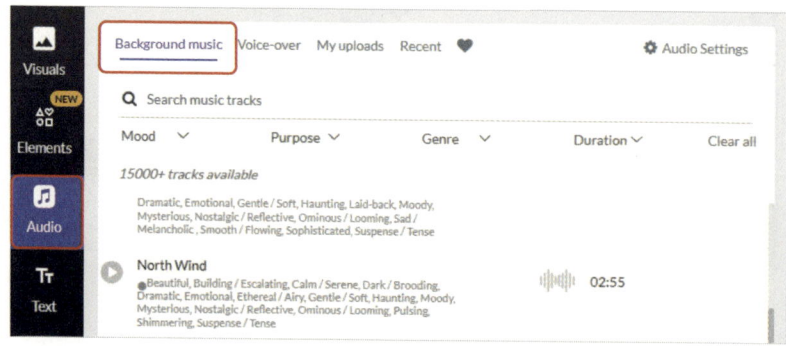

그림 5.15 배경음악 선택하기

스크립트 음성 더빙하기

픽토리 AI에서는 영어 스크립트에 대한 자동 음성 더빙 기능을 지원합니다. 하지만 안타깝게도 한글은 지원하지 않습니다. 음성 더빙 없이 자막만으로 영상 제작이 가능하지만, 전달력이 떨어진다는 단점이 있습니다. 그래서 여기서는 '클로바더빙(https://clovadubbing.naver.com/)'이라는 음성 더빙 AI 플랫폼을 활용해 한글 더빙 음원을 따로 생성해 픽토리 AI에 업로드하는 방법을 설명하겠습니다.

클로바더빙은 네이버에서 제공하는 음성 더빙 플랫폼입니다. 스크립트를 입력하면 다양한 목소리로 더빙된 음원을 받을 수 있습니다. 유료 서비스지만, 첫 회원 가입 시 15,000자, 20회 다운로드를 무료로 제공합니다. 실습하기에는 충분한 양입니다.

그림 5.16 네이버 '클로바더빙' 음성 더빙 플랫폼

클로바더빙 회원 가입을 완료하면 그림 5.17과 같은 화면이 나옵니다. 여기서 [새 프로젝트 생성]을 클릭합니다.

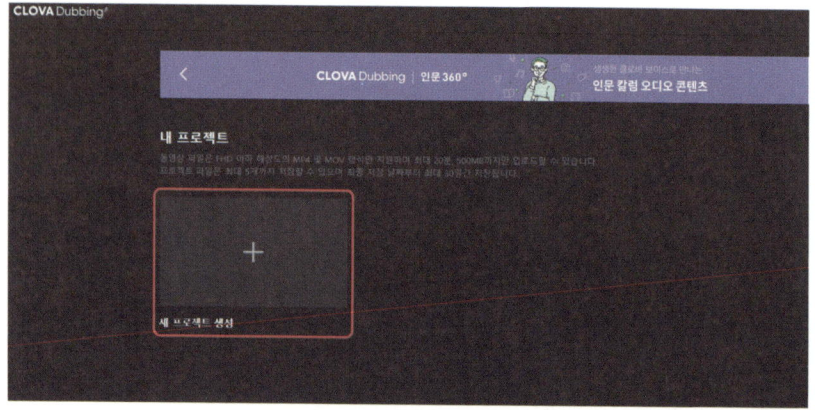

그림 5.17 '클로바더빙' 새 프로젝트 생성하기

먼저 [미리 듣기] 기능을 이용해 원하는 목소리를 선택합니다.

그림 5.18 목소리 미리 듣기

오른쪽 상단에 스크립트를 입력하고 [더빙 추가]를 클릭하면 왼쪽 하단 타임라인에 해당 더빙이 추가됩니다.

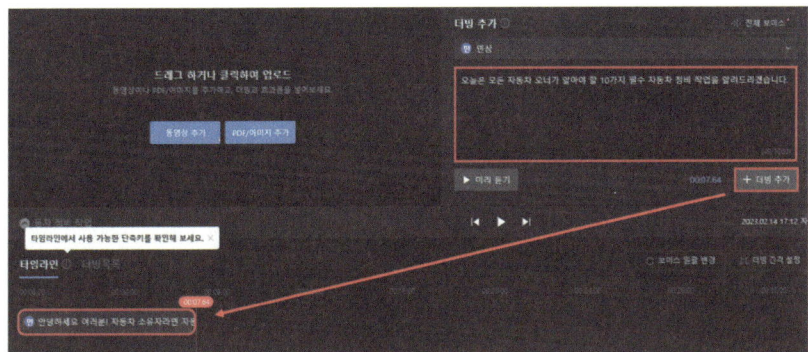

그림 5.19 스크립트 입력으로 더빙 추가하기

이렇게 모든 Scene의 스크립트를 입력하여 더빙 음원을 완성했으면 오른쪽 상단의 [다운로드]를 클릭합니다(그림 5.20).

그림 5.20 모든 씬의 스크립트 추가하기

파일 다운로드 형식은 [개별 더빙 파일]로 선택하여 각각 다운로드합니다.

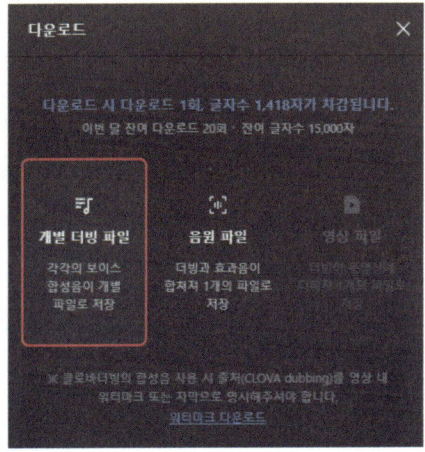

그림 5.21 파일 다운로드 형식 선택하기

다시 픽토리 AI의 편집 메뉴에서 [Audio] → [My uploads] → [Voice-over]를 클릭하고 클로바더빙을 통해 다운로드 받은 더빙 파일을 모두 업로드합니다.

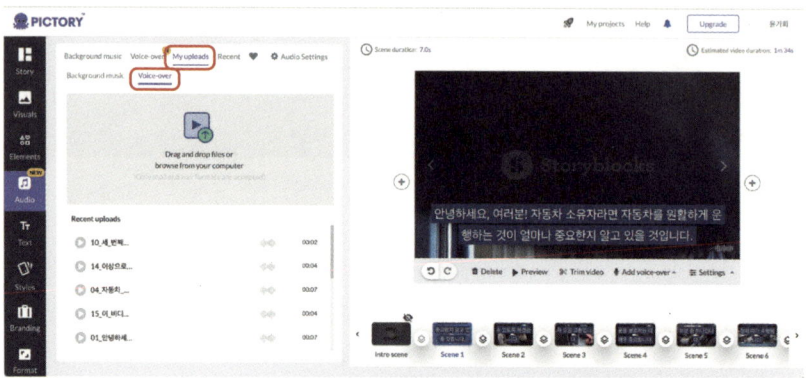

그림 5.22 더빙 파일 업로드하기

마지막으로 각각의 더빙 음원과 Scene을 맞춰줍니다. 먼저 오른쪽 영상 재생 화면에서 [Scene]을 선택하고 해당 Scene에 맞는 음원의 [Current scene] 버튼을 클릭하면 영상과 음원 매칭이 완료됩니다(그림 5.23).

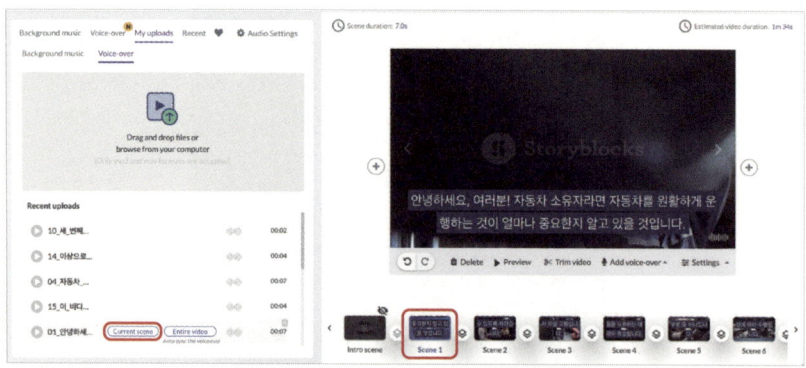

그림 5.23 Scene과 더빙 음원 파일 매칭하기

그림 5.24 Scene과 더빙 음원 매칭을 완료한 모습

텍스트 넣기

클로바더빙을 활용한 영상에는 자막 또는 워터마크로 저작권 표시를 반드시 해야 합니다. 픽토리 AI에 텍스트 삽입 기능을 활용하여 클로바더빙 저작권 자막을 추가하겠습니다. 방법은 간단합니다. 왼쪽 편집 메뉴에서 [Text]를 클릭하고 텍스트를 삽입할 Scene으로 이동합니다. 원하는 텍스트 타입을 설정해 오른쪽 영상 재생 화면을 클릭하면 됩니다. 상단 글자 편집 메뉴를 이용해 글자 스타일도 수정할 수 있습니다(그림 5.25).

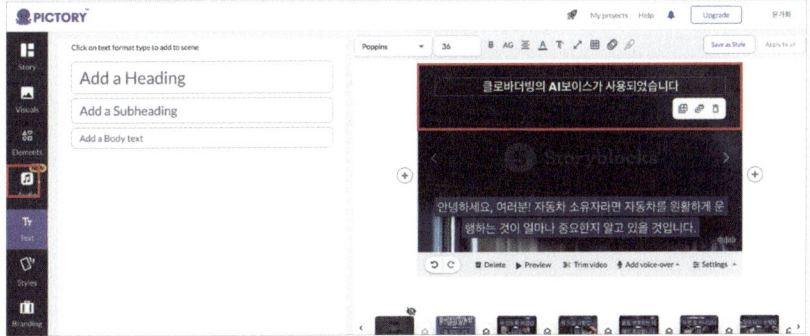

그림 5.25 Text 추가하기

동영상 생성

동영상 편집이 완료되면 오른쪽 상단의 [Generate] → [Video]를 클릭해 동영상 파일을 생성합니다. 이렇게 유튜브 동영상 제작을 완료했습니다.

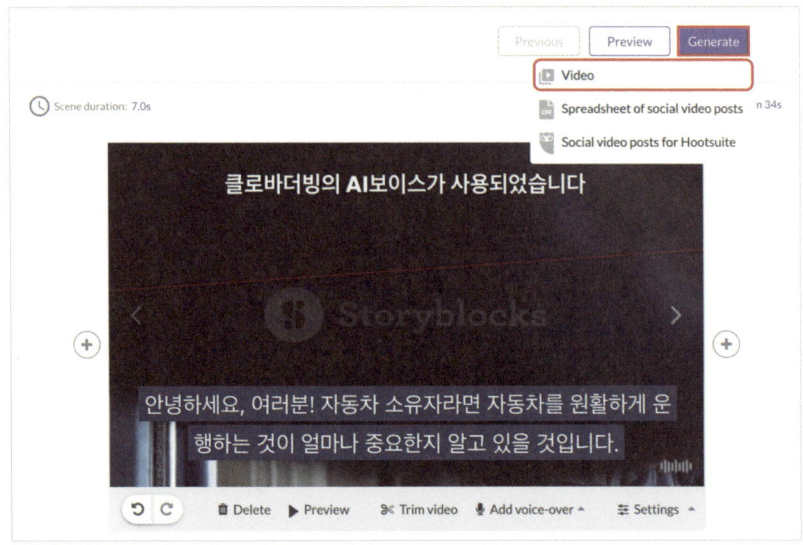

그림 5.26 동영상 파일 생성하기

동영상 생성 AI 플랫폼 사이트 추천

이번 실습에서는 ChatGPT, 픽토리 AI, 클로바더빙 총 3개의 인공지능 플랫폼을 활용하여 유튜브 동영상을 제작했습니다. 여기서 소개한 플랫폼 외에 동영상 생성에 활용할 수 있는 다른 인공지능 플랫폼을 추천하면서 이번 장을 마무리하겠습니다.

- Video stew(https://videostew.com/): 한글 스크립트가 지원되는 픽토리 AI 같은 서비스로 음성 더빙 부분이 바로 클로바더빙과 연동이 되는 장점이 있습니다. 유료 플랫폼입니다.

- Synthesia(https://www.synthesia.io/): 스크립트를 입력하면 AI 아바타가 아나운서처럼 입을 움직이며 텍스트를 읽어주는 서비스입니다. 유료 플랫폼입니다.

- D-ID(https://studio.d-id.com/): 사진과 스크립트를 넣어주면 사진 속 인물이 직접 말하는 동영상을 제작해 줍니다. 유료 플랫폼입니다.

- LOVO(https://auth.lovo.ai/): 목소리 음원을 학습시켜 클로바더빙의 성우처럼 스크립트를 더빙해주는 서비스입니다. 1분가량의 목소리만으로도 학습이 가능합니다. 유료 플랫폼입니다.

Part 06

사진을 이용해 글을 써주는
글 작가 ChatGPT

ChatGPT에게 사진을 업로드하고 분석 요청하기

사진의 키워드를 활용해 시를 쓰는 ChatGPT

사진의 키워드를 활용해 소설을 쓰는 ChatGPT

블로그나 SNS에 글을 올릴 때, 사진을 어떻게 묘사할지 고민될 때가 있습니다. 이럴 때 ChatGPT에 사진을 업로드하면, AI가 이미지를 분석하여 핵심 키워드나 분위기를 추출한 후, 이를 바탕으로 다양한 글을 생성해 줍니다.

이번 장에서는 한 장의 사진을 활용하여 ChatGPT로부터 시(詩)나 소설과 같은 다양한 글을 얻어내는 방법을 알아보겠습니다.

ChatGPT에게 사진을 업로드하고 분석 요청하기

ChatGPT는 사진 속 사물, 풍경, 인물, 분위기 등을 자동으로 식별하고, 이를 설명하는 다양한 단어나 문장을 제시할 수 있습니다. 먼저, 분석에 사용할 사진을 선택합니다. 이 책에서는 그림 6.1의 사진을 활용하여 키워드 추출부터 여러 가지 글 작성까지 실습을 진행합니다.

그림 6.1 실습에 사용할 사진

사진을 활용한 글 창작의 첫 단계로, 사진의 전반적인 분위기와 키워드를 추출하도록 요청합니다.

이 사진을 분석해줘. 그리고 사진에서 추출할 수 있는 키워드나 분위기를 알려줘.

(사진 업로드)

 이 사진을 분석해보겠습니다.

사진 분석

- 장소: 해변(Beach)에서 촬영된 것으로 보이며, 배경에는 물과 나무들이 있어 자연 속에서 이루어진 활동임을 알 수 있습니다.
- 시간대: 석양이 지는 시간대(Sunset)로 보이며, 하늘이 따뜻한 주황빛과 푸른 빛이 조화를 이루고 있습니다.
- 활동: 여러 명의 사람들이 비치발리볼(Beach Volleyball)을 하고 있습니다. 한 선수가 점프하여 스파이크를 시도하는 장면이 포착되었습니다.
- 역동성: 선수들의 실루엣이 강조되어 있고, 점프 및 블로킹을 하는 자세에서 강한 에너지가 느껴집니다.
- 구성: 실루엣 효과로 인해 인물들이 도드라져 보이며, 모래가 튀는 모습이 움직임을 더욱 극적으로 강조하고 있습니다.

추출 가능한 키워드

- 운동 (Sports)
- 비치발리볼 (Beach Volleyball)
- 역동성 (Dynamic)
- 점프 (Jump)
- 경쟁 (Competition)
- 팀워크 (Teamwork)
- 활력 (Energy)
- 스포츠 정신 (Sportsmanship)
- 자연 (Nature)
- 해변 (Beach)
- 석양 (Sunset)
- 실루엣 (Silhouette)
- 여름 (Summer)
- 모래 (Sand)

> **사진의 분위기**
> - 활기찬 (Energetic): 빠른 움직임과 점프 동작이 강한 역동성을 전달합니다.
> - 경쟁적인 (Competitive): 한쪽에서는 스파이크, 반대편에서는 블로킹을 시도하는 모습에서 경기의 긴장감이 느껴집니다.
> - 자유로운 (Free-spirited): 자연 속에서 팀원들과 함께하는 모습이 자유롭고 즐거운 분위기를 자아냅니다.
> - 여유로운 (Relaxed yet intense): 경기 자체는 치열하지만, 자연 속에서 즐기는 여유로운 순간도 느껴집니다.
> - 여름 느낌 (Summery): 해변과 스포츠 활동이 여름을 연상시키며, 밝고 따뜻한 분위기를 강조합니다.
>
> 이 사진은 스포츠의 활기찬 에너지를 강조하면서도 자연 속에서 즐기는 자유로움을 동시에 담고 있는 인상적인 장면입니다! 😊

ChatGPT는 내부 알고리즘을 통해 사진의 주요 요소를 분석한 후, 이를 가장 잘 표현할 수 있는 키워드를 추출합니다. 예를 들어 '해변(beach)', '바다(sea)', '일몰(sunset)', '배구(volleyball)'와 같이 사진을 가장 잘 표현할 수 있는 키워드를 추출했습니다. 또한, 사진에서 얻은 이미지 분석 결과를 친절하게 설명해 줍니다. 이제 이 분석 내용을 바탕으로 시나 소설을 작성하도록 ChatGPT에 요청하면 됩니다.

사진의 키워드를 활용해 시를 쓰는 ChatGPT

시는 언어를 통해 감정을 불러일으키고 의미를 전달하는 창의적인 글쓰기 방식 중 하나입니다. 특히, 사진 한 장을 보고 떠오르는 시를 쓰는 것은 글쓰기를 업으로 하는 사람들에게도 어려운 과제입니다. 하지만 ChatGPT를 활용하면 누구나 쉽게 사진 한 장으로 멋진 시를 작성할 수 있습니다. 물론, 문학 작품의 완성도를 평가하는 객관적인 기준은 없지만, ChatGPT를 통해 창작의 새로운 인사이트를 얻는 것만으로도 큰 도움이 될 것입니다.

사진에서 추출한 키워드를 활용해 시 작성하기

앞서 사진에서 추출한 정보를 바탕으로 ChatGPT에게 시를 작성해 달라고 요청하겠습니다.

 이 정보를 모두 활용해서 10줄 정도의 시를 써줘

 해변의 스파이크

모래 위로 튀어 오르는 발걸음,
저녁 노을이 등을 감싸 안는다.

하늘 높이 솟구친 손끝에,
태양처럼 타오르는 공이 춤춘다.

바람은 팀워크의 속삭임이 되고,
파도는 경쟁의 리듬을 타고 흐른다.

자유로운 여름의 한 조각,
석양 아래 땀방울이 반짝인다.

승패보다 뜨거운 순간,
오늘의 역동이 내일을 밝힌다. 🌅🏐

사진에서 느껴지는 감정과 분위기를 반영하여 한 편의 멋진 시를 작성했습니다. 사진이 전하는 감성과 함께 시적인 표현이 녹아 들어 있습니다.

분위기 변경하여 작성하기

이번에는 ChatGPT에게 역동적인 분위기로 시를 작성해 달라고 요청해 보겠습니다.

좀 더 역동적이고 에너지 넘치는 느낌으로 시를 다시 써줘.

해변 위로 뛰어오르는 구슬땀,
심장은 뜨거운 모래를 품고 달린다.

… 중략 …

지금, 이 순간, 여름은 쉼 없이 살아 숨 쉬고,
노을 속에서 우리는 다시 뜨겁게 빛난다.

요청에 따라 전체적으로 시의 분위기를 더욱 역동적이고 에너지 넘치는 느낌으로 변경했습니다. 이처럼 ChatGPT를 활용할 때 전체적인 분위기나 스타일을 지정하면 원하는 바에 더 가까운 답변을 얻을 수 있습니다. 이번에는 조금 더 어려운 요청을 해보겠습니다. ChatGPT에게 해리포터와 같은 분위기로 시를 작성해 달라고 요청해 보겠습니다.

해리포터 작품과 같은 분위기로 시를 다시 작성해줘.

🏐 마법 같은 경기 🏐

황금빛 석양이 주문을 걸면,
모래밭은 마법의 경기장이 된다.

공은 마치 스니치를 닮아,
바람을 타고 날아오른다.

스파이크는 번개처럼 내리치고,
블로킹은 보이지 않는 방어 마법.

모래가 휘날리며 주문이 속삭이고,
함성은 폭죽처럼 밤하늘에 퍼진다.

이곳엔 빗자루도, 지팡이도 없지만,
순간의 마법이 영원히 빛난다. ✨🏐

'스파이크 번개', '마법의 경기장' 등 해리포터를 연상시키는 표현을 사용하여 시를 작성했습니다. 이처럼 ChatGPT는 학습한 다양한 문학 작품이나 작가의 스타일을 반영하여 창작할 수도 있습니다.

타깃 독자를 지정해서 작성하기

이번에는 시를 읽을 타깃 독자를 설정한 후, ChatGPT에게 시를 작성해 달라고 요청해 보겠습니다.

 어린이를 타깃으로 다시 작성해줘.

🏐 모래 위에서 둥! 🏐
노을빛 마법이 번쩍!
모래 위에서 공이 둥!

점프 점프 하늘 높이,
스파이크가 번개처럼 쾅!

친구들과 손을 모아,
블로킹 마법을 뽕!

모래가 퐁퐁 춤을 추고,
웃음소리가 바람을 탄다.

이긴 팀도, 진 팀도 없어,
우리 모두가 승리자야! 🎉🏐✨

요청에 따라 시의 분위기를 더욱 밝게 조정하고, 쉬운 단어를 사용하여 어린이도 이해하기 쉬운 문장으로 변경했습니다. 이를 통해 ChatGPT가 타깃 독자를 고려하여 기본적인 표현법과 단어 선택까지 조정할 수 있음을 확인할 수 있었습니다.

사진의 키워드를 활용해 소설을 쓰는 ChatGPT

소설을 쓰는 것은 시간, 창의성, 인내가 필요한 고난도의 작업입니다. 특히, 사진 한 장을 보고 영감을 떠올려 긴 스토리의 소설을 창작하는 것은 더욱 어려운 일입니다. 이 작업을 ChatGPT의 도움을 받아 시도해 보겠습니다.

사진에서 추출한 키워드를 활용해 소설 쓰기

ChatGPT는 앞서 분석한 내용을 기억하기 때문에 이어서 질문을 하면 관련 정보를 반영하여 답변합니다. 만약 답변이 앞서 분석한 사진의 내용과 일치하지 않는다면 다시 사진을 업로드하여 분석을 진행하면 됩니다. 다만, 소설의 전체 길이가 너무 길어질 수 있으므로 다음과 같은 형식으로 소설의 제목, 장르, 시대적 배경, 등장인물, 줄거리 등 간략한 개요만 요청하겠습니다.

앞서 추출한 사진 정보를 모두 활용해 짧은 소설을 써줘. 아래 형식으로 부탁해.
1. 제목
2. 장르
3. 시대적 배경
4. 주요 등장인물
5. 간략한 줄거리

1. 제목: 태양 아래의 결투

2. 장르: 스포츠, 성장, 청춘

3. 시대적 배경: 현대, 한여름 해변가

4. 주요 등장인물:
   - 리오: 빠른 스피드와 강한 승부욕을 가진 주인공. 팀의 에이스 스파이커.
   - 마야: 팀의 전략가이자 서브의 달인. 침착한 성격으로 팀을 이끈다.
   - 타이슨: 강력한 블로커. 힘이 넘치지만 가끔 감정을 조절하지 못한다.
   - 제이미: 팀의 수비 전문가. 작지만 재빠른 움직임으로 모든 공을 받아낸다.
   - 다크 샤크 팀: 지역 최고의 비치발리볼 강팀. 이 대회에서 3년 연속 우승했다.

5. 간략한 줄거리:

해마다 여름이면 열리는 "썬셋 챔피언십", 해변 최고의 비치발리볼 대회가 시작되었다. 리오와 그의 친구들은 우승을 목표로 대회에 참가했지만, 결승전 상대는 지역 최강의 팀 "다크 샤크". 그들은 높고 빠른 공격으로 상대를 압도하는 팀이었다.

경기가 시작되자, 강렬한 햇빛 아래에서 모래가 튀고, 함성이 울려 퍼졌다. 첫 세트, 다크 샤크가 거센 공격을 퍼부으며 압도적인 차이로 승리했다. 그러나 마야의 전략적인 서브와 제이미의 끈질긴 수비가 힘을 발휘하기 시작했다. 두 번째 세트에서는 리오의 강력한 스파이크가 번개처럼 내리꽂히며 균형을 맞췄다.

마지막 세트, 점수는 20-20. 긴장감이 극에 달한 순간, 타이슨이 높이 뛰어올라 상대의 스파이크를 막아냈다. 공이 네트를 넘으며 상대 팀의 빈 공간으로 떨어졌다. "경기 종료!"

모래 위에서 환호성과 웃음이 섞였다. 승리보다 더 중요한 것은 함께 만든 이 순간, 그리고 다음 도전을 향한 불타는 열정이었다. 노을이 붉게 물든 해변에서, 그들은 또 한 걸음 성장했다. 🌅🏐🔥

사진의 분위기와 유사한 스포츠 장르의 소설을 창작했습니다. 등장인물이 배구 선수로 설정되었고, 노을이 붉게 물든 해변에서 주인공들이 경기를 하는 장면이 포함되었습니다. 이처럼 ChatGPT가 생성한 소설은 실제 작가가 사진을 보고 떠올린 멋진 스포츠 소설처럼 느껴집니다.

장르를 변경하여 작성하기

이번에는 소설의 장르를 호러로 지정하여 작성해 보겠습니다. 기존 프롬프트에 장르만 추가하여 ChatGPT에게 요청하면 됩니다.

앞서 추출한 사진 정보를 모두 활용해 호러 장르의 짧은 소설을 써줘. 아래 형식으로 부탁해.

1. 제목
2. 시대적 배경
3. 주요 등장인물
4. 간략한 줄거리

1. 제목: 모래 속의 그림자

2. 시대적 배경: 현대, 해가 저물어가는 여름 해변

3. 주요 등장인물:

- 리암: 팀의 에이스 스파이커, 용감하지만 때로는 무모하다.
- 클로이: 신중한 전략가, 모든 것을 세심하게 관찰하는 성격.
- 에단: 팀의 블로커, 강한 체력을 가졌지만 미신을 믿는다.
- 소피아: 팀의 수비수, 분위기를 띄우지만 겁이 많다.
- 그림자 속 존재: 모래 속에서 모습을 드러내는 정체불명의 존재.

4. 간략한 줄거리:

여름이 끝나기 전, 리암과 친구들은 한밤중 비치발리볼 챌린지를 하기로 했다. 해변의 마지막 빛이 사라지고, 석양이 어둠 속으로 녹아들 무렵이었다.

경기가 시작되자, 땀방울이 모래 위에 떨어지고, 숨소리가 거칠어졌다. 하지만 점점 이상한 기운이 감돌았다. 클로이는 네트 뒤쪽에서 자신들을 지켜보는 검은 실루엣을 보았고, 에단은 발밑에서 서늘한 감촉을 느꼈다.

"이상해… 여기에 우리 말고 또 누가 있는 거야?"

소피아가 공을 주우러 갔을 때, 모래 속에서 검은 손이 불쑥 튀어나왔다. 비명을 지르는 순간, 그 손은 다시 모래 속으로 사라졌다. 공도, 발자국도 없었다.

두려움에 떨던 그들은 마지막 점수를 두고 경기를 끝내기로 했다. 리암이 스파이크를 날리는 순간, 공은 허공에서 사라졌다. 그리고 네트 반대편에서… 아무도 없는 공간에서 손이 올라왔다.

누군가가 그들과 함께 경기를 하고 있었다.

그날 이후, 그 시간대에 해변에서 배구를 하면 모래 속 그림자가 나타난다는 전설이 퍼져나갔다. 그 손은 다음 상대를 찾고 있을지도 모른다…🏐🌑👁️💬

장르를 호러로 변경했더니 사진 속 평화로운 장면을 무서운 사건 전 대비되는 장면으로 활용했습니다.

시대적 배경을 변경하여 작성하기

이번에는 소설의 시대적 배경을 1980년대로 설정하여 작성해 보겠습니다. 기존 프롬프트에 시대적 배경만 추가하여 ChatGPT에게 요청하면 됩니다.

앞서 추출한 사진 정보를 모두 활용해 시대적 배경을 1980년대로 설정한 짧은 소설을 써줘. 아래 형식으로 부탁해.

1. 제목
2. 장르
3. 주요 등장인물
4. 간략한 줄거리

1. 제목: 1987, 모래 위의 여름

2. 장르: 스포츠, 청춘, 우정, 성장

3. 주요 등장인물:

- 에디: 자유로운 영혼의 소유자, 꿈은 프로 배구 선수가 되는 것.
- 리사: 재치 있고 빠른 서브를 구사하는 팀의 브레인.
- 조니: 강한 블로커이자 분위기 메이커.
- 마이크: 조용하지만 결정적인 순간에 힘을 발휘하는 플레이어.
- 톰슨 코치: 해변 배구 챔피언 출신의 은퇴 선수.

4. 간략한 줄거리:

1987년, 뜨거운 여름. 캘리포니아 해변에서는 매년 열리는 **"선셋 배구 챔피언십"** 이 코앞에 다가왔다. 이 대회에서 우승하면 프로팀 스카우트의 눈에 띌 기회가 있었다. 에디와 친구들은 해변에서 땀을 흘리며 연습했다. 하지만 강력한 우승 후보 팀 **"샌디 킨즈"** 와의 시합이 그들을 압박했다. 키도 크고 기술도 뛰어난 상대를 이길 방법은 없어 보였다.

> 그때, 해변을 지나가던 톰슨 코치가 그들을 지켜보고 있었다. 전설적인 선수였던 그는 한때 이곳에서 같은 꿈을 꾸던 젊은이였다. 코치는 그들의 열정을 보고 특별 훈련을 도와주기로 했다.
>
> 배구를 단순한 스포츠가 아니라 리듬과 감각의 싸움으로 생각하라는 가르침을 받으며, 그들은 점점 성장했다. 마침내 결승전 날, 해변에는 80년대 특유의 락 음악이 울려 퍼지고, 노을이 붉게 물든 가운데 경기의 막이 올랐다.
>
> 경기 내내 팽팽한 접전이 이어졌다. 마지막 세트, 20-19, 상대 팀이 승리를 앞둔 순간.
>
> 에디는 하늘 높이 뛰어올라, 온몸을 던지며 결정적인 스파이크를 날렸다.
>
> 공이 상대 코트에 꽂히며 경기는 종료.
>
> 모래 위에 쓰러진 채로 환호성이 울리는 순간, 그들은 알았다.
>
> 이건 단순한 우승이 아니었다.
>
> 한 시대의 꿈이 완성되는 순간이었다.
>
> 그 여름, 1987년의 태양 아래에서, 그들은 전설이 되었다. 🏐🔥🌅✨

　1980년대라는 시대적 배경을 반영하여, 당시를 대표하는 락 음악이 울려 퍼지는 장면을 통해 분위기를 묘사했습니다.

　이처럼 사진 한 장을 활용해 원하는 스타일의 창작물을 얻을 수 있으며, ChatGPT를 통해 다양한 아이디어를 발굴할 수 있습니다. 또한, 추가적인 수정 작업을 거치면 더욱 완성도 높은 글을 작성하는 데 큰 도움이 될 것입니다.

진짜
챗GPT
활용법

Part 07

ChatGPT를 가정 교사와 면접관으로 고용하기

영어 공부하기
프로그래밍 언어 공부하기

영어 공부하기

ChatGPT를 영어를 알려주는 가정 교사처럼 활용해 봅시다. 여기서는 프롬프트 지니를 활용하거나 번역기를 통해서 프롬프트 내용을 영어로 입력한다고 가정합니다.

문법 교정받기

"Me and my friend going to store."가 문법적으로 맞는지 알려줘

아니요, "저와 제 친구가 가게에 갑니다."라는 문장입니다. 문법적으로 맞지 않습니다. 문장의 올바른 버전은 "내 친구와 나는 가게에 갈 것입니다."입니다. 또는 "우리는 가게에 갈 것입니다." 주격 대명사 "I"는 대문자로 표기하고 접속사 "and"는 주격 대명사 앞이 아닌 사이에 와야 합니다. 또한 명사 'store' 앞에 정관사를 추가하여 'the store'로 만드는 것이 좋습니다.

ChatGPT에게 '"Me and my friend going to store."가 문법적으로 맞는지 알려줘'라고 요청했습니다.

ChatGPT의 답변에 따르면, 'Me and my friend going to store.'는 문법적으로 잘못된 입력이고 올바른 입력은 'My friend and I are going to the store.' 또는 'We are going to the store.'임을 알 수 있습니다. 이때, 'I'는 대문자로 표기하고 store는 정관사 the를 붙여야 한다며 정정해줍니다. 정리하면, ChatGPT를 통해 작문한 문장이 문법적으로 옳은지를 알고 싶다면 다음과 같은 형식을 사용하면 됩니다.

문법 교정 시 추천 프롬프트

"작문한 문장"이 문법적으로 맞는지 알려줘

ChatGPT에 면접관 역할을 시켜 면접 준비하기

이번에는 ChatGPT를 통해 면접을 준비해 봅시다. ChatGPT에게 면접관이라고 가정해 달라고 요청하고, 면접관으로서 할 수 있는 질문의 영어 표현에는 어떤 것이 있는지 물어봅니다. 또한 답변에 대한 ChatGPT의 피드백까지 받아보겠습니다.

직무 면접을 가정해보자. 너가 면접관이라고 생각하고 나에게 질문을 던져줄 수 있어?

물론이죠! 제가 면접관이 되어 몇 가지 질문을 하겠습니다.
1. 자기 소개와 지원 분야에서의 경력에 대해 말씀해 주시겠습니까?
2. 특별히 우리 회사에서 일하고 싶은 이유는 무엇입니까?

… 중략 …

9. 비평과 피드백을 전문적으로 어떻게 처리하시나요?
10. 장기적인 경력 목표는 무엇이라고 생각하십니까?

지금은 여기까지입니다. 어떻게 응답하시겠습니까?

ChatGPT가 답변한 10가지 질문의 영어 표현을 통해 면접에서 나올 수 있는 영어 표현을 숙지할 수 있습니다. 이번에는 ChatGPT의 10가지 질문 중 특정 질문에 대해 답변하고 이에 대한 피드백을 받아보겠습니다. 지원 사유와 같은 2번 질문에 대해 '가까워서'라는 다소 성의 없는 대답을 하고 ChatGPT의 피드백을 받아봤습니다.

2번 질문에 대해서 답변하겠습니다. 사실 아무 회사나 상관없지만 귀하의 회사가 집에서 가장 가까워서 지원해봤습니다. 이 답변에 대해서 피드백을 부탁해.

죄송하지만 이 인터뷰 질문에 대한 답변이 가장 효과적이지 않을 수 있습니다. 특정 회사에서 일하고 싶은 이유를 물을 때 회사를 조사했으며 그들의 사명, 가치 및 업무 문화에 진정으로 관심이 있음을 입증하는 것이 중요합니다. 회사가 집과 가까워서 지원했다는 것만으로는 회사에 대한 강한 유대감이나 의욕을 보여주지 않습니다.

회사에 대해 조사하고 이야기하는 것이 더 도움이 될 것입니다. 제품, 서비스, 회사 문화, 사명 또는 가치와 같이 귀하에게 특별히 호소하는 것. 시간을 들여 회사를 이해했으며 회사의 일원이 될 수 있는 기회에 흥분하고 있음을 보여줍니다.

이번에는 7번 질문에 대해서 보다 정석으로 대답하고, ChatGPT의 피드백을 받아보겠습니다.

7번 질문에 대해서 답변하겠습니다. 저는 관련 커뮤니티에 매일 접속하는 편이고, 해당 커뮤니티의 중요한 글을 매번 참고하는 편입니다. 또한 관련 논문을 주기적으로 검색합니다. 이 답변에 대해서 피드백을 부탁해

훌륭한 답변입니다! 그것은 당신이 당신의 분야에서 정보를 얻고 최신 정보를 유지하는 데 능동적이라는 것을 보여줍니다. 관련 커뮤니티에 정기적으로 액세스하고 중요한 기사를 참조하는 것은 업계 발전에 대한 최신 정보를 유지하는 데 관심이 있고 참여하고 있음을 보여줍니다. 또한 관련 논문을 정기적으로 검색하면 지속적인 학습에 대한 노력과 해당 분야의 최신 연구에 대한 정보를 지속적으로 얻을 수 있습니다. 전반적으로 이것은 귀하의 분야에서 최신 정보를 얻고자 하는 귀하의 헌신을 보여주는 강력한 답변입니다.

이 외에도 취업하고자 하는 도메인, 예를 들어 HRD(Human Resource Development)의 면접관을 가정해달라는 요청을 통해 더욱 구체적인 면접 질문이나 답변을 첨삭받을 수 있습니다.

영어 단어 공부하기

ChatGPT를 마치 고성능 전자사전처럼 사용하여 영어 단어의 뜻과 사용처, 예시 문장을 공부하는 것도 가능합니다. 출판된 사전이나 일반적인 인터넷 사전의 경우에는 예시 문장 또한 지면의 한계로 그렇게 많이 제시되어 있지 않지만, ChatGPT를 이용하면 사용자가 원하는 만큼 계속해서 다양한 예시 문장을 얻을 수 있습니다. 그뿐만 아니라 각 예시 문장에 사용된 단어의 의미도 알 수 있습니다. 임의로 선택한 영어 단어 'play'가 들어간 예시 문장을 뽑아 달라고 요청하고, 해당 예시 문장의 번역문을 통해 비교하며 공부해 봅시다.

영어 단어 'play'가 들어간 예시 문장 20개만 써줘. 다양한 의미를 다 포함했으면 좋겠어.

1. She loves to play basketball with her friends on the weekends.
2. The children were playing in the park and having a great time.
3. He is an accomplished musician and can play multiple instruments.

··· 중략 ···

19. The dog likes to play fetch with his owner.
20. The DJ will play a mix of dance and electronic music at the club tonight.

하나의 영어 단어는 여러 가지 의미를 가질 수 있습니다. ChatGPT의 답변을 통해 영어 단어 'play'가 여러 가지 의미로 사용됨을 확인할 수 있습니다. 하지만 제공된 예시 문장이 이해하기에 충분하지 않다면 ChatGPT에게 직접 각 문장에서 사용된 영어 단어의 의미를 설명해달라고 할 수 있습니다.

너가 작성한 위의 문장 20개에서 영어 단어 'play'는 어떤 다양한 의미로 쓰였는지 설명해줄래?

 물론이죠! 제가 쓴 20개의 문장에서 "Play"라는 단어의 다양한 의미는 다음과 같습니다.

1. 놀이 - 즐거움이나 경쟁을 위해 신체 활동에 참여
2. 놀이 - 레크리에이션에 참여 즐거움을 위한 활동
3. 연주 - 악기로 음악 연주

··· 중략 ···

19. 연극 - 물건을 가져오고 반환하는 게임에 참여
20. 놀이 - 나이트클럽에서 춤과 오락을 위한 음악 방송

보시다시피 "Play"라는 단어는 사용되는 문맥에 따라 다양한 의미가 있습니다.

그러면 앞에서 작성한 20개의 영어 문장에 대해 영어 단어 'play'가 구체적으로 어떤 의미로 사용됐는지 설명해줍니다. 예를 들어 1번 문장에서의 'play'는 친구들과 농구를 한다는 문장에 사용됐는데, 이는 '즐거움이나 경쟁을 위한 신체 활동'에 해당된다고 합니다. 반면, 20번 문장에서의 'play'는 '나이트 클럽에서 춤과 오락을 위한 음악을 방송한다'는 의미로 사용됐다고 합니다. 이처럼 ChatGPT는 영어 단어에 대한 질문과 예시문, 그리고 예시문에 대한 해석을 요청하는 것만으로도 그 어떤 전자사전보다 뛰어난 학습 도구로 사용될 수 있습니다.

영작하기

ChatGPT를 통한 영어 작문도 가능합니다. ChatGPT를 통해 영어 이력서, 영어 발표 자료, 영어 소설 등 다양한 문장을 작성할 수 있을 뿐만 아니라, 영어를 공부한다는 측면에서 특정 단어를 사용해 작문해 달라는 요청 또한 가능합니다.

영어 단어 'apple', 'baseball', 'sunshine'을 모두 포함한 영어 문장 3개를 생성해줘. 이때 영어 문장 3개는 내용이 비슷하지 않았으면 좋겠어.

1. After a long day of playing baseball in the sunshine, they stopped at the market to buy some fresh apples.
2. The little league baseball team enjoyed playing under the warm sunshine while snacking on juicy apples during their break.
3. The orchard was bathed in golden sunshine, and the sound of baseballs being hit echoed through the trees as they harvested baskets of crisp, ripe apples.

영어 스피치 공부하기

ChatGPT를 통해 발화문을 생성하고, 음성을 읽어주는 번역기를 같이 사용하여 영어 스피치를 연습해 봅시다. ChatGPT에게 발화문 생성을 요청할 때는 특정 주제나 도메인, 상황을 가정하는 것이 가능합니다. 예를 들어 금융 관련 스피치를 준비한다고 가정해 봅시다. ChatGPT에게 금융과 관련된 대화문을 작성해 달라고 요청합니다.

금융권에서 사용되는 문장 예시 20개만 알려줘. 이때 평서문이 아니라 대화문 예시로 작성해줘

물론입니다. 다음은 금융계에서 대화의 일부로 사용되는 문장의 20가지 예입니다.

1. "What's your take on the current market conditions?"
2. "I'm considering investing in some emerging market ETFs. What do you think?"

… 중략 …

19. "Do you have any experience with value investing?"
20. "How do you typically go about setting and achieving your investment goals?"

금융 관련 용어를 사용하는 대화문을 요청대로 20개 생성했습니다. 이번에는 해당 질문 20개를 바탕으로 실제 대화를 가정한 긴 대화문을 요청해보겠습니다.

위 대화를 사용하여 금융과 관련된 대화를 나누고 있는 두 사람의 대화를 가정하고 대화문을 작성해줘

물론이죠, 다음은 두 사람이 금융에 대해 논의하는 대화 예시입니다:

Person A: "What's your take on the current market conditions?"
Person B: "I think it's pretty volatile right now. It seems like every day there's some new news that's causing the markets to fluctuate."

Person A: "Yeah, I've been thinking about diversifying my portfolio a bit. Have you looked at any emerging market ETFs?"
Person B: "I have. There are a few that look interesting to me, but I'm hesitant to invest in emerging markets right now given the volatility we're seeing."

… 중략 …

Person A: "Thanks, that's helpful. How do you typically go about setting and achieving your investment goals?"
Person B: "I like to start by setting some specific, measurable goals that are aligned with my overall financial plan. Then I focus on developing a strategy that's tailored to those goals and staying disciplined about sticking to it."

보다시피 앞에서 생성한 20개의 대화문을 바탕으로 각 대화문의 답변에 해당하는 대화를 생성한 것은 물론이고, 두 사람이 지속해서 대화하는 형태로 대화를 생성했습니다. 이처럼 특정 주제나 도메인과 관련된 스피치를 준비할 때도 ChatGPT를 이용해 예상 스피치를 생성해낼 수 있습니다.

ChatGPT가 작성한 발화문의 발음을 듣고 싶다면, 그림 7.1과 같이 채팅 입력창 하단에 있는 스피커 모양 아이콘을 클릭하면 됩니다. 이 아이콘을 클릭하면 원어민의 영어 발음을 들으며 스피치를 연습할 수 있으며, 동시에 ChatGPT와 사용자가 음성으로 대화하는 '음성 대화 모드'로 전환됩니다. 해당 버튼을 누른 뒤, "방금 답변한 내용을 원어민 발음으로 읽어줘"와 같이 요청해보기 바랍니다.

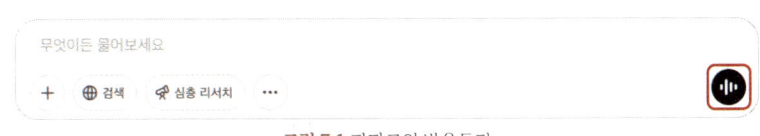

그림 7.1 파파고의 발음듣기

프로그래밍 언어 공부하기

이번 절은 ChatGPT를 학습에 사용할 때 질문하는 방식에 초점을 두고 설명합니다. 다시 말해 이번 절의 예시가 '프로그래밍 언어 공부하기'지만, 여기서 제안하는 질문 방식을 응용하면 ChatGPT를 다양한 분야의 학습 자료나 공부 방법으로 사용할 수 있다는 말입니다.

그림, ChatGPT를 이용하여 1:1 프로그래밍 과외를 받는다고 해보겠습니다. 프로그래밍 언어 중 비전공자들이 가장 접근하기 쉬운 언어 중 하나이면서, 활용 범위가 매우 넓은 파이썬을 배운다고 가정하고 진행해 봅시다. 여기서 설명하는 방식은 실제 파이썬 강사들이 ChatGPT를 사용하여 파이썬 학습 자료를 만들거나 강의 보조 자료, 참고 자료로 사용할 때 사용하는 방식입니다.

구글 코랩 소개

구글에서 제공하는 콜라보레이터리(Colaboratory), 줄여서 코랩(Colab)이라고 부르는 사이트에 접속하면 별도의 파이썬 설치 과정 없이 무료로 파이썬 실습이 가능합니다. 여기서는 이 사이트에서 ChatGPT에게 도움을 받으며 파이썬을 공부해보겠습니다. 구글이나 네이버에서 '코랩'으로 검색하거나 아래 주소로 접속하면 됩니다.

- **구글 코랩(콜라보레이터리) 주소:** https://colab.research.google.com/

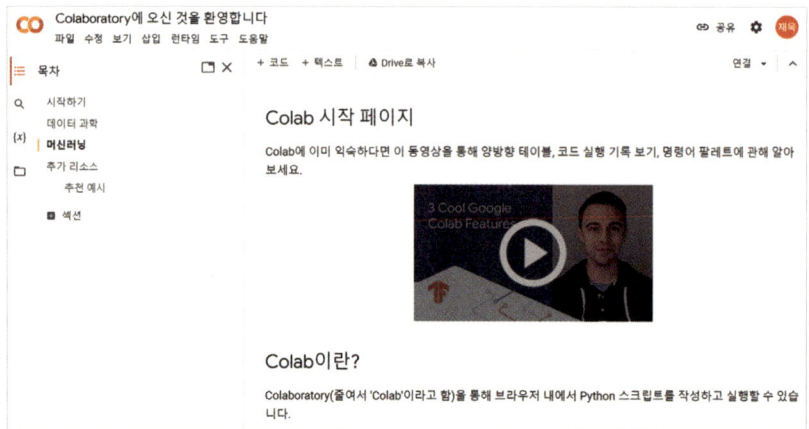

그림 7.2 구글 코랩의 첫 화면

코랩을 사용하기 위해서는 우선 구글 아이디가 필요합니다. 구글 아이디가 없는 사람은 우선 회원 가입을 진행하고 로그인한 후에 해당 사이트에 접속합니다.

사이트에 접속한 후 왼쪽 상단을 보면 [**파일**]이라는 메뉴가 보입니다. [**파일**] 메뉴를 클릭한 후 [**새 노트**]를 클릭합니다.

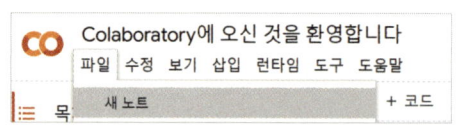

그림 7.3 코랩의 왼쪽 상단

[새 노트]를 클릭하면 실습을 위한 그림 7.4와 같은 새로운 창이 뜹니다. 이때 맨 위에 '.ipynb'로 끝나는 텍스트가 이 실습 환경의 제목입니다. 코랩을 처음 실행하는 경우에는 'Untitled0.ipynb'라는 텍스트가 적혀 있을 텐데, 이는 아무런 제목도 없다는 의미입니다. 해당 제목은 사용자가 쉽게 변경할 수 있으므로 '〈원하는 제목〉.ipynb'과 같은 식으로 제목을 변경해줍니다. 저자의 경우에는 '첫번째실습.ipynb'라는 이름으로 변경했습니다. 이후 코랩에 접속할 때마다 이 실습 환경에서 이전에 했던 실습을 이어서 진행할 수 있습니다.

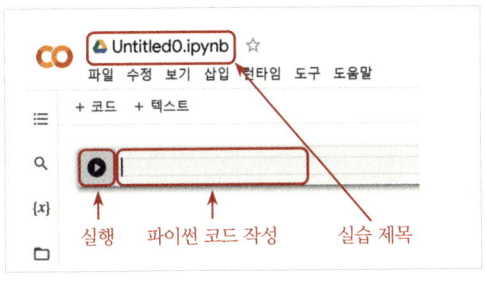

그림 7.4 실습 환경

그림 7.4에서 '파이썬 코드 작성'이라고 표시한 부분에 주목합시다. 여러분이 ChatGPT를 통해 파이썬을 교육받으면서 코드를 작성할 공간입니다. 마지막으로 [실행]이라고 표시한 부분은 여러분이 파이썬 코드를 작성한 후에 실행할 때 클릭하는 버튼입니다. 이 버튼을 클릭해도 되고, [Shift+Enter] 키를 사용해도 실행이 가능한데, 일반적으로는 [Shift+Enter] 키를 통해 실행하는 것을 선호합니다.

이제 '파이썬 코드 작성'이라고 표시된 부분에 코드 '3 + 5'를 작성하고 [Shift+Enter] 키를 눌러봅시다. 그 최종 결과는 그림 7.5와 같습니다.

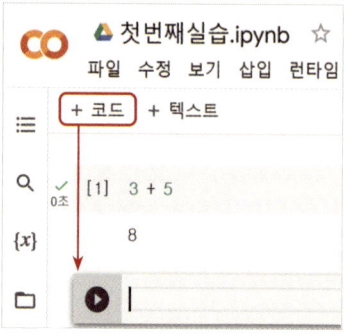

그림 7.5 실습 환경

그림 7.5와 같이 '3 + 5'가 실행되고 그 아래 '8'이라는 결과와 함께 새로운 파이썬 코드를 작성하는 파이썬 코드 작성 공간이 다시 생깁니다. 임의로 파이썬 코드 작성 공간을 새롭게 추가하고 싶다면 그림 7.5의 [+ 코드]라고 표시된 부분을 클릭하여 임의로 추가하는 것도 가능합니다.

파이썬 강의 계획서 만들기

이제 본격적으로 ChatGPT를 파이썬 코드 과외 선생님으로 간주하고 파이썬을 실습해 봅시다. 맨 처음 진행할 것은 ChatGPT에게 입문자를 위한 파이썬 기초 커리큘럼 작성을 부탁하는 것입니다.

 5주짜리 파이썬 기초 코스를 만들어줘. 한글로 만들어줬으면 좋겠어.

 안녕하세요! 파이썬 기초 코스를 만들어드릴게요.

파이썬 기초 코스 개요
- 총 5주 동안 진행되며, 매주 1시간씩 총 5회에 걸쳐 진행됩니다.
- 이 코스는 파이썬 초심자들을 대상으로 합니다.

강의 계획
제1주: 파이썬 기초 문법

- 파이썬의 기초 문법, 변수, 데이터 타입, 연산자 등을 배웁니다.

제2주: 조건문과 반복문
- 조건문과 반복문의 개념과 활용법을 배웁니다.

제3주: 함수와 모듈
- 함수와 모듈의 개념을 이해하고, 함수와 모듈을 만들고 활용하는 법을 배웁니다.

제4주: 파일 입출력
- 파일 입출력의 기본 개념과 활용 방법을 배웁니다.

제5주: 실습 및 프로젝트
- 지금까지 배운 내용을 활용하여 간단한 프로그램을 만들어봅니다.

강의 방식
- 주차별 강의 내용을 설명하고 예제를 보여줍니다.
- 실습 시간을 마련하여 참가자들이 실제로 코드를 작성해보고 직접 실행시켜보도록 합니다.
- 질문과 답변 시간을 마련하여 참가자들의 궁금한 점에 대해 답변해줍니다.

참가 대상
- 프로그래밍에 대한 기초지식이 없거나 매우 적은 초심자
- 파이썬을 처음 배우는 사람
- 개인적인 학습을 원하는 사람

이상으로 파이썬 기초 코스 개요를 안내해드렸습니다. 감사합니다!

ChatGPT가 파이썬 기초를 위한 강의 계획서를 작성해주었습니다. 이제 파이썬을 어떤 순서로 배울지에 대한 가이드가 생겼습니다. 이제부터 ChatGPT를 학습에 사용하기 위해서는 어떤 방식으로 질문해야 하는지에 관해 이야기해 보겠습니다.

주차별 내용 파고들기

ChatGPT를 학습 도구로 사용하기 위해서는 개요와 같은 커다란 범위의 계획에 대해 묻고, 해당 계획에서 언급된 내용 중 하나를 콕 집어서 세세하게 묻는 식으로 점점 범위를 좁혀 나가는 것이 가장 좋습니다. 이는 학습 주제가 '파이썬'이 아니어도 마찬가지이므로 꼭 기억해둡시다.

예를 들어 160쪽에서 얻은 ChatGPT의 답변인 '강의 코스'는 ChatGPT가 제시할 수 있는 가장 큰 계획에 해당되며, 강의 코스 중 맨 처음으로 제시된 '제1주: 파이썬 기초 문법'부터 파고들면 되는 것입니다. 그렇다면 '파이썬 기초 문법'이라는 주제에 파고들기 위해서는 첫 시작인 프롬프트를 어떻게 작성하면 좋을까요? '파이썬 기초 문법 알려줘'라는 프롬프트를 생각했다면 그다지 좋은 방향이 아닙니다.

ChatGPT에게 요청할 때는 구체적으로 원하는 방향을 제시하는 것이 더 좋은 답변을 받는 방법입니다(56쪽을 참고하세요). 예를 들어 '파이썬 기초 문법 알려줘'라는 질문은 마치 '영어 기초 문법 알려줘'와 같은 수준의 광범위한 답변을 요청하는 프롬프트입니다. ChatGPT가 답변 가능한 길이에는 한계가 있으므로 이러한 프롬프트는 기초 문법 중 너무 포괄적이어서 도움이 안 되는 답변, 또는 특정 부분의 지엽적인 답변을 하게 유도합니다.

여기서 ChatGPT를 학습에 사용하기 위한 더 좋은 프롬프트는 '파이썬 기초 문법에는 어떤 것들이 있어'라고 질문하여 ChatGPT가 답변할 수 있는 영역이 어떤 것이 있는지 전체적으로 확인하고, 그 영역별로 다시 콕 집어서 세세하게 들어가는 방식입니다.

파이썬 기초 문법에는 어떤 것들이 있는지 한 번 간단히 개요를 설명해줘.

 파이썬 기초 문법에는 다양한 내용이 포함되어 있습니다. 여기서는 파이썬 기초 문법의 개요를 간단히 설명해드리겠습니다.

1. 변수: 데이터를 저장하기 위한 공간으로, 변수 이름과 변수에 저장할 데이터를 지정해주어야 합니다.

2. 데이터 타입: 파이썬의 데이터 타입으로는 정수형, 실수형, 문자열 등이 있으며, 데이터 타입에 따라 연산이 가능한 연산자가 달라집니다.

3. 연산자: 산술 연산자, 비교 연산자, 논리 연산자 등이 있으며, 데이터 타입에 따라 사용 가능한 연산자가 달라집니다.

4. 조건문: 조건에 따라 실행할 코드를 분기하여 실행할 수 있습니다. if문, elif문, else문이 있습니다.

5. 반복문: 특정 조건을 만족하는 동안 코드를 반복 실행할 수 있습니다. while문, for문이 있습니다.

6. 함수: 코드를 하나의 블록으로 묶어서 호출할 수 있습니다. 함수는 반복적으로 사용되는 코드를 모듈화하여 재사용성과 코드 가독성을 높일 수 있습니다.

7. 리스트, 튜플, 딕셔너리: 여러 개의 값을 저장하기 위한 데이터 타입으로, 리스트는 대괄호([])를 사용하여 생성하며, 튜플은 소괄호(())를 사용하여 생성하며, 딕셔너리는 중괄호({})를 사용하여 생성합니다.

이외에도 다양한 기초 문법이 있지만, 위에서 설명한 내용은 파이썬을 다룰 때 가장 기본적으로 알아야 하는 내용입니다.

    ChatGPT는 1주차 내용인 '기초 문법'에 해당하는 것으로 7개를 제시했습니다. 이제 질문할 수 있는 주제가 다시 7개로 좁혀졌습니다. 이 중 ChatGPT가 가장 처음 언급한 '변수'에 대해 설명 및 예제 코드를 요청해 보겠습니다.

파이썬에는 변수라는 개념이 있구나. 혹시 간단한 파이썬 코드와 함께 더 자세히 설명해주겠어?

네, 파이썬에서 변수는 데이터를 저장하기 위한 공간을 의미합니다. 변수 이름을 정하고 값을 할당하여 변수를 생성할 수 있으며, 생성된 변수는 나중에 다시 참조하여 사용할 수 있습니다.

다음은 간단한 변수 생성 및 활용 예제 코드입니다.

```python
# 정수형 변수 생성 및 출력
age = 25
print(age)

# 실수형 변수 생성 및 출력
height = 178.5
print(height)

# 문자열 변수 생성 및 출력
name = "홍길동"
print(name)

# 변수 값 변경 후 출력
age = 30
print(age)
```

위 코드에서 age, height, name은 각각 정수형, 실수형, 문자열 데이터를 저장하기 위한 변수입니다. = 기호를 사용하여 변수에 값을 할당하며, print() 함수를 사용하여 변수 값을 출력합니다.

age 변수의 값을 25로 할당한 후, print(age) 함수를 사용하여 age 변수 값을 출력합니다. 마찬가지로 height, name 변수의 값을 할당하고 출력합니다. 마지막으로 age 변수의 값을 30으로 변경하고, 다시 print(age) 함수를 사용하여 변경된 age 변수 값을 출력합니다.

위 예제 코드에서는 정수형, 실수형, 문자열 데이터를 저장하기 위한 변수를 생성하였지만, 파이썬에서는 다양한 데이터 타입을 저장하기 위한 변수를 생성할 수 있습니다.

ChatGPT가 파이썬의 변수에 대한 개념과 코드 예시를 작성해 주었습니다. ChatGPT에 따르면 변수 이름을 정하고 거기에 값을 할당할 수 있다고 합니다. 이를 출력하는 것은 print()이며 중간에 변수 값을 변경할 경우, 그 후 변경된 값이 출력된다고 설명했습니다.

ChatGPT가 작성한 코드를 복사하여 다시 이전에 접속했던 코랩으로 이동한 후 실행해 보겠습니다. 코랩의 파이썬 코드 작성 공간에 코드를 그대로 옮긴 후에 [Shift+Enter] 키를 통해 실행한 결과는 그림 7.6과 같습니다.

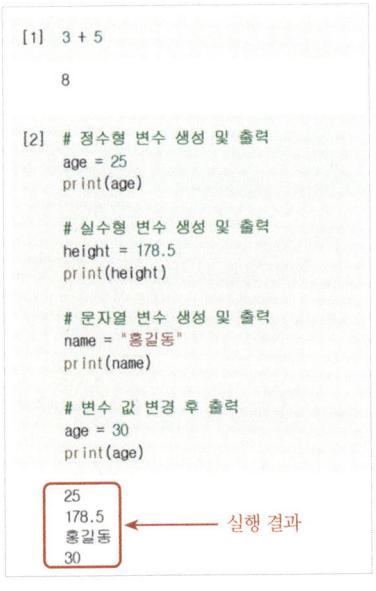

그림 7.6 변수 실습 결과

각 변수의 값이 순차적으로 출력됐으며 변수 'age'의 경우 값을 중간에 30으로 변경했기 때문에 그후 출력에서는 30으로 출력됐습니다. 코드 실행 결과에 대해 궁금한 점이 생겼다면 ChatGPT에게 질문하여 궁금증을 풀 수 있습니다. 예를 들어 현재 ChatGPT는 코드 내에 초록색으로 작성된 #에 대한 부분에 대해서는 전혀 설명해주지 않았습니다. 이에 대해 질문해 봅시다.

네가 준 코드에 #이라는 게 있는데 이것은 어떤 의미야?

 #은 파이썬에서 주석(comment)을 작성하기 위한 기호입니다. 주석은 코드 실행에 영향을 미치지 않으며, 코드의 의미를 설명하거나 개발자가 코드를 이해하기 쉽게 하기 위해 사용됩니다.

위 예제 코드에서도 # 기호를 사용하여 주석을 작성하였습니다. # 기호 뒤에 작성된 내용은 해당 코드의 의미를 설명하는 주석으로, 코드 실행에는 영향을 미치지 않습니다. 예를 들어, # 정수형 변수 생성 및 출력은 age 변수가 정수형 데이터를 저장하기 위한 변수임을 설명하며, # 변수 값 변경 후 출력은 age 변수의 값을 변경한 후 출력하는 코드라는 것을 설명합니다.

주석은 코드의 가독성을 높이고 유지보수를 용이하게 하기 위해 중요한 역할을 합니다. 주석을 잘 활용하면 다른 개발자가 작성한 코드를 빠르게 이해하고 수정할 수 있습니다.

ChatGPT가 설명한 내용에 의혹이 드는 부분이 있다면, 이해한 바를 설명하고 해당 내용에 대해 예/아니오 식의 답변을 유도하는 것도 가능합니다.

 주석이라는 것은 일종의 코드를 설명하기 위해서 메모하는 것 같은 느낌이야?

 맞습니다. 주석은 코드를 작성하면서 메모를 하는 것과 비슷한 역할을 합니다. 코드를 작성할 때, 자신이 작성한 코드를 나중에 이해하거나 다른 개발자와 코드를 공유할 때, 코드의 의미와 기능을 설명하는 주석을 작성하는 것이 좋습니다.

주석은 코드의 가독성을 높이고 유지보수를 용이하게 하는 데 큰 역할을 합니다. 코드가 길거나 복잡한 경우 주석을 작성하여 코드의 의도를 명확히 하면 다른 개발자가 코드를 빠르게 이해하고 수정할 수 있습니다. 주석이 없는 코드는 코드의 의도를 파악하기 어려우며, 수정이 어려울 수 있습니다. 따라서 주석을 잘 활용하여 코드를 작성하는 것이 좋습니다.

ChatGPT가 설명한 내용이 어느 정도 이해됐다면, ChatGPT가 언급한 파이썬 기초 문법 7개 중 하나인 '조건문'에 대해 설명을 요청해 봅시다.

 네가 언급한 파이썬 기초 문법 중에 조건문이라는 게 있던데 이게 뭔지 설명해줘

 파이썬에서 조건문은 주어진 조건에 따라 다른 동작을 수행하는 제어문입니다. 조건문은 if 키워드를 사용하여 작성하며, 주어진 조건이 참(True)일 경우에는 해당 코드 블록을 실행하고, 조건이 거짓(False)일 경우에는 실행하지 않습니다.

조건문은 다음과 같은 형식으로 작성합니다.

```
if 조건:
    코드 블록
```

여기서 조건은 참 또는 거짓이 되는 표현식이며, 코드 블록은 조건이 참일 경우 실행되는 코드입니다. 코드 블록은 들여쓰기로 구분하며, 보통 4개의 공백 문자(또는 탭)으로 들여쓰기를 합니다.

조건문은 if 키워드 뿐만 아니라 else 키워드와 함께 사용하여 조건이 거짓일 경우 다른 코드를 실행할 수 있습니다. 또한, elif 키워드를 사용하여 여러 개의 조건을 검사할 수 있습니다.

아래는 간단한 예제 코드입니다. age 변수에 저장된 값이 20보다 크면 "성인입니다."를 출력하고, 그렇지 않으면 "미성년자입니다."를 출력합니다.

```
age = 25

if age > 20:
    print("성인입니다.")
else:
    print("미성년자입니다.")
```

위 코드에서는 if 키워드와 함께 age > 20이라는 조건을 검사합니다. age 변수에 저장된 값이 20보다 크면 print("성인입니다.") 코드가 실행되고, 그렇지 않으면 print("미성년자입니다.") 코드가 실행됩니다. 이렇게 조건문을 사용하면 주어진 조건에 따라 다른 코드를 실행할 수 있습니다.

ChatGPT의 답변에 따르면 조건문은 if 키워드와 else 키워드를 가지고 사용하며, if 문 뒤의 조건을 만족할 경우에는 if 키워드 아래의 코드가 실행되고, 그렇지 않을 경우 else 키워드 아래의 코드가 실행된다고 합니다.

```
[3]  age = 25

     if age > 20:
         print("성인입니다.")
     else:
         print("미성년자입니다.")
     성인입니다.
```

그림 7.7 조건문 실습 결과

설명만으로는 채워지지 않는 부분이 분명 있습니다. 코딩 실력은 실제로 실습할 때 가장 많이 느는 법입니다. 해당 코드를 복사하여 Colab의 파이썬 코드 작성 공간에 그대로 옮긴 후 [Shift+Enter] 키를 통해 실행해 보겠습니다.

'성인입니다.'라는 문장이 출력됐습니다. 그 이유를 알아보기 위해 ChatGPT의 답변을 다시 참고합니다. ChatGPT의 답변에 따르면 'age 변수에 저장된 값이 20보다 크면 "성인입니다."를 출력하고'라는 표현이 있습니다. 다시 말해 age라는 변수의 값은 25이며, 이는 age > 20이라는 조건을 만족하기 때문에 '성인입니다.'가 출력되었다는 겁니다.

프로그래밍을 배울 때 가장 실력을 많이 키울 수 있는 방법은 스스로 코드를 작성하는 것입니다. 아직 초보 단계에서는 값을 바꿔가면서 실행하는 것만으로도 충분합니다. 이번에는 일부러 조건을 만족하지 않게 코드를 수정한 뒤, 다시 실행해 보겠습니다.

```
[4]  age = 19

     if age > 20:
         print("성인입니다.")
     else:
         print("미성년자입니다.")
     미성년자입니다.
```

그림 7.8 조건문의 조건을 변경 후 실행한 결과

이번에는 age라는 변수의 값은 19이며, 이는 age > 20이라는 조건을 만족하지 않기 때문에 else라는 키워드 아래에 있는 '미성년자입니다.'라는 문장을 출력하는 코드가 실행됩니다.

지금까지의 과정을 정리해 봅시다. 맨 처음에는 ChatGPT에게 '강의 코스'를 작성해 달라고 한 후, 해당 코스 중 하나인 '제1주: 파이썬 기초 문법'에는 어떤 내용이 있는지 알려 달라고 요청하고, 거기서 제시한 7개의 '기초 문법' 중에서 하나씩 설명을 들으며 실습을 진행해 봤습니다. 이와 같은 방식으로 다른 주차에 해당하는 '제3주: 함수와 모듈'을 공부하거나, 또는 처음으로 돌아가서 '좀 더 어려운 다른 코스'를 요청하는 식으로 파이썬 공부를 진행할 수 있습니다.

에러가 발생한 경우

프로그래밍을 처음 배우는 경우 종종 예상치 못한 에러가 발생합니다. 이 경우 ChatGPT에게 에러 문구를 첨부하여 해결 방법을 요청해볼 수 있습니다.

```
age = 19

if age > 20
    print("성인입니다.")
else:
    print("미성년자입니다.")

  File "<ipython-input-5-e698f957c322>", line 3
    if age > 20
              ^
SyntaxError: invalid syntax

SEARCH STACK OVERFLOW
```

그림 7.9 에러가 발생한 경우

그림 7.9와 같이 에러가 발생했다고 가정해 봅시다. ChatGPT에게 에러를 알려주고 해당 에러를 바로잡을 방법을 문의해 보겠습니다.

파이썬 실습을 하는 도중 다음과 같은 에러가 발생했어.
```
File "<ipython-input-5-e698f957c322>", line 3
    if age > 20
              ^
SyntaxError: invalid syntax
```
왜 에러가 발생하였고 고칠 수 있는 방법을 알려줘

```
age = 25
if age > 20:
    print("성인입니다.")
else:
    print("미성년자입니다.")
```
위 코드에서는 if 문 뒤에 콜론(:)이 제대로 붙어있으며, 조건이 참일 때 실행될 코드 블록이 들여쓰기 되어 있습니다. 이와 같이 들여쓰기가 제대로 되어 있는지도 확인해 보세요.

ChatGPT는 주어진 에러로부터 if 문 뒤에 콜론(:)이 붙지 않아 발생한 에러이며, 어떻게 에러를 수정해야 하는지 가이드해줍니다. 실제로 해당 에러는 콜론을 붙일 경우 정상적으로 실행되며 정상적으로 실행된 결과는 앞서 확인한 그림 7.7과 같습니다.

문제 풀이하기

공부를 통해 어느 정도 실력이 향상됐다면 ChatGPT에게 정확하게 원하는 문제의 조건과 난이도를 제시하고, 문제를 출제해달라고 요청할 수 있습니다. ChatGPT가 작성해준 강의 코스의 1주 차 내용에 해당하는 파이썬 기초 문법 중 하나인 '조건문'을 가지고 문제를 출제를 요청해 봅시다.

나는 파이썬 초보야. 파이썬의 기초 문법 중 하나인 조건문을 가지고 간단히 풀어볼만 한 문제 2개만 내줄래?

초보자를 위한 간단한 파이썬 조건문 연습 문제 몇 가지를 제시해드리겠습니다.

1. 홀수/짝수 판별기: 사용자로부터 숫자를 입력받아서 이 숫자가 홀수인지 짝수인지를 판별하는 프로그램을 만들어보세요. 입력된 숫자가 홀수이면 "홀수입니다." 라는 메시지를 출력하고, 짝수이면 "짝수입니다." 라는 메시지를 출력해야 합니다.

2. 학점 계산기: 사용자로부터 성적을 입력받아서 이 성적이 어떤 학점에 해당하는지를 계산하는 프로그램을 만들어보세요. 학점은 다음과 같이 책정됩니다. 성적이 90점 이상이면 A, 80점 이상 90점 미만이면 B, 70점 이상 80점 미만이면 C, 60점 이상 70점 미만이면 D, 그 이하의 점수는 F 학점입니다. 계산된 학점을 출력해주세요.

ChatGPT가 두 개의 문제를 출제해줍니다. 답안을 모두 작성했거나 정답지를 참고하며 공부하고 싶은 경우, 특정 문제에 대한 정답 코드를 보여달라고 요청하면 ChatGPT가 작성한 정답 코드를 확인할 수 있습니다.

2번 문제의 정답 코드를 보여줄래?

초보자를 위한 간단한 파이썬 조건문 연습 문제 몇 가지를 제시해드리겠습니다.
네, 2번 문제의 정답 코드는 다음과 같습니다.

```python
score = int(input("점수를 입력하세요: "))

if score >= 90:
    grade = "A"
elif score >= 80:
    grade = "B"
elif score >= 70:
    grade = "C"
elif score >= 60:
    grade = "D"
else:
    grade = "F"

print("당신의 학점은", grade, "입니다.")
```

> 사용자로부터 입력받은 점수를 score 변수에 저장합니다. 그리고 if-elif 문을 이용하여 입력된 점수에 해당하는 학점을 판별합니다. 먼저 score가 90 이상이라면 "A" 학점이 됩니다. 그렇지 않고 score가 80 이상이라면 "B" 학점이 됩니다. 그렇지 않고 score가 70 이상이라면 "C" 학점이 됩니다. 그리고 score가 60 이상이라면 "D" 학점이 됩니다. 마지막으로, 이 모든 조건에 해당하지 않으면 "F" 학점이 됩니다. 판별된 학점은 grade 변수에 저장됩니다. 마지막으로 print() 함수를 이용하여 "당신의 학점은 [grade]입니다."라는 메시지를 출력합니다.

ChatGPT가 자신이 출제한 문제에 대한 정답 코드를 작성하여 보여줍니다. 이 외에도 ChatGPT는 자신이 출제한 문제가 아닌 사용자가 요청한 문제에 대해서도 프로그래밍이 가능합니다(68쪽 참고). 해외에서는 ChatGPT가 구글의 레벨 3 엔지니어 코딩 테스트를 통과했다는 기사로 화제가 되기도 했습니다(원문: ChatGPT Passes Google Coding Interview for Level 3 Engineer With $183K Salary). ChatGPT에게 간단한 파이썬 코드를 요청해봅시다.

조건문을 사용해서 변수 name이 '홍길동'이고 age가 30이 넘는 경우에 '합격' 그렇지 않으면 '불합격'을 출력하는 파이썬 코드를 작성해줘

아래는 해당 파이썬 코드입니다.

```
name = '홍길동'
age = 35

if name == '홍길동' and age > 30:
    print('합격')
else:
    print('불합격')
```

위 코드에서는 if 문을 사용하여 name 변수가 '홍길동'이고, age 변수가 30보다 크다면 '합격'을 출력하고, 그렇지 않으면 '불합격'을 출력합니다. 이때 and 연산자를 사용하여 name과 age 둘 다 조건을 만족해야 '합격'이 출력됩니다.

진짜
챗GPT
활용법

Part 08

ChatGPT와 AI Art로 시작하는 웹 디자인

ChatGPT로 이미지 생성하기
ChatGPT를 이용해 웹 사이트 디자인하기
ChatGPT로 홍보 문구 만들기
ChatGPT를 활용해 자연스러운 번역하기
웹 사이트에 홍보 문구 삽입하기

ChatGPT로 이미지 생성하기

이번 실습에서는 ChatGPT 웹 사이트의 이미지 생성 기능을 활용하여 귀여운 캐릭터 생성, 로고 디자인, 그리고 마지막으로 복잡한 웹 디자인 제작을 진행해 보겠습니다. 먼저 ChatGPT를 이용해 간단한 이미지를 생성해 보겠습니다. 이 책에서는 다음과 같이 간단하게 프롬프트를 작성했습니다.

한글 프롬프트

 귀여운 인공지능 로봇, 하얀색 몸체, 캡 모자를 쓰고 있으며, 눈은 웃고 있고, RPG 게임 그림체입니다.

다음 그림은 위 프롬프트를 입력하여 ChatGPT로부터 얻은 최종 결과 이미지입니다. 생성한 이미지를 보면, 프롬프트를 반영하여 하얀색의 귀여운 로봇 이미지가 생성된 것을 확인할 수 있습니다.

그림 8.1 ChatGPT로 생성한 귀여운 로봇 이미지

ChatGPT를 이용하면 간단한 디자인 작업도 처리할 수 있습니다. 예를 들어, 일본 여행 유튜브를 준비한다고 가정하고, 유튜브 로고 디자인을 요청해 보겠습니다.

한글 프롬프트

 나는 일본 여행 유튜브를 준비 중이야. 벚꽃과 오사카성처럼 일본풍의 성을 결합하여 유튜브에 사용할 수 있는 유튜브 로고를 하나 디자인해줘. 트렌디했으면 좋겠고 여행 가방도 나와서 신나게 여행하는 느낌도 나오면 좋을 것 같고. 배경은 푸른 하늘이 좋겠다. 유튜브 재생 버튼도 나오면 좋을 것 같은데 퀄리티에 신경 써줘.

다음 그림은 위 프롬프트를 입력하여 ChatGPT로부터 얻은 최종 결과 이미지입니다. 생성한 이미지를 보면 프롬프트를 반영하여 유튜브 로고가 제작되었습니다.

여기 일본 여행 유튜브 로고 디자인입니다! 벚꽃과 일본풍 성(오사카성 느낌)을 조합하고, 여행 가방을 추가해 신나는 여행 분위기를 담았습니다. 배경은 푸른 하늘로 밝은 느낌을 살렸으며, 유튜브 재생 버튼도 자연스럽게 포함하여 브랜드 아이덴티티를 강조했습니다. 퀄리티를 신경 써서 디자인했으니 확인해보시고, 추가 수정이 필요하면 말씀해주세요!

그림 8.2 ChatGPT로 생성한 유튜브 로고

만약 로고가 마음에 들지 않는다면 간단한 피드백을 통해 이미지 수정을 요청할 수 있습니다. 같은 채팅방 내에서 아래와 같이 이미지에 대한 피드백을 작성해 보겠습니다.

한글 프롬프트

 음 너무 로고가 너무 복잡하고 과한 것 같아. 그러면 벚꽃 나무와 여행 가방만 그려줘

음 너무 로고가 너무 복잡하고 과한 것 같아. 그러면 벚꽃 나무와 여행 가방만 그려줘

여기 벚꽃 나무와 여행 가방만을 사용한 미니멀하고 귀여운 디자인입니다! 따뜻한 느낌을 살리면서도 깔끔한 스타일을 유지했습니다. 원하는 느낌과 잘 맞는지 확인해보시고, 추가 수정이 필요하면 말씀해 주세요!

그림 8.3 이미지 수정 요청 후 생성된 로고

프롬프트를 반영하여 보다 간단한 형태의 유튜브 로고가 생성된 것을 확인할 수 있습니다. 이처럼 ChatGPT의 이미지 생성 기능을 활용하면 다양한 이미지를 만들 수 있습니다. 예를 들어, 그림 8.4와 같은 다양한 제품의 로고 디자인, 그림 8.5와 같은 도트 게임 디자인, 그림 8.6과 같은 신화 속 내용을 담은 명화 등이 대표적인 예시입니다.

그림 8.4 ChatGPT 이미지 생성을 이용한 다양한 로고 디자인

그림 8.5 ChatGPT 이미지 생성을 이용한 도트 게임 디자인

그림 8.6 ChatGPT 이미지 생성을 이용한 신화 이야기를 다루는 명화

ChatGPT를 이용해 웹 사이트 디자인하기

ChatGPT를 이용하면 디자인 초안을 빠르게 확인할 수 있다는 점에서 강력한 장점이 있습니다. 이번에는 ChatGPT의 작문 능력과 이미지 생성 기능을 활용하여 초보자도 쉽게 따라할 수 있는 웹 사이트 디자인을 진행해 보겠습니다.

이번 실습에서는 도넛과 관련된 웹 사이트를 만든다고 가정하고, 웹 사이트 디자인을 진행해 보겠습니다. 먼저 원하는 웹 사이트에 대한 설명을 간단히 한글로 작성해 봅시다.

한글 프롬프트

 컬러풀한 배경에 사실적인 크고 작은 도넛이 있는 아름다운 웹 사이트 디자인을 그려줘. 도넛 가게의 이름이 적혀져 있어. 그리고 도넛 가게에 대한 짧은 설명, 페이지 이동을 위한 버튼들도 있어. 자, 이미지 생성해봐.

해당 프롬프트를 실행한 결과는 다음과 같습니다.

그림 8.7 ChatGPT로 생성한 도넛과 관련된 웹 사이트

요청한 바와 같이 크고 작은 도넛이 혼재된 웹 사이트의 디자인이 생성되었습니다. 더 자세히 보려면 해당 이미지를 클릭하면 됩니다.

그림 8.8 이미지를 클릭한 후의 모습

이미지를 클릭하면 채팅창이 오른쪽으로 이동하며, 왼쪽에는 해당 이미지가 확대됩니다. 만약 이 이미지로 충분하지 않다면, 추가 요청을 통해 또 다른 디자인을 얻을 수도 있습니다.

한글 프롬프트

 조금 더 UI에 신경써주라 다시 생성해줘

위 프롬프트로 수정 요청을 한 결과는 다음과 같습니다.

그림 8.9 또 다른 도넛 웹 사이트 디자인

독자 여러분도 원하는 프롬프트를 조금씩 수정하며 반복 실행하여 마음에 드는 이미지를 생성해 보기 바랍니다. 저자의 경우 그림 8.7을 만들 때 사용했던 초기 프롬프트를 반복 실행하여 최종적으로 그림 8.10의 이미지를 선택했습니다.

그림 8.10 도넛 웹 사이트 이미지

이제 생성된 이미지의 주요 텍스트를 살펴보겠습니다. 해당 이미지에는 영어 단어와 유사한 글자가 보이지만, 실제로 읽기 어려운 텍스트입니다. ChatGPT는 이미지를 생성할 수는 있지만, 이미지 내에서 텍스트를 정확하게 생성하지는 못합니다.

그림 8.10에 포함된 텍스트는 그럴듯해 보이지만, 언어를 잘 모르는 인공지능이 실제 텍스트가 아닌 텍스트 형태의 그림을 배경에 그린 것에 가깝습니다. 이 텍스트는 활용할 수 없으므로 모두 제거하고 웹 사이트에 게시할 사용자만의 홍보 문구를 직접 만들어야 합니다. 이제 ChatGPT를 활용하여 적절한 홍보 문구를 생성해 보겠습니다.

ChatGPT로 홍보 문구 만들기

웹 사이트의 첫 화면에는 다양한 종류의 글이 있습니다. 일반적으로 태그 라인(tagline)이나 제품에 대한 상세 설명, 제품명 등이 존재합니다. 여기서 태그 라인이란 광고에 사용되는 브랜딩 슬로건으로 브랜드나 제품 등의 성격이나 특성을 드러내는 기억에 남는 어구 등을 의미합니다.

이러한 글을 혼자 고민하여 생각해 내는 것도 공수가 많이 들어가는 작업입니다. 여기서는 ChatGPT를 통해 다양한 안을 들어보겠습니다. 웹 사이트 내에서는 영어 문장과 한글 문장을 혼용할 예정이므로 여기서는 영어로 답변해달라고 요청하겠습니다.

나는 도넛을 파는 웹 사이트를 만들었어. 히어로 타이틀, 태그라인, 액션 버튼, 홍보를 위한 상세 설명 등 웹 사이트의 첫 화면에 있을만한 문구들을 작성해줘. 영어로 답변해줘.

Sure, here are a few options for text that could appear on the front page of your website selling donuts:

Option 1:

Hero Title: Satisfy Your Sweet Tooth with Our Delicious Donuts

Tagline: Freshly Made and Always Delicious

Action Button: Order Now

Description: Welcome to our online donut shop! We are dedicated to bringing you the freshest, most delicious donuts possible. Our expert bakers use only the finest ingredients and time-tested techniques to create mouth-watering treats that are sure to satisfy your sweet tooth. From classic glazed donuts to creative flavors like maple bacon and s'mores, we have something for everyone. So what are you waiting for? Order now and treat yourself to the best donuts around!

··· 중략 ···

ChatGPT는 총 3개의 안을 제시합니다. 영어로 답변하라고 요청했기 때문에 영어로 답변했는데, 일반적으로 한국에서는 브랜드 슬로건과 같은 마케팅과 관련된 문구는 영어를 사용하는 경우도 많으므로 상황에 따라 영어 답변을 그대로 사용해도 됩니다.

한편, 번역 전 결과인 영어 답변과 번역 후 결과인 한국어 답변, 그리고 ChatGPT가 제안한 3개의 안에서 마음에 드는 문구를 적절히 선택하여 더 풍부한 표현을 얻을 수도 있습니다. 예를 들어 태그 라인은 2안의 영어 표현을 사용하고, 상세 설명(Description)은 3안을 번역한 한글 표현을 사용하는 등의 다양한 선택지가 존재합니다.

ChatGPT를 활용해 자연스러운 번역하기

ChatGPT를 활용해서 위의 영어 답변을 자연스럽게 번역해 보겠습니다.

옵션 1:
영웅 제목: 맛있는 도넛으로 단 것을 만족시키세요.

태그 라인: 갓 만든 언제나 맛있는 도넛

액션 버튼: 지금 주문하기

설명: 온라인 도넛 가게에 오신 것을 환영합니다! 저희는 가장 신선하고 맛있는 도넛을 제공하기 위해 최선을 다하고 있습니다. 전문 제빵사가 최고급 재료와 오랜 시간 검증된 기술만을 사용하여 단맛을 만족시키는 군침 도는 간식을 만듭니다. 클래식한 글레이즈드 도넛부터 메이플 베이컨, 스모어와 같은 창의적인 맛까지, 모두를 위한 도넛이 준비되어 있습니다. 그럼 뭘 망설이고 계십니까? 지금 주문하고 최고의 도넛을 맛보세요!

번역 결과 중 웹 디자인에 사용할 문구로 ChatGPT의 3개의 답변 중 1안만을 사용하기로 결정했으며, 1안 답변 중 영문인 'Hero Title: Satisfy Your Sweet Tooth with Our Delicious Donuts'와 'Tagline: Freshly Made and Always Delicious', 그리고 1안의 Description의 경우에는 위에서 DeepL이 '설명'으로 번역한 문장을 웹 사이트에 삽입하기로 했습니다.

웹 사이트에 홍보 문구 삽입하기

ChatGPT를 통해 웹 사이트의 이미지를 만들었고, ChatGPT를 통해 홍보 문구를 작성했습니다. ChatGPT를 통해 만든 이미지에는 알아보기 힘든 가짜 텍스트가 있으므로 먼저 이 텍스트를 지워보겠습니다. 이 작업에 디자이너들이 사용하는 전문 그래픽 편집기인 포토샵(Adobe Photoshop)을 사용할 수도 있겠지만, 글씨를 지우는 단순한 작업은 윈도우에서 제공하는 기본 도구인 그림판(Paint)으로도 충분히 가능합니다.

윈도우 10 환경 기준으로 왼쪽 하단에 있는 돋보기 모양의 검색 아이콘 혹은 시작 버튼을 클릭한 다음, 검색창에 '그림판'을 입력하면 8.11과 같이 **[그림판]**을 선택할 수 있습니다.

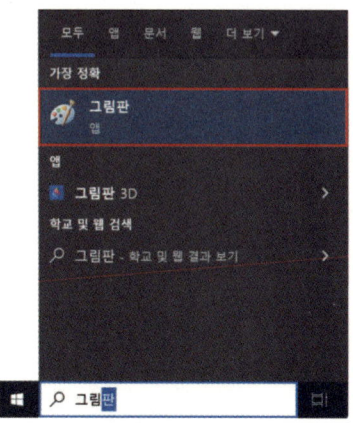

그림 8.11 그림판 열기

이후 그림판이 열리면 그림 8.12와 같이 **[파일]** → **[열기]**를 순차적으로 선택한 후 편집하고자 하는 그림을 가져옵니다. 여기서는 그림 8.10에서 편집을 위해 저장해둔 그림을 불러옵니다.

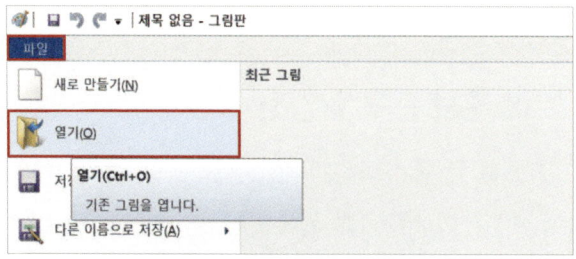

그림 8.12 그림판에서 그림 가져오기

그림 8.13은 그림판을 통해 ChatGPT가 생성한 이미지로부터 가짜 텍스트를 지울 때 사용할 수 있는 도구를 보여줍니다. 우선 그림판에서 스포이드 모양의 **[색 선택]** 아이콘을 선택하고, 텍스트를 지우기 위해 텍스트 주변 색깔을 선택합니다. 그다음, **[연필]** 아이콘을 클릭하고, **[크기]** 버튼을 통해 연필의 두께를 조절하여 텍스트를 지웁니다.

그림 8.13 그림판을 이용한 텍스트 제거

예를 들어 남색 배경에 검은색 텍스트가 있다면, **[색 선택]** 기능을 이용하여 남색을 지정하고, 연필의 두께를 적당한 크기로 조정하여 남색이 나오는 '연필'로 검은색 텍스트를 지우면 됩니다.

이러한 몇 가지 편집 과정을 거치면 그림 8.13의 그림과 같이 ChatGPT가 생성한 가짜 텍스트를 깔끔하게 지울 수 있습니다. 그다음 그림 8.14와 같이 그림판의 왼쪽 상단에서 **[파일]** → **[다른 이름으로 저장(A)]**을 통해 텍스트가 지워진 이미지를 새로운 파일명으로 저장합니다.

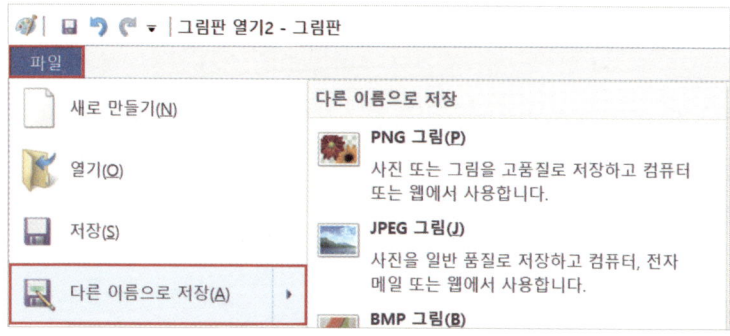

그림 8.14 텍스트 제거 후 새로운 이미지를 저장

이제 글씨가 지워진 그림에 ChatGPT와 DeepL을 이용하여 만든 홍보 문구를 작성해 보겠습니다. 그림판을 통해서도 홍보 문구를 넣을 수 있지만, 저자는 파워포인트(Microsoft PowerPoint)를 통해 홍보 문구를 작성해 보겠습니다. 그림판으로 그림에 텍스트를 입력하고 이미지 파일로 저장하면, 추후 텍스트를 수정하고자 할 때 텍스트를 그림판의 **[연필]** 기능 등으로 지우고 재작성해야 하는 번거로움이 있습니다.

하지만 파워포인트에서 그림 위에 텍스트를 입력하고 해당 파일을 'pptx 확장자 파일'로 저장해두면 언제든 다시 텍스트를 편하게 편집할 수 있습니다. 파워포인트를 실행하고 그림 8.15와 같이 **[삽입]** → **[그림]** 버튼을 통해서 편집하고자 하는 그림을 삽입합니다.

그림 8.15 파워포인트에서 그림 삽입

이후 이미지와 어울리는 폰트 색깔과 글씨체를 선택합니다. 이때 그림 8.13에서 이미 ChatGPT가 배경색과 어울리는 글씨체와 폰트 색깔을 추천해 주었으므로, 그림 8.10의 이미지를 참고하여 최대한 해당 글씨체와 폰트 색깔과 유사하게 선택하면 큰 고민없이 해결할 수 있습니다.

그림 8.16은 그림 8.10을 참고하여 파워포인트에서 ChatGPT가 생성한 텍스트와 유사한 폰트 색깔과 글씨체를 선택하고, ChatGPT와 DeepL을 통해 얻은 홍보 문구를 작성한 모습입니다.

그림 8.16 파워포인트를 이용한 글 작성

파워포인트를 통해 홍보 문구를 작성했다면 이제 그림을 홍보 문구를 포함하여 하나의 이미지로 저장할 필요가 있습니다. 이 경우 그림 8.17과 같이 슬라이드 전체를 마우스로 드래그하거나 또는 'Ctrl + A' 단축키로 슬라이드에 있는 모든 이미지와 텍스트를 함께 선택합니다. 그 다음 마우스 오른쪽 버튼을 버튼을 누르고 [그림으로 저장] 메뉴를 선택하면 최종 완성된 그림을 저장할 수 있습니다.

그림 8.17 이미지와 텍스트를 모두 포함하여 하나의 이미지로 저장

그림 8.18은 최종적으로 완성된 웹 디자인 이미지를 보여줍니다.

그림 8.18 ChatGPT로 완성한 홈페이지의 웹 디자인

지금까지 ChatGPT를 이용한 웹 디자인 자동화에 대해 알아봤습니다. 이 외에도 ChatGPT에 특정 주제를 잘 표현할 수 있는 아이콘이나 색깔을 추천해달라고 한 뒤에 ChatGPT가 추천해 준 프롬프트를 바탕으로 상품이나 행사 로고, 원하는 브로마이드를 생성하는 등의 작업을 할 수 있습니다. 비록 수정이 필요할지라도, 빠르게 수많은 초안을 받을 수 있다는 점에서 강점이 있습니다. 지금까지의 실습은 무료로 충분히 진행할 수 있었습니다. 하지만 유료로 전환하면 무료 버전보다 고퀄리티의 이미지를 더 많이 생성할 수 있으므로 이미지 생성 작업이 많이 필요하다면 유료 전환을 고려해 보기 바랍니다.

Part 09

ChatGPT로
엑셀 업무 속도 10배 높이기

총 정산액 계산
결제 수단에 따른 정산액 계산
전체 결제기관 리스트 출력하기
신용카드 기관의 수 카운트하기
특정 구매자의 결제 수단 확인하기

엑셀(Excel)은 많은 회사원의 필수 도구입니다. 엑셀 수식과 매크로를 능수능란하게 사용하는 사람과 그렇지 않은 사람의 업무 효율은 많은 차이를 보입니다. 이번에는 엑셀 초보자라고 하더라도 ChatGPT를 사용하여 손쉽게 원하는 결과를 얻는 과정을 소개하겠습니다.

그림 9.1과 같이 제품 구매 내역을 정리한 엑셀 파일이 있다고 합시다. 공란이 있는 '정산액', '정산액 합계', '카드 정산액', '계좌 정산액', '결제기관명', '카드 기관 수', '이지훈의 결제 수단'은 수식을 통해 각각 계산해야 하는 값입니다. 이번 장에서 설명하는 예제 파일은 위키북스 홈페이지의 **[예제 내려받기]** 버튼을 통해 다운로드할 수 있습니다. 다운로드 방법은 책의 앞부분에 있는 ≪책 사용 설명서≫를 참고하기 바랍니다.

결제일	주문번호	결제수단	결제기관	결제상태	구매자명	결제액	PG수수료	정산액		정산액 합계	
2023-02-04	R0051470	신용카드	K-페이	완료	허유정	33,000	1,197				
2023-02-04	R0051461	신용카드	우주카드	완료	정용범	33,000	1,197			카드 정산액	
2023-02-05	R0051476	신용카드	스타카드	완료	최재영	33,000	1,197			계좌 정산액	
2023-02-05	R0051454	신용카드	K-페이	완료	양필웅	33,000	1,197				
2023-02-05	R0051464	신용카드	한국카드	완료	선은경	33,000	1,197				
2023-02-05	R0051473	신용카드	한국카드	완료	김수종	33,000	1,233				
2023-02-05	R0051500	신용카드	나라카드	완료	김은수	33,000	1,197				
2023-02-05	R0051499	신용카드	우주카드	완료	이동영	33,000	1,305				
2023-02-06	R0051527	신용카드	K-페이	완료	이중훈	33,000	1,197				
2023-02-07	R0051983	가상계좌	희망	완료	이지훈	33,000	440				
	결제기관명		카드 기관 수		이지훈의 결제 수단						

그림 9.1 제품 구매 내역

총 정산액 계산

첫 번째로 I 열에 해당하는 정산액을 계산해 보겠습니다. 여기서 정산액이란 결제액에서 PG수수료를 제외한 금액으로, 실제 정산받을 수 있는 금액을 의미합니다. 다시 말해 G 열에서 H 열의 값을 뺀 값을 I 열에 입력해야 합니다. 이를 엑셀 수식을 통해 어떻게 계산하는지 상세히 프롬프트를 작성해보겠습니다.

엑셀에서 G열에서 H열의 값을 빼는 수식을 작성해줘. G열은 G4부터 G13까지 있고, H열은 G4부터 H13까지 있어. 그리고 이걸 I4열부터 I13열에 입력하고 싶어. 어떻게 하는지 모르겠어!

아래와 같이 수식을 작성하여 G열에서 H열의 값을 빼고, I4부터 I13까지의 셀에 결과 값을 입력할 수 있습니다.

먼저, I4 셀에 다음과 같은 수식을 입력합니다:

=G4-H4

I4 셀을 선택한 후, 마우스 포인터를 I5로 드래그하여 I13까지 선택합니다.

드래그한 후 I5부터 I13까지 모든 선택된 셀에서 I4 셀의 수식을 복사하려면 "Ctrl + D"를 누르면 됩니다.

그러면 G4에서 H4의 값을 뺀 결과가 I4에 표시되고, 해당 수식이 I5부터 I13까지 복사되어 G5에서 H5, G6에서 H6 등의 값을 뺀 결과가 I5에서 I13까지 표시됩니다.

ChatGPT의 가이드에 따라 I4 셀에 '=G4-H4'를 입력해 보겠습니다. 그림 9.2와 같이 G4 셀에서 H4 셀을 뺀 값이 I4 셀에 나타납니다.

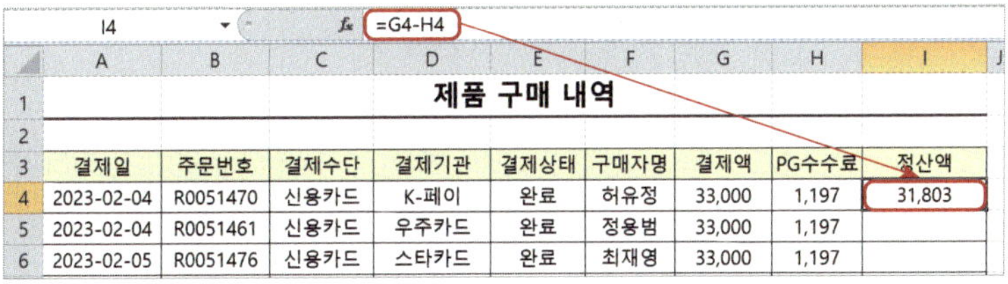

그림 9.2 정산액 계산

이제 ChatGPT의 다음 가이드에 따라 I4를 먼저 선택한 후 I5와 I13을 드래그한 후에 **[Ctrl+D]** 키를 누릅니다. 그 결과는 그림 9.3과 같습니다.

	I4		▼	:	×	✓	f_x	=G4-H4	
	A	B	C	D	E	F	G	H	I
1				제품 구매 내역					
2									
3	결제일	주문번호	결제수단	결제기관	결제상태	구매자명	결제액	PG수수료	정산액
4	2023-02-04	R0051470	신용카드	K-페이	완료	허유정	33,000	1,197	31,803
5	2023-02-04	R0051461	신용카드	우주카드	완료	정용범	33,000	1,197	31,803
6	2023-02-05	R0051476	신용카드	스타카드	완료	최재영	33,000	1,197	31,803
7	2023-02-05	R0051454	신용카드	K-페이	완료	양필웅	33,000	1,197	31,803
8	2023-02-05	R0051464	신용카드	한국카드	완료	선은경	33,000	1,197	31,803
9	2023-02-05	R0051473	신용카드	한국카드	완료	김수종	33,000	1,233	31,767
10	2023-02-05	R0051500	신용카드	나라카드	완료	김온수	33,000	1,197	31,803
11	2023-02-05	R0051499	신용카드	우주카드	완료	이동영	33,000	1,305	31,695
12	2023-02-06	R0051527	신용카드	K-페이	완료	이중훈	33,000	1,197	31,803
13	2023-02-07	R0051983	가상계좌	희망	완료	이지훈	33,000	440	32,560

그림 9.3 I4 셀부터 I13 셀까지 정산액 계산

I4 셀부터 I13 셀까지 각각 G 열의 값과 H 열의 값을 뺀 결과가 일괄로 계산된 것을 확인할 수 있습니다. 이제 I 열에 계산된 정산액을 기준으로 이들의 모든 합인 '정산액 합계'를 ChatGPT를 통해 엑셀 수식을 얻어 계산해 보겠습니다. 정산액 합계는 그림 9.4와 같이 현재 L3 셀에 공란으로 비어 있는 상태입니다.

	I	J	K	L
	정산액		정산액 합계	
	31,803			
	31,803		카드 정산액	
	31,803		계좌 정산액	
	31,803			
	31,803			
	31,767			
	31,803			
	31,695			
	31,803			
	32,560			

그림 9.4 정산액 합계

ChatGPT에 더하고 싶은 값의 구간을 설명하고 합계를 계산하는 수식을 요청합니다.

엑셀의 I4부터 I13까지 더하고 싶은 값들이 들어가있어. 나는 이 값들의 합계를 계산하고 싶은데 엑셀 수식을 작성해줘

 I4부터 I13까지의 값들을 더하려면 SUM 함수를 사용하여 간단하게 수식을 작성할 수 있습니다.

다음은 SUM 함수를 사용한 수식입니다:

=SUM(I4:I13)

위 수식을 Excel의 셀에 입력하면, I4부터 I13까지의 값을 더한 결과가 표시됩니다.

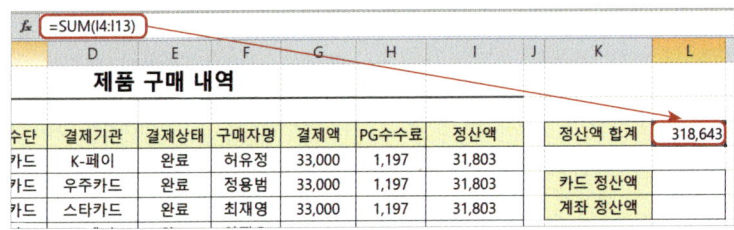

그림 9.5 I4 셀부터 I13 셀까지의 정산액 합계

그림 9.5와 같이 ChatGPT의 가이드대로 원하는 위치에 해당 수식을 입력하여 결과를 얻습니다.

결제 수단에 따른 정산액 계산

이어서 '카드 정산액'과 '계좌 정산액'을 계산해봅시다. 예를 들어 '카드 정산액'의 경우, 그림 9.6과 같이 결제 수단이 '신용카드'인 경우의 정산액만을 합산하여 계산해야 합니다. 반면, '계좌 정산액'의 경우에는 결제 수단이 '가상계좌'인 경우의 정산액만을 합산하여 계산하고자 합니다

제품 구매 내역						
결제수단	결제기관	결제상태	구매자명	결제액	PG수수료	정산액
신용카드	K-페이	완료	허유정	33,000	1,197	31,803
신용카드	우주카드	완료	정용범	33,000	1,197	31,803
신용카드	스타카드	완료	최재영	33,000	1,197	31,803
신용카드	K-페이	완료	양필웅	33,000	1,197	31,803
신용카드	한국카드	완료	선은경	33,000	1,197	31,803
신용카드	한국카드	완료	김수종	33,000	1,233	31,767
신용카드	나라카드	완료	김은수	33,000	1,197	31,803
신용카드	우주카드	완료	이동영	33,000	1,305	31,695
신용카드	K-페이	완료	이중훈	33,000	1,197	31,803
가상계좌	희망	완료	이지훈	33,000	440	32,560

정산액 합계	318,643
카드 정산액	
계좌 정산액	

그림 9.6 결제 수단이 '신용카드'인 경우의 정산액의 합계

 엑셀에서 C열의 값이 '신용카드'인 경우에 대해서만 I열의 값을 더하는 수식을 작성하고 싶어. 참고로 C열과 I열 모두 4번부터 13번까지 값이 있어.

 C열에서 '신용카드'라는 조건을 충족하는 경우에만 I열의 값을 더하려면, SUMIF 함수를 사용하여 간단하게 수식을 작성할 수 있습니다.

다음은 SUMIF 함수를 사용한 수식입니다:

=SUMIF(C4:C13, "신용카드", I4:I13)

위 수식을 Excel의 셀에 입력하면, C열에서 '신용카드'라는 조건을 충족하는 경우에 대한 I열의 값들을 더한 결과가 표시됩니다.

만약 C열의 조건을 다른 값으로 변경하려면, 수식의 "신용카드" 부분을 변경하면 됩니다. 예를 들어 C열의 조건이 "현금"이라면, "신용카드"를 "현금"으로 바꾸면 됩니다.

ChatGPT의 가이드에 따라 카드 정산액의 경우에는 ChatGPT가 제시한 답변을 사용합니다. ChatGPT는 조건을 다른 값으로 변경하려면 '신용카드' 부분을 변경하라고 합니다. 해당 가이드에 따라 계좌 정산액인 경우에는 수식에서 '신용카드' 대신 '가상계좌'로 변경하여 사용합니다.

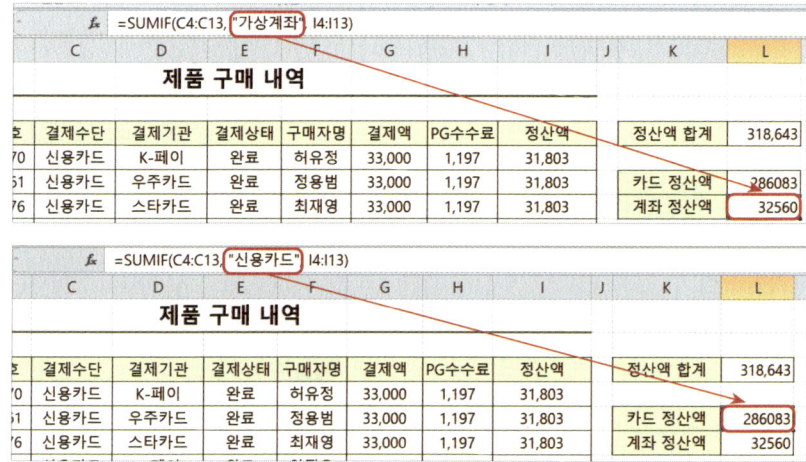

그림 9.7 결제 수단이 '신용카드'인 경우의 정산액 합계

그림 9.7은 신용카드와 가상계좌의 정산액 합계를 계산한 모습을 보여줍니다.

전체 결제기관 리스트 출력하기

이번에는 '결제기관'이 있는 D 열로부터 중복을 제거하여 결제기관 리스트를 출력해 보겠습니다.

 엑셀에서 D4~D13까지 값들이 있을때, 중복을 제거한 값들을 찾아내는 엑셀 수식을 작성해줘

 중복을 제거하여 유일한 값들만 찾아내는 엑셀 수식으로는 UNIQUE 함수를 사용할 수 있습니다.

다음은 UNIQUE 함수를 사용한 수식입니다:

=UNIQUE(D4:D13)

> 위 수식을 Excel의 셀에 입력하면, D4:D13 범위에서 중복을 제거한 값들이 반환됩니다.
>
> UNIQUE 함수는 중복을 제거하고 유일한 값들을 반환하는 함수입니다. 반환된 값들은 원래 범위에서 나타나는 순서대로 표시됩니다. 만약 중복을 제거한 값들을 정렬하고 싶다면, SORT 함수를 사용할 수 있습니다.

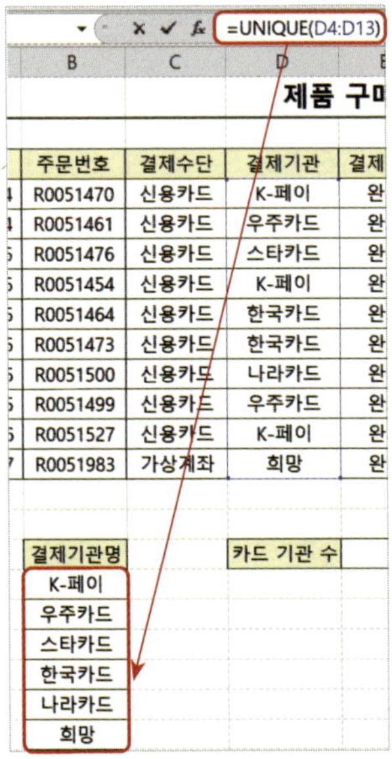

그림 9.8 중복을 제거한 결제기관명 리스트

ChatGPT가 작성한 답변 수식을 결제기관명이 나열되기를 원하는 시작 위치에 입력합니다. 그림 9.8과 같이 결제기관 열에서 중복을 제거한 결제기관명의 리스트가 나열됩니다.

신용카드 기관의 수 카운트하기

이번에는 결제수단 열의 값이 '신용카드'인 경우의 결제기관의 수를 계산해 봅시다.

엑셀에서 C4~C13까지 값들 중에서 값이 '신용카드'인 경우에 한해서 D4~D13의 값들의 중복을 제거한 값의 개수를 구하는 수식을 작성해줘

다음과 같은 수식을 사용하면 C4부터 C13까지 범위에서 '신용카드'를 포함하는 셀의 D열 값 중 중복을 제거한 값의 개수를 구할 수 있습니다.

```
=SUM(IF(C4:C13="신용카드",1/COUNTIF(D4:D13,D4:D13)))
```

이 수식은 배열 공식으로 작동하므로 수식을 입력한 후 Ctrl + Shift + Enter를 눌러야 합니다. 이 수식은 C열의 각 셀이 "신용카드"를 포함하는 경우 해당 셀의 D열 값이 중복되지 않도록 세어줍니다.

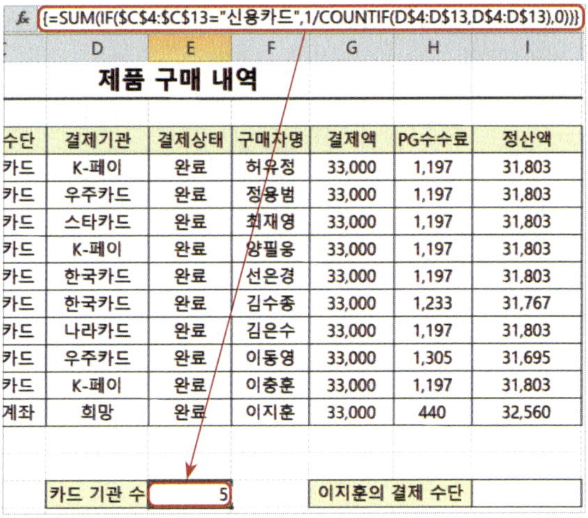

{=SUM(IF($C$4:$C$13="신용카드",1/COUNTIF(D$4:D$13,D$4:D$13),0))}

제품 구매 내역

수단	결제기관	결제상태	구매자명	결제액	PG수수료	정산액
카드	K-페이	완료	허유정	33,000	1,197	31,803
카드	우주카드	완료	정용범	33,000	1,197	31,803
카드	스타카드	완료	최재영	33,000	1,197	31,803
카드	K-페이	완료	양필웅	33,000	1,197	31,803
카드	한국카드	완료	선은경	33,000	1,197	31,803
카드	한국카드	완료	김수종	33,000	1,233	31,767
카드	나라카드	완료	김은수	33,000	1,197	31,803
카드	우주카드	완료	이동영	33,000	1,305	31,695
카드	K-페이	완료	이충훈	33,000	1,197	31,803
계좌	희망	완료	이지훈	33,000	440	32,560

카드 기관 수	5		이지훈의 결제 수단	

그림 9.9 중복을 제거한 카드 기관 수

ChatGPT 가이드가 제안한 대로 수식을 사용하고 **[Ctrl+Shift+Enter]** 키를 사용하여 5라는 값을 얻었습니다. 하지만 수식이 다소 어려워 사용자가 이해하지 못했다고 가정하고, ChatGPT에게 수식의 의도를 질문해 보겠습니다.

내가 수식의 원리가 궁금해서 그런데 1/COUNTIF는 왜 들어간거야?

 1/COUNTIF는 각 D열 값이 몇 번 중복되는지를 계산하여 중복을 제거한 값을 구하기 위한 부분입니다.

COUNTIF 함수는 주어진 범위에서 특정 조건을 만족하는 셀의 개수를 세는 함수입니다. 이 경우 COUNTIF(D4:D13, D4:D13)는 D4부터 D13까지의 범위에서 각 셀의 값이 몇 번 등장하는지를 계산합니다. 그 다음, 1/을 통해 각 셀의 중복 횟수에 대한 역수를 계산합니다. 예를 들어 D4 셀의 값이 100번 중복되었다면 1/100=0.01이 되고, D5 셀의 값이 50번 중복되었다면 1/50=0.02가 됩니다.

이후, IF 함수를 사용하여 C열의 각 셀이 "신용카드"를 포함하는 경우에만 해당 D열 값의 중복 횟수에 대한 역수를 더합니다. 따라서, 중복을 제거한 값의 개수는 중복 횟수에 대한 역수의 합으로 계산됩니다.

이 방법은 배열 공식을 사용하여 작동합니다. 각 셀의 중복 횟수에 대한 역수를 계산하여 1차원 배열로 반환하고, 이 배열을 IF 함수에서 사용합니다. 이렇게 하면 중복되지 않은 값을 합산할 수 있습니다.

ChatGPT의 설명이 다소 부족하다면, 예시를 들어 이에 대한 추가 설명을 요구합니다.

 너말대로라면 '사과'가 4개가 중복인데 1/을 통해 1/4를 하면 0.25가 되고 이 값을 모두 더하면 1이 되니까 이렇게 중복되는 값을 계산할 수 있다는 거네. 맞아?

 네, 맞습니다. COUNTIF 함수를 사용하여 각 값이 몇 번 중복되는지를 계산한 후, 1/을 사용하여 중복 횟수에 대한 역수를 계산합니다. 따라서, 중복 횟수가 클수록 해당 값의 중복 횟수에 대한 역수는 작아지고, 중복 횟수가 작을수록 해당 값의 중복 횟수에 대한 역수는 커집니다.

만약 "사과"라는 값이 4번 중복되고, "바나나"라는 값이 2번 중복된다면, "사과"의 중복 횟수에 대한 역수는 1/4=0.25가 되고, "바나나"의 중복 횟수에 대한 역수는 1/2=0.5가 됩니다. 이렇게 각 값의 중복 횟수에 대한 역수를 계산한 후, IF 함수를 사용하여 특정 조건을 만족하는 값만을 골라서 더할 수 있습니다.

특정 구매자의 결제 수단 확인하기

이번에는 특정 사용자의 이름을 통해 결제 수단을 추론하는 엑셀 수식을 작성해 봅시다. 구매자명인 F 열의 특정 값으로부터 동일한 행에 있는 D 열의 값을 가져옵니다.

엑셀에서 F4부터 F13까지의 값 중 값이 '이지훈'일 때, 동일한 행의 D열의 값을 출력하는 수식을 작성해줘

다음과 같은 수식을 사용하면 F4부터 F13까지의 값 중 "이지훈"을 포함하는 셀의 동일한 행에 있는 D열 값을 출력할 수 있습니다.

```
=INDEX(D4:D13, MATCH("이지훈", F4:F13, 0))
```

이 수식은 INDEX와 MATCH 함수를 조합하여 작동합니다. MATCH 함수는 "이지훈"을 포함하는 셀의 위치를 찾아내고, INDEX 함수는 해당 위치의 D열 값을 반환합니다.

MATCH 함수에서 마지막 인수로 0을 사용하면 정확한 일치를 찾아서 반환합니다. 만약 이 값을 생략하거나 다른 값을 사용하면 근접한 일치를 찾아 반환할 수 있습니다. 이 경우에는 "이지훈"이 한 번만 나타날 것으로 가정하고, 동일한 행에 "이지훈"이 하나만 존재해야 올바른 결과가 출력됩니다.

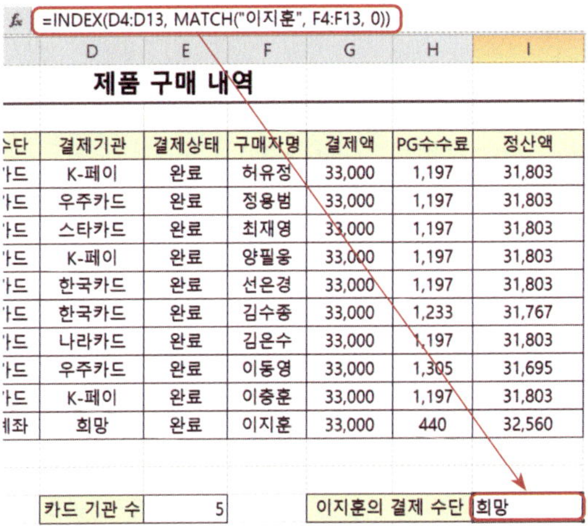

=INDEX(D4:D13, MATCH("이지훈", F4:F13, 0))

제품 구매 내역

수단	결제기관	결제상태	구매자명	결제액	PG수수료	정산액
카드	K-페이	완료	허유정	33,000	1,197	31,803
카드	우주카드	완료	정용범	33,000	1,197	31,803
카드	스타카드	완료	최재영	33,000	1,197	31,803
카드	K-페이	완료	양필웅	33,000	1,197	31,803
카드	한국카드	완료	선은경	33,000	1,197	31,803
카드	한국카드	완료	김수종	33,000	1,233	31,767
카드	나라카드	완료	김은수	33,000	1,197	31,803
카드	우주카드	완료	이동영	33,000	1,305	31,695
카드	K-페이	완료	이충훈	33,000	1,197	31,803
계좌	희망	완료	이지훈	33,000	440	32,560

카드 기관 수	5	이지훈의 결제 수단	희망

그림 9.10 중복을 제거한 카드 기관 수

Tip. 수식이 동작하지 않을 때

ChatGPT가 알려주는 수식이 동작하지 않을 때가 있습니다. 엑셀이 아닌 구글 스프레드시트로 실습하는 경우나 엑셀의 버전처럼 실습하는 환경이 해당 수식이 동작하지 않는 원인일 수 있습니다. 이럴 때는 다음과 같은 방식으로 추가 프롬프트를 작성하여 다른 방법을 안내받을 수 있습니다.

정정 요청 프롬프트 예시

나는 엑셀2010이야. 너가 시키는 대로 했더니 #VALUE라는 에러가 뜨는데 다른 방법을 알려줘

정정 요청 프롬프트 예시

나는 구글스프레드시트에서 실습을 하고 있어. 구글스프레드시트에서 동작하는 수식으로 다시 알려줘.

**진짜
챗GPT
활용법**

Part 10

# ChatGPT로 성공적인 프레젠테이션 준비하기

발표 콘텐츠 작성
발표 슬라이드 제작
스크립트 작성

프레젠테이션은 다수의 청중에게 제한된 시간 안에 시각 자료를 활용하여 정보를 전달해야 하는 어려운 과제입니다. 주제에 부합하는 콘텐츠 작성, 발표 슬라이드 제작, 스크립트 작성은 프레젠테이션의 전달력에 중요한 요소입니다.

이번 장에서는 ChatGPT의 도움을 받아 3단계에 걸쳐 "탄소 배출 줄이는 법"을 주제로 프레젠테이션을 준비해 보겠습니다.

1. 발표 콘텐츠 작성 (@ChatGPT)
2. 발표 슬라이드 제작 (@PowerPoint, ChatGPT)
3. 발표 스크립트 작성 (@ChatGPT)

먼저 ChatGPT에게 성공적인 파워포인트 프레젠테이션의 요소가 무엇인지 물어보겠습니다.

성공적인 PowerPoint 프레젠테이션 요소 3가지는?

성공적인 PowerPoint 프레젠테이션에는 일반적으로 세 가지 핵심 요소가 있습니다:

명확하고 간결한 콘텐츠: 프레젠테이션은 이해하기 쉽고 기억하기 쉬운 내용으로 명확하고 잘 정리된 구조를 가져야 합니다. 글머리 기호, 시각 자료 및 핵심 문구를 사용하면 복잡한 아이디어를 단순화하고 청중의 참여를 유도하는 데 도움이 됩니다.

매력적인 비주얼: 프레젠테이션에는 핵심 메시지를 전달하고 콘텐츠에 대한 전반적인 이해를 높이는 데 도움이 되는 시각적으로 매력적이고 관련성 있는 그래픽, 이미지 및 동영상이 포함되어야 합니다. 여기에는 차트, 그래프, 다이어그램 및 기타 유형의 시각적 보조 자료가 포함될 수 있습니다.

효과적인 전달: 발표자는 자신감 있고 매력적이며 명확하고 설득력 있는 방식으로 콘텐츠를 전달할 수 있어야 합니다. 여기에는 눈을 맞추고, 적절한 제스처를 사용

하고, 명확하고 자신감 있는 방식으로 말하는 것이 포함됩니다. 또한 발표자는 잘 준비되어 있어야 하며 발표할 콘텐츠를 잘 이해하고 있어야 합니다.

ChatGPT의 답변대로 명확하고 간결한 콘텐츠, 매력적인 비주얼, 효과적인 전달에 초점을 맞춰 ChatGPT와 함께 프레젠테이션을 준비해 보겠습니다.

발표 콘텐츠 작성

"탄소배출 줄이는 법"이라는 주제의 콘텐츠 작성을 요청해 봅시다. 앞에서 ChatGPT가 답변한 명확하고 간결한 콘텐츠를 프롬프트에 언급하여 작성합니다.

"탄소 배출을 줄이는 법" 에 대한 주제로 PowerPoint 발표를 하려해 아래 내용을 참고해서 각 슬라이드 별로 콘텐츠를 작성해줘

- 대상: 대학생
- 명확하고 간결하게 내용 작성
- 슬라이드 개수: 3장
- 발표시간: 5분

슬라이드 1: 소개

제목: 탄소 배출량 줄이기: 우리의 책임

내용:

우리는 탄소 배출을 줄이고 기후 변화에 대처할 책임이 있습니다.

탄소 배출은 기후 변화의 주요 원인이며, 우리 모두에게 영향을 미치는 다양한 환경 문제를 야기합니다.

이 프레젠테이션에서는 탄소 배출을 줄이기 위해 우리 모두가 실천할 수 있는 몇 가지 실질적인 방법을 살펴봅니다.

슬라이드 2: 탄소 배출을 줄이기 위한 간단한 단계

제목: 행동을 취하고 변화를 만들어 보세요.

내용:

1) 혼자 운전하는 대신 걷기, 자전거 타기 또는 대중교통 이용하기
2) 줄이고, 재사용하고, 재활용하여 폐기물 발생량 줄이기
3) 사용하지 않을 때는 조명을 끄고 전자제품 플러그 뽑기
4) 식물성 식단을 섭취하거나 육류 섭취를 줄입니다.
5) 샤워 시간을 짧게 하고 누수를 수리하여 물 절약하기
6) 태양열, 풍력, 수력 등 재생 에너지원 사용 지원

슬라이드 3: 탄소 배출량 감축이 중요한 이유

제목: 지구와 미래 세대 보호

내용:

탄소 배출을 줄이면 기후 변화 속도를 늦추고 지구를 보호할 수 있습니다.

오늘날 우리의 행동은 미래 세대와 지구의 건강에 직접적인 영향을 미칩니다.

일상 생활에서 작은 변화를 통해 기후 변화의 부정적인 영향을 줄이고 미래 세대를 위해 지구를 보존할 수 있습니다.

행동을 취하고 변화를 만드는 것은 우리 모두의 몫입니다. 오늘부터 시작합시다!

참고: 각 슬라이드에 이미지를 추가하여 시각적으로 더 매력적이고 흥미롭게 만들 수 있습니다.

요청한 대로 슬라이드로 구분하여 대학생을 대상으로 하는 발표 내용을 작성해줬습니다. 명확하고 간결하게 내용을 작성했지만, 각 내용을 한 개의 슬라이드에 담기에는 내용이 많습니다. 다시 한번 ChatGPT에게 해당 내용의 핵심만 요약해 달라고 요청합니다.

아래는 PowerPoint 발표 내용이야. 이 내용을 아래와 같이 요약해서 작성해줘

- 각 슬라이드 별 제목
- 각 슬라이드 내용을 Key Point 2개로 요약해줘

슬라이드 1: 소개

제목: 탄소 배출량 줄이기: 우리의 책임

내용:
우리는 탄소 배출을 줄이고 기후 변화에 대처할 책임이 있습니다.
탄소 배출은 기후 변화의 주요 원인이며, 우리 모두에게 영향을 미치는 다양한 환경 문제를 야기합니다.

…중략…

슬라이드 1: 탄소 배출량 줄이기: 우리의 책임
우리는 탄소 배출을 줄이고 기후 변화에 대처할 책임이 있습니다.
탄소 배출은 우리 모두에게 영향을 미치는 환경 문제를 야기합니다.

슬라이드 2: 행동을 취하고 변화를 만들어 보세요.
걷기, 자전거, 대중교통 등 대체 교통수단 이용하기
폐기물 줄이기, 에너지 절약, 채식 위주의 식단, 재생 에너지 지지하기

슬라이드 3: 지구와 미래 세대 보호하기
탄소 배출을 줄이면 기후 변화를 늦추고 지구를 보호할 수 있습니다.
일상 생활의 작은 변화가 기후 변화의 부정적인 영향을 줄이고 미래 세대를 위해 지구를 보존하는 데 도움이 될 수 있습니다.

앞서 ChatGPT가 설명한 성공적인 프레젠테이션의 요소 중 하나인 '명확하고 간결한' 콘텐츠 작성이 완료됐습니다.

발표 슬라이드 제작

이번에는 파워포인트를 활용하여 발표 슬라이드를 작성합니다. 실습을 계속하기 전에 필요에 따라 기본적인 파워포인트 사용 방법을 숙지하고 진행하기를 권장합니다. 좋은 발표 슬라이드 제작은 디자인의 영역입니다. 발표 내용과 연관된 이미지를 삽입하고 알맞은 폰트 크기와 색부터 각 요소의 위치까지 전문 디자이너가 아니면 제작하기가 쉽지 않습니다. ChatGPT는 텍스트 기반 모델이므로 슬라이드 디자인을 수행하지 못합니다. 하지만 적절한 프롬프트를 활용하여 ChatGPT에게 슬라이드의 중요 요소를 하나씩 추천 받아 발표 슬라이드 제작 작업을 진행해 보겠습니다.

※ 본 실습에서는 슬라이드 1장만 제작을 진행합니다.

슬라이드에 이미지 삽입하기

ChatGPT에게 슬라이드별 추천 이미지를 물어보겠습니다.

아래는 PowerPoint 발표 내용이야. 이 내용을 읽고 아래의 내용을 작성해줘.

- 각 슬라이드 별 추천 이미지 키워드 2개

제목: 탄소 배출량 줄이기: 우리의 책임

내용:
대학생은 탄소 배출을 줄이고 기후 변화에 대처할 책임이 있습니다.
탄소 배출은 기후 변화의 주요 원인이며, 우리 모두에게 영향을 미치는 다양한 환경 문제를 야기합니다.

…중략…

각 슬라이드에 권장되는 이미지 키워드 입니다.

슬라이드 1: 탄소 배출량 줄이기: 우리의 책임

이미지 키워드: 환경, 공기

슬라이드 2: 행동을 취하고 변화를 만들어 보세요.

이미지 키워드: 재활용, 재생 에너지

슬라이드 3: 지구와 미래 세대 보호

이미지 키워드: 자연, 보존

ChatGPT를 활용해 직접 이미지를 생성할 수도 있지만, 이번 장에서는 무료 이미지 검색 사이트를 이용하는 방법을 실습해 보겠습니다. 대표적인 무료 이미지 검색 사이트로는 다음과 같은 플랫폼이 있습니다.

- **픽사베이(Pixabay)**: https://pixabay.com/
- **언스플래시(Unsplash)**: https://unsplash.com/ko

이번 실습에서는 언스플래시 사이트를 활용해보겠습니다. 언스플래시(https://unsplash.com/ko) 사이트에 접속하여 그림 10.1과 같이 슬라이드 1에 추천한 이미지 키워드인 '환경, 공기'를 상단 검색창에 입력합니다.

그림 10.1 언스플래시 사이트에서 이미지 검색하기

적절한 사진을 발견하면 사진 위의 마우스 커서를 올리고 오른쪽 하단의 **[화살표]** 버튼을 눌러 다운로드합니다(그림 10.2). 해당 이미지를 선택한 이유는 두 가지입니다. 첫 번째는 슬라이드 내용에 부합한다는 점, 두 번째는 여백이 많다는 점입니다. 여기서는 해당 사진을 배경으로 넣고 그 위에 텍스트를 작성할 예정입니다.

그림 10.2 사진 다운로드하기

이제 파워포인트에서 상단 메뉴 **[삽입]** → **[그림]**을 클릭해 방금 다운로드한 사진을 삽입합니다(그림 10.3, 10.4).

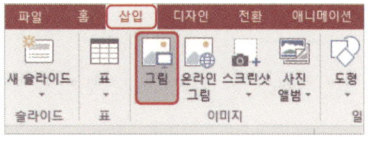

그림 10.3 파워포인트에서 사진 삽입하기

그림 10.4 파워포인트에 사진을 삽입한 화면

텍스트 삽입하기

1. 텍스트 크기 지정하기

ChatGPT에게 슬라이드별 타이틀과 키포인트의 텍스트 크기를 추천해 달라고 요청합니다.

아래는 PowerPoint 발표 내용이야. 이 내용을 읽고 아래의 내용을 작성해줘.

- 각 슬라이드 별 타이틀과 키포인트의 추천 텍스트 크기

제목: 탄소 배출량 줄이기: 우리의 책임

내용:
대학생은 탄소 배출을 줄이고 기후 변화에 대처할 책임이 있습니다.
탄소 배출은 기후 변화의 주요 원인이며, 우리 모두에게 영향을 미치는 다양한 환경 문제를 야기합니다.

…중략…

각 슬라이드에 권장되는 글꼴 크기입니다:

슬라이드 1: 탄소 배출량 줄이기: 우리의 책임

권장 글꼴 크기: 제목 - 36, 키포인트 – 24

슬라이드 2: 행동을 취하고 변화를 만들어 보세요.

권장 글꼴 크기: 제목 - 36, 키포인트 – 24

슬라이드 3: 지구와 미래 세대 보호

권장 글꼴 크기: 제목 - 36, 키포인트 – 24

참고: 권장 글꼴 크기는 프레젠테이션 화면 크기에 따라 달라질 수 있지만, 일반적으로 제목은 멀리서도 쉽게 읽을 수 있을 만큼 충분히 커야 하고, 요점은 청중이 명확하고 읽기 쉬워야 합니다.

놀랍게도 ChatGPT가 파워포인트의 문구별 텍스트 크기까지 추천해줬습니다. 물론 실제 이미지 및 슬라이드 크기를 알고 추천한 것은 아니지만, 그림 10.5와 같이 추천 텍스트 크기를 적용해 본 결과 시각적으로 뛰어나고 전달력도 높은 텍스트 사이즈로 판단됩니다.

그림 10.5 추천 텍스트 사이즈 적용 화면

2. 텍스트 색 선정하기

다음으로 텍스트 색을 지정합니다. 글자색은 배경색과 대비했을 때 가시성이 높습니다. 하지만 너무 어울리지 않은 색을 지정하면 전체적인 디자인 퀄리티가 떨어집니다. 먼저 현재 배경색을 추출해 봅니다. [홈] → [글자색] → [스포이트]를 선택하고 텍스트 주변을 클릭합니다(그림 10.6).

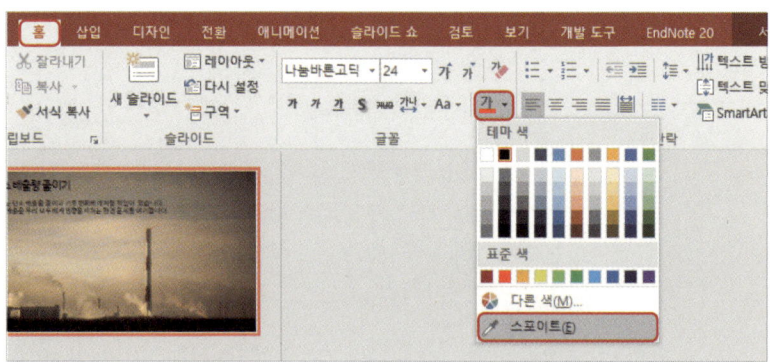

그림 10.6 배경색 추출하기

다음으로 다시 [홈] → [글자색] → [다른색] → [사용자 지정]에 가면 그림 10.7과 같이 배경색의 RGB 값이 저장되어 있습니다. RGB란 빨강, 녹색, 파랑의 조합으로 색을 정의하는 색 모델입니다. 텍스트 주변의 배경 RGB 값은 (175, 155, 121)로 확인됐습니다.

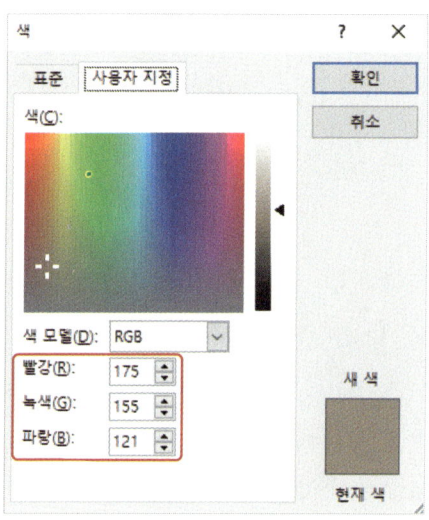

그림 10.7 배경색 RGB 값

배경색 정보를 추출했으니 ChatGPT에게 배경색에 어울리는 글자색을 요청합니다.

 PowerPoint 내 글자색을 선정해야 하는데 배경색은 RGB(175,155,121)이야. 이때 제목과 키포인트에 추천하는 글자색을 각각 RGB로 알려줘

 PowerPoint 프레젠테이션의 텍스트 색상을 선택할 때 텍스트를 쉽게 읽을 수 있도록 텍스트와 배경색 사이에 충분한 대비가 있는지 확인하는 것이 중요합니다. RGB 배경색이 (175, 155, 121)인 경우 몇 가지 권장되는 텍스트 색상 옵션은 다음과 같습니다.

> 제목 텍스트의 경우 다음과 같이 어두운 색상이 좋은 대비를 제공합니다.
> - RGB (0, 0, 0) 검정
> - RGB (255, 255, 255) 흰색
>
> 키 포인트 텍스트의 경우 더 밝은 색상 다음과 같이 사용할 수 있습니다.
> - RGB (255, 255, 255) 흰색
> - RGB (240, 240, 240) 밝은 회색
>
> 특정 색상 선택은 사용하는 글꼴 유형과 크기, 전체 프레젠테이션의 디자인에 따라 다를 수 있습니다. 다양한 색상 조합을 테스트하고 청중이 텍스트를 쉽게 읽을 수 있도록 하는 것이 중요합니다.

제목과 키 포인트 각각 두 가지의 색을 RGB 값으로 추천해주었습니다. 이번 실습에서는 제목은 RGB(255,255,255), 키 포인트는 RGB(240,240,240)로 지정하겠습니다. 색 지정은 배경색 RGB를 확인했던 방법과 동일하게 먼저 색을 바꾸고자 하는 텍스트를 클릭하고, [홈] → [글자색] → [다른색] → [사용자 지정]에서 각각 빨강, 녹색, 파랑에 숫자를 입력해서 진행합니다.

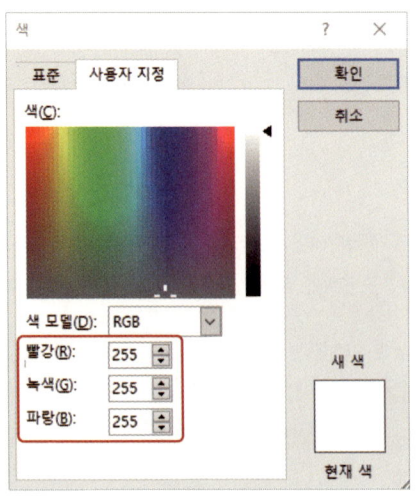

그림 10.8 글자색 지정하기

그림 10.9 ChatGPT 추천 색을 활용하여 글자색 지정하기

글자 색은 디자인의 영역으로 개인의 취향이 있습니다. ChatGPT가 추천해준 색이 맘에 들지 않을 경우를 대비해 컬러헌트(https://colorhunt.co)라는 사이트를 추천합니다. 이 사이트에 접속하면 그림 10.10과 같이 다양한 색의 조합을 제공합니다. 여기서 배경색과 가장 가까운 색을 찾고 해당 색과 조합이 좋은 글자색을 적용하면 됩니다.

그림 10.10 컬러헌트 사이트 화면

그림 10.11은 컬러헌트에서 찾은 배경색과 유사한 추천 색 조합입니다. 추천 색 조합을 참고하여 제목과 키 포인트의 글자색을 변경해 보겠습니다(그림 10.12).

그림 10.11 배경색과 유사한 색 조합

그림 10.12 컬러헌트 색 조합을 참고하여 글자색 지정하기

3. 핵심 키워드 찾아 강조하기

다음으로 핵심 단어를 찾아 강조 효과를 만들겠습니다. 먼저 ChatGPT를 통해 핵심 단어를 찾습니다.

아래의 세 문장에서 각 문장 별 핵심 키워드를 한 개씩 찾아줘.

 탄소 배출량 줄이기: 우리의 책임
대학생은 탄소 배출을 줄이고 기후 변화에 대처할 책임이 있습니다.
탄소 배출은 우리 모두에게 영향을 미치는 환경 문제를 일으킵니다.

탄소 배출량 줄이기: 우리의 책임
핵심 키워드: 우리의 책임

대학생은 탄소 배출을 줄이고 기후 변화에 대처할 책임이 있습니다.
핵심 키워드: 탄소 배출

탄소 배출은 우리 모두에게 영향을 미치는 환경 문제를 일으킵니다.
핵심 키워드: 환경 문제

ChatGPT가 추천한 핵심 키워드를 그림 10.13과 같이 글자색을 바꾸고 글자 크기를 한 단계씩 증가시켜 강조 효과를 줍니다.

그림 10.13 핵심 키워드의 글자색과 크기 조정하기

ChatGPT의 도움으로 그림 10.13의 슬라이드를 완성했습니다. 다시 한번 말씀드리지만, 슬라이드 제작은 디자인 영역으로 ChatGPT의 추천이 최선의 답이 아닐 수 있습니다. 슬라이드 제작이 처음이거나 디자인에 자신 없는 독자라면 ChatGPT를 활용해 볼 것을 추천합니다.

스크립트 작성

앞서 ChatGPT가 제시한 성공적인 프레젠테이션의 3번째 핵심 요소인 "효과적인 전달: 발표자는 자신감 있고 매력적이며 명확하고 설득력 있는 방식"을 반영하여 스크립트 작성을 요청해 보겠습니다. 추가로 대상과 발표 시간을 지정하여 스크립트 내용과 길이를 최대한 구체적으로 요청하겠습니다.

아래는 프레젠테이션 발표 내용이야. 요청사항을 반영하여 발표 스크립트를 작성해줘

요청사항:
- 각 슬라이드별로 따로 작성
- 자신감 있는 어투
- 설득력 있는 방식
- 대상: 대학생
- 발표시간: 5분

발표내용:
슬라이드 1: 탄소 배출량 줄이기: 우리의 책임
우리는 탄소 배출을 줄이고 기후 변화에 대처할 책임이 있습니다.
탄소 배출은 우리 모두에게 영향을 미치는 환경 문제를 야기합니다.

슬라이드 2: 행동을 취하고 변화를 만들어 보세요.
걷기, 자전거, 대중교통 등 대체 교통수단 이용하기
폐기물 줄이기, 에너지 절약, 채식 위주의 식단, 재생 에너지 지지하기

슬라이드 3: 지구와 미래 세대 보호하기

탄소 배출을 줄이면 기후 변화를 늦추고 지구를 보호할 수 있습니다.

일상 생활의 작은 변화가 기후 변화의 부정적인 영향을 줄이고 미래 세대를 위해 지구를 보존하는 데 도움이 될 수 있습니다.

[슬라이드 1: 탄소 배출량 줄이기: 우리의 책임]

안녕하세요, 여러분,

저는 오늘 여러분과 탄소 배출량 감축이라는 중요한 주제에 대해 이야기하고자 합니다. 대학생으로서 우리는 기후 변화에 대응하기 위해 노력해야 할 책임이 있습니다. 탄소 배출은 우리 모두에게 영향을 미치는 환경 문제를 야기하고 있습니다. 좋은 소식은 우리 모두가 탄소 배출을 줄이는 데 역할을 할 수 있다는 것입니다.

[슬라이드 2: 행동을 취하고 변화를 만들어 보세요.]

우리가 변화를 만들기 위해 취할 수 있는 다양한 행동이 있습니다. 탄소 배출을 줄이는 가장 쉬운 방법 중 하나는 걷기, 자전거 타기, 대중교통과 같은 대체 교통수단을 이용하는 것입니다. 쓰레기를 줄이고, 에너지를 절약하고, 식물성 식단을 섭취하고, 재생 에너지를 지지하는 것도 변화를 가져올 수 있는 다른 방법입니다. 이러한 변화는 사소해 보일 수 있지만 환경에 큰 영향을 미칠 수 있습니다.

이러한 변화를 통해 탄소 배출량을 줄일 뿐만 아니라 지구와 미래 세대를 보호할 수 있습니다.

[슬라이드 3: 지구와 미래 세대 보호]

기후 변화는 우리 세계에 중대한 영향을 미칠 수 있는 심각한 문제입니다. 탄소 배출을 줄이면 기후 변화를 늦추고 지구를 보호할 수 있습니다. 일상 생활의 작은 변화가 기후 변화의 부정적인 영향을 줄이고 미래 세대를 위해 지구를 보존하는 데 도움이 될 수 있습니다.

결론적으로, 대학생은 탄소 배출을 줄이고 기후 변화에 맞서 싸울 책임이 있습니다. 우리는 행동을 취하고 일상을 변화시킴으로써 변화를 만들 수 있습니다. 지구를 보호하고 우리 자신과 미래 세대를 위한 지속 가능한 미래를 보장합시다. 경청해 주셔서 감사합니다.

이렇게 해서 슬라이드별 스크립트 작성이 한 번에 완료됐습니다. 몇 가지 어색한 표현만 수정하면 스크립트 작업이 완료됩니다. 하지만 프레젠테이션은 결국 청중 앞에서 직접 내용을 전달하는 것입니다. 다음 내용은 10장 초반부에 ChatGPT가 대답한 성공적인 프레젠테이션의 3가지 핵심 요소 중 세 번째 내용입니다.

 효과적인 전달: 발표자는 자신감 있고 매력적이며 명확하고 설득력 있는 방식으로 콘텐츠를 전달할 수 있어야 합니다. 여기에는 눈을 맞추고, 적절한 제스처를 사용하고, 명확하고 자신감 있는 방식으로 말하는 것이 포함됩니다. 또한 발표자는 잘 준비되어 있어야 하며 발표할 콘텐츠를 잘 이해하고 있어야 합니다.

최종 발표에 앞서 적절한 제스처 사용과 명확하고 자신감 있는 방식으로 말하기가 가능하도록 충분한 연습이 필요합니다.

진짜
챗GPT
활용법

ChatGPT에 날개를 달다:
파일 업로드 기능 활용하기

Advanced Data Analysis 기능 활성화하기
주식 데이터 분석
부동산 데이터 분석
카카오톡 대화 분석

ChatGPT의 파일 업로드 기능은 크게 세 가지 유형의 파일을 지원합니다. 바로 이미지 파일, 문서 파일, 데이터 파일입니다. 이번 장에서는 데이터 파일을 업로드하여 다양한 데이터를 분석하는 방법을 설명하겠습니다. 데이터 분석 기능을 활용하면 사용자가 엑셀, CSV, JSON과 같은 데이터 파일을 업로드 한 후, ChatGPT를 통해 파이썬 코드를 실행하고 결과를 받을 수 있습니다. 이는 별도의 실행 환경 없이 웹상에서 파일을 업로드하고, 파이썬을 사용해 데이터 가공, 분석, 시각화를 수행할 수 있도록 해주는 매우 강력한 기능입니다. 또한, 분석 결과를 파일 형태로 내려받을 수도 있습니다.

데이터 분석 기능은 기본적으로 파이썬 코드를 실행하여 작업이 가능한 실행 환경을 제공합니다. 이미 300개 이상의 파이썬 라이브러리 및 패키지가 설치돼 있어서 해당 패키지를 활용하는 모든 작업을 수행할 수 있습니다. 단, 파이썬 패키지를 직접 설치할 수는 없고, 크롤링, API 사용과 같은 외부 인터넷으로의 접근은 불가능합니다. 업로드 가능한 파일의 용량은 512MB이며 업로드된 파일은 채팅 세션 종료 후 삭제됩니다.

파이썬 언어는 점유율이 가장 높은 만큼 수행할 수 있는 작업 또한 매우 다양합니다. 그만큼 데이터 분석 기능을 활용할 수 있는 분야 역시 무궁무진합니다. 이번 장에서는 다양한 ChatGPT를 활용한 다양한 데이터 분석의 활용 사례를 살펴보겠습니다.

입력창 왼쪽 아래의 [+] 버튼을 클릭하면 파일을 업로드하는 세 가지 방법이 나옵니다. 이번 실습에서는 별도의 드라이브에 연결하지 않고, 컴퓨터에서 직접 업로드하는 기능을 활용해 파일을 업로드하겠습니다.

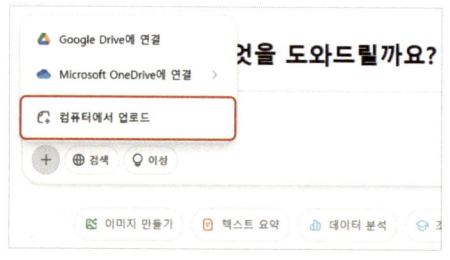

그림 11.1 데이터 파일 업로드 버튼

주식 데이터 분석

먼저, 주가 데이터를 활용한 기술적 분석을 수행해 보겠습니다. 기술적 분석이란 주식 시장에서 주가와 거래량 등 과거 시장 데이터를 분석하여 가격 변동의 패턴을 찾아내고, 이를 바탕으로 투자 결정을 내리는 방법론입니다. 즉, 기업의 재무 정보나 실적을 고려하지 않고, 오직 주가의 움직임과 패턴에 초점을 맞춘 분석 기법입니다.

이러한 기술적 분석을 효과적으로 수행하려면 다양한 기술적 지표와 알고리즘을 이해해야 할 뿐만 아니라, 이를 구현할 프로그래밍 실력도 필요합니다. 데이터 분석 기능을 활용하면 복잡한 코드 없이도 자연어로 쉽게 분석을 진행할 수 있습니다.

이 책에서는 미국의 자동차 제조업체인 테슬라(Tesla)의 주가 데이터를 활용하여 실습을 진행하겠습니다. 실습에 필요한 데이터를 내려받기 위해 Investing.com 사이트에 접속합니다.

- **Investing.com**: https://www.investing.com/

검색창에 'TSLA'를 입력하고 [**검색**] 버튼을 클릭합니다.

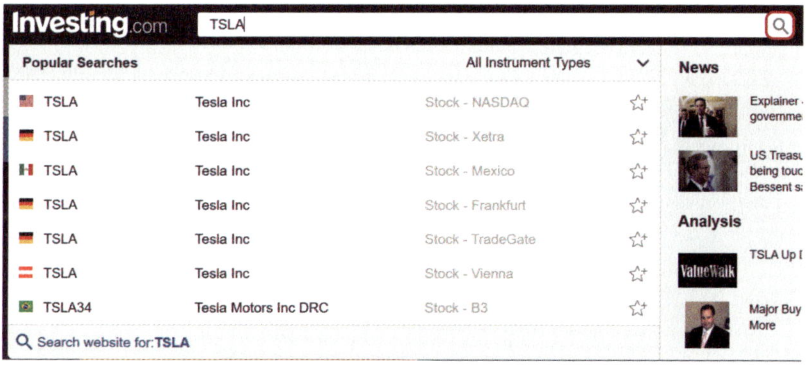

그림 11.2 Investing에서 'TSLA' 검색

화면 중간에 있는 [Historical Data] 탭을 클릭합니다.

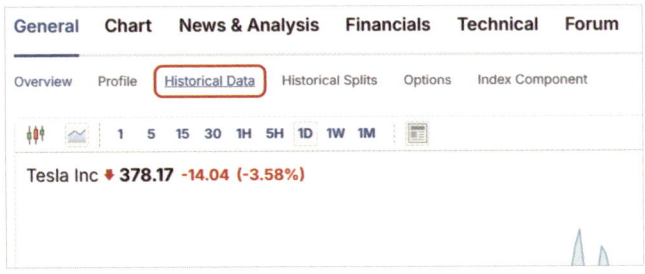

그림 11.3 [Historical Data] 탭 클릭

원하는 범위(Time Period)와 주기(Frequency)를 선택하고 [Apply] 버튼을 클릭한 다음, [Download] 버튼을 클릭하면 파일을 내려받을 수 있습니다. 이 책에서는 범위는 2024.02.06~2025.02.06로 선택하고, 주기는 하루(Daily)로 설정했습니다.

그림 11.4 주가 데이터 내려받기

그림 11.5는 내려받은 CSV 형식의 주가 데이터를 엑셀로 열었을 때의 모습입니다. 데이터는 날짜별로 총 7개의 항목을 포함하고 있습니다. 데이터에 대한 자세한 설명은 잠시 후 ChatGPT를 활용해 살펴보겠습니다.

	A	B	C	D	E	F	G
1	Date	Price	Open	High	Low	Vol.	Change %
2	02/05/2025	378.17	387.51	388.39	375.53	57.61M	-3.58%
3	02/04/2025	392.21	382.63	394	381.4	57.07M	2.22%
4	02/03/2025	383.68	386.68	389.17	374.36	93.73M	-5.17%
5	01/31/2025	404.6	401.53	419.99	401.34	83.57M	1.08%
6	01/30/2025	400.28	410.78	412.5	384.41	98.09M	2.87%
7	01/29/2025	389.1	395.21	398.59	384.48	68.03M	-2.26%
8	01/28/2025	398.09	396.91	400.59	386.5	48.91M	0.24%
9	01/27/2025	397.15	394.8	406.69	389	58.13M	-2.32%
10	01/24/2025	406.58	414.45	418.88	405.78	56.43M	-1.41%
11	01/23/2025	412.38	416.06	420.73	408.95	50.69M	-0.66%
12	01/22/2025	415.11	416.81	428	414.59	60.96M	-2.11%

그림 11.5 내려받은 주가 데이터의 형태

이제 ChatGPT 페이지로 돌아가 [Upload File] 버튼을 사용해 내려받은 파일을 업로드합니다.

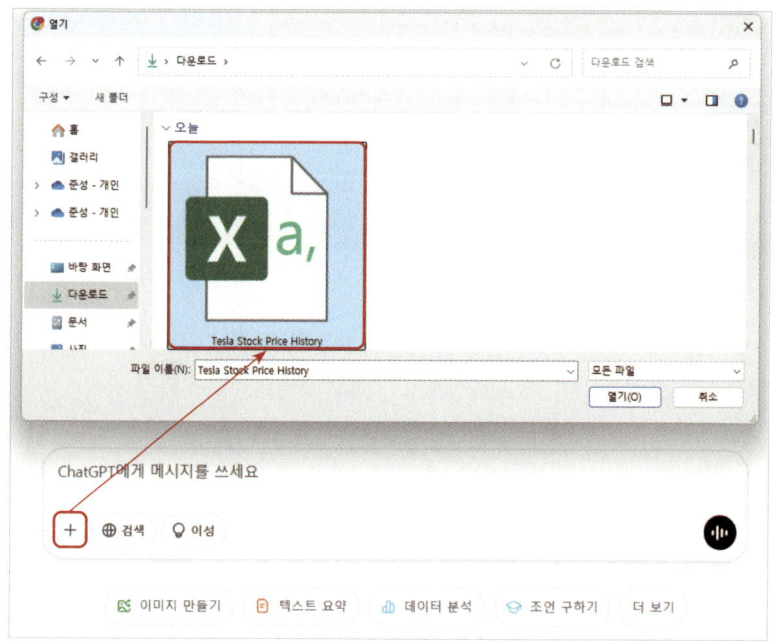

그림 11.6 주가 데이터 파일 업로드

PART 11 _ ChatGPT에 날개를 달자: 파일 업로드 기능 활용하기 파일 업로드가 완료되면, 그림 11.7과 같이 대화창 위에 업로드한 파일 아이콘이 생성됩니다.

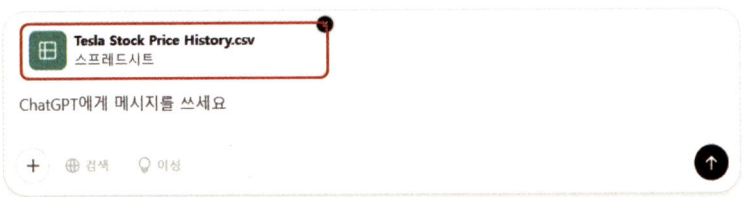

그림 11.7 파일 업로드 아이콘 생성

먼저 업로드한 파일에 관해 설명을 요청해 보겠습니다.

 이 파일의 데이터 구조에 대해 설명해줘

 파일을 분석하여 데이터 구조를 확인해 보겠습니다. 잠시만 기다려 주세요.

데이터 구조 설명

이 CSV 파일은 테슬라(Tesla)의 주가 이력을 포함하고 있으며, 총 **251개의 행**과 **7개의 열**로 구성되어 있습니다.

컬럼 설명

1. **Date (날짜, object)**: 주가 데이터의 날짜 (예: 02/05/2025)

2. **Price (종가, float64)**: 해당 날짜의 종가 (예: 378.17)

3. **Open (시가, float64)**: 해당 날짜의 시가 (예: 387.51)

4. **High (고가, float64)**: 해당 날짜의 최고가 (예: 388.39)

5. **Low (저가, float64)**: 해당 날짜의 최저가 (예: 375.53)

6. **Vol. (거래량, object)**: 해당 날짜의 거래량 (예: 57.61M, M은 백만 단위)

7. **Change % (변동률, object)**: 종가 기준 변동률 (예: -3.58%)

데이터 특징

- 날짜(Date)는 **문자열(string, object)** 형태로 저장되어 있음.

- 가격 관련 데이터(Price, Open, High, Low)는 **소수점(float64)** 값으로 저장됨.
- 거래량(Vol.)은 단위(M, B)를 포함한 **문자열(object)** 형태이므로, 수치형 변환이 필요할 수 있음.
- 변동률(Change %)도 % 기호가 포함된 문자열(object) 이므로, 분석을 위해 숫자로 변환해야 할 수도 있음.

필요하면 데이터 변환 및 추가 분석을 도와드릴 수 있습니다! 😊

놀랍게도, 파일에 대한 아무런 기본 정보를 제공하지 않았음에도 ChatGPT는 해당 데이터가 주식 거래 데이터임을 스스로 인식하고, 각 열의 의미까지 분석을 완료했습니다. 그림 11.8을 보면 ChatGPT의 답변 맨 뒤에 **[>_]** 버튼이 보입니다. 이 버튼(분석 보기)을 클릭해 보겠습니다.

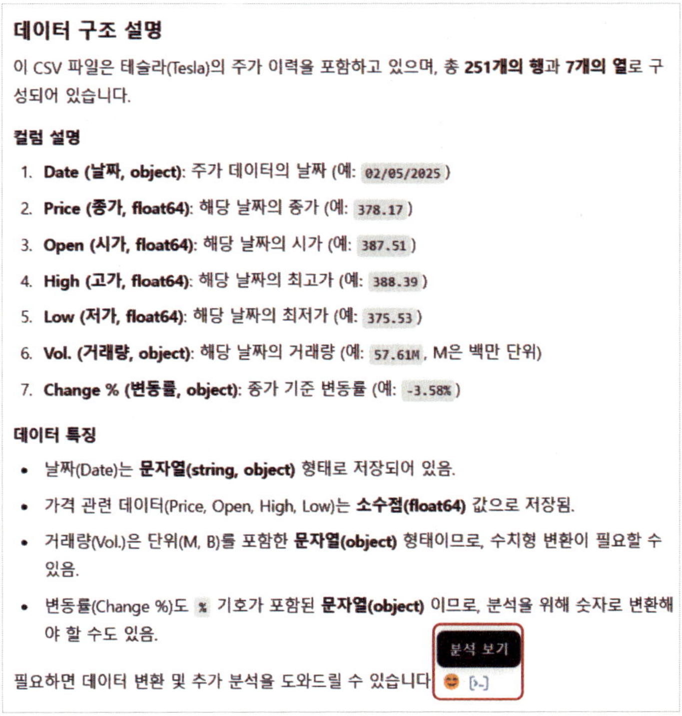

데이터 구조 설명

이 CSV 파일은 테슬라(Tesla)의 주가 이력을 포함하고 있으며, 총 **251개의 행**과 **7개의 열**로 구성되어 있습니다.

컬럼 설명

1. **Date (날짜, object)**: 주가 데이터의 날짜 (예: `02/05/2025`)
2. **Price (종가, float64)**: 해당 날짜의 종가 (예: `378.17`)
3. **Open (시가, float64)**: 해당 날짜의 시가 (예: `387.51`)
4. **High (고가, float64)**: 해당 날짜의 최고가 (예: `388.39`)
5. **Low (저가, float64)**: 해당 날짜의 최저가 (예: `375.53`)
6. **Vol. (거래량, object)**: 해당 날짜의 거래량 (예: `57.61M`, M은 백만 단위)
7. **Change % (변동률, object)**: 종가 기준 변동률 (예: `-3.58%`)

데이터 특징

- 날짜(Date)는 **문자열(string, object)** 형태로 저장되어 있음.
- 가격 관련 데이터(Price, Open, High, Low)는 **소수점(float64)** 값으로 저장됨.
- 거래량(Vol.)은 단위(M, B)를 포함한 **문자열(object)** 형태이므로, 수치형 변환이 필요할 수 있음.
- 변동률(Change %)도 % 기호가 포함된 **문자열(object)** 이므로, 분석을 위해 숫자로 변환해야 할 수도 있음.

필요하면 데이터 변환 및 추가 분석을 도와드릴 수 있습니다! 😊 [>_]

그림 11.8 분석보기 버튼 클릭

분석 보기 버튼을 클릭하면 그림 11.9와 같이 파이썬을 활용한 데이터 분석 결과를 확인할 수 있습니다.

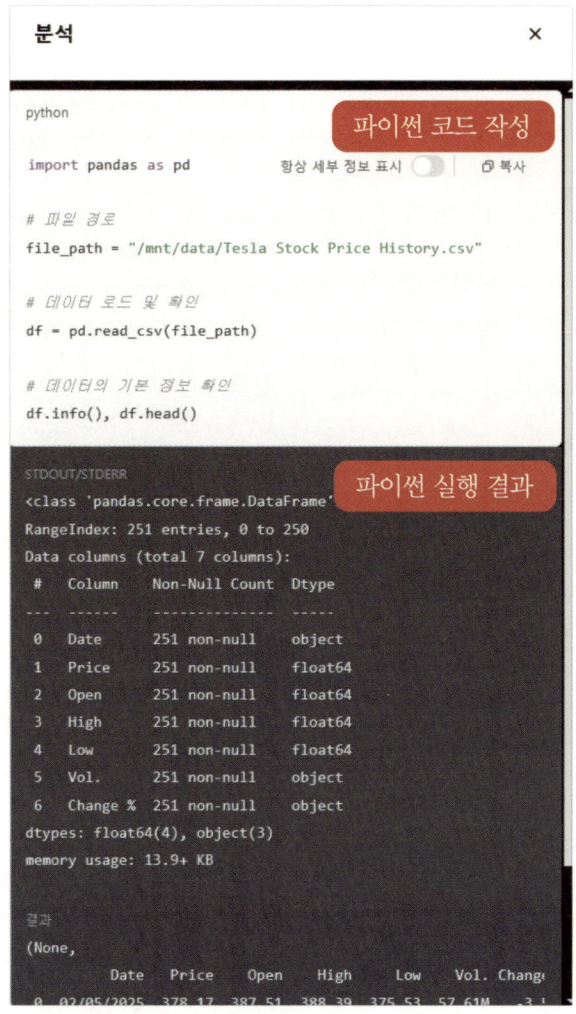

그림 11.9 분석 보기 버튼을 클릭했을 때의 화면

위쪽에 있는 파이썬(python) 창은 ChatGPT가 파이썬의 pandas 패키지를 활용해 업로드한 파일을 불러오는 코드를 자동으로 작성한 모습이고, 아래에 있는 RESULT 창은 해당 코드의 실행 결과가 출력된 화면입니다. 이처럼 ChatGPT의 데이터 분석 기능을 활용하면 사용자가 질문을 입력했을 때 다음과 같은 과정이 자동으로 이뤄집니다.

1. 질문의 의도를 파악하고, 이에 맞게 코드 작성
2. 작성한 코드를 실행하고, 실행 결과 확인
3. 실행 결과를 바탕으로 최종 답변 제공

이 과정에서 사용자가 파이썬의 pandas 패키지에 대한 사전 지식이 없어도, ChatGPT가 알아서 데이터를 불러오고 분석해 줍니다.

이번에는 실습 파일의 기간 동안 주가 추이를 파악하기 위해 다음과 같이 질문해 보겠습니다.

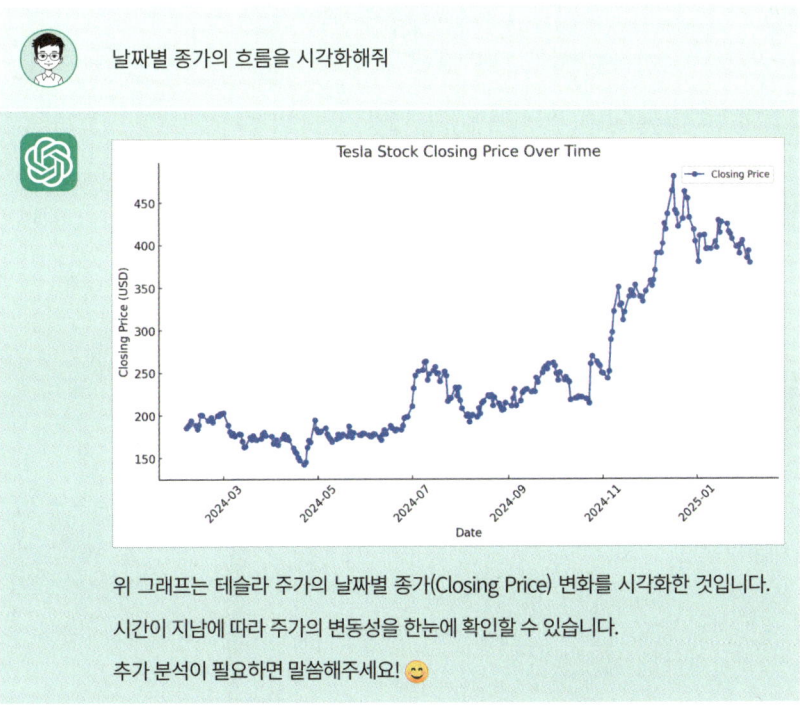

ChatGPT가 직접 그래프를 생성하여 화면에 출력했습니다. 이제, 답변 맨 뒤에 있는 [>_] 버튼을 클릭해 어떻게 코드를 작성했는지 확인해 보겠습니다.

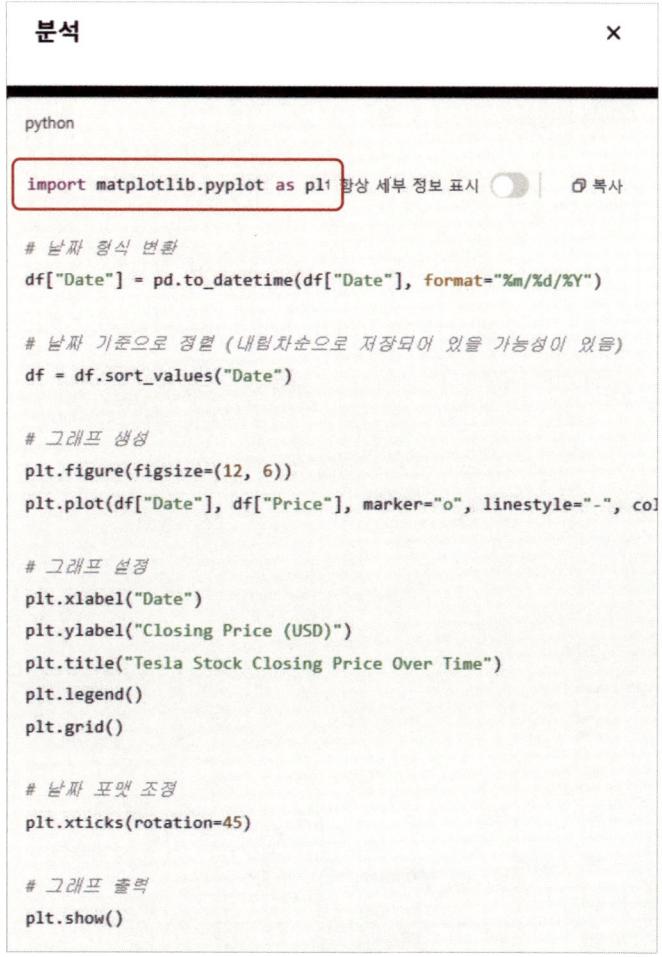

그림 11.10 날짜별 종가 흐름의 시각화 코드

ChatGPT는 시각화를 위해 파이썬의 대표적인 시각화 패키지인 matplotlib을 활용했습니다. 사용자의 요청에 맞는 시각화 패키지를 자동으로 선정하고, 적절한 데이터를 선택하여 그래프를 생성하는 과정을 완벽하게 수행했습니다. ChatGPT가 코드를 작성하고 결과를 출력하는 방식을 확인했으므로, 이후 실습에서는 코드 내용은 따로 살펴보지 않고, 질문과 결과 위주로 설명하겠습니다.

다음으로, 주식 차트 분석에서 가장 많이 사용되는 캔들차트를 시각화해 보겠습니다.

 첨부한 주식 데이터를 캔들차트로 시각화해줘

 mplfinance 모듈이 없어서 matplotlib 기반 캔들차트도 그릴 수 없습니다. 다른 방법으로 시도하거나, 로컬 환경에서 mplfinance를 설치(pip install mplfinance) 한 후 실행하는 것을 추천드립니다.

혹은 CSV 파일을 가공하여 제공해 드릴 수도 있으니, 원하는 방식이 있으면 알려주세요! 😊

안타깝게도 파이썬에서 캔들차트 시각화에 가장 많이 사용되는 mplfinance 모듈이 Advanced Data Analysis 환경에 기본적으로 설치된 약 300개의 패키지에 포함되어 있지 않아, 캔들차트를 생성할 수 없다는 답변이 출력됐습니다. 또한, 답변을 보면 'Error analyzing'과 함께 에러가 발생한 모습을 볼 수 있습니다.

```
분석                                          ✕

python
import mplfinance as mpf        항상 세부 정보 표시  ⬤      복사

# 거래량 데이터 변환 (문자열 -> 숫자)
df["Vol."] = df["Vol."].str.replace("M", "e6").str.replace("B",

# Candlestick 차트를 위한 데이터 준비
df_candlestick = df.set_index("Date")[["Open", "High", "Low", "P
df_candlestick = df_candlestick.rename(columns={"Price": "Close"

# 캔들차트 시각화
mpf.plot(
    df_candlestick,
    type="candle",
    style="charles",
    volume=True,
    title="Tesla Stock Price Candlestick Chart",
    ylabel="Price (USD)",
    ylabel_lower="Volume",
    figsize=(12, 6),
)

---------------------------------------------------
ModuleNotFoundError                   Traceback (most recent call last)
Cell In[3], line 1
----> 1 import mplfinance as mpf
      3 # 거래량 데이터 변환 (문자열 -> 숫자)
      4 df["Vol."] = df["Vol."].str.replace("M", "e6").str.replace("B", "e9

ModuleNotFoundError: No module named 'mplfinance'
```

그림 11.11 mplfinance 모듈이 없어 에러가 발생하는 모습

하지만 아직 포기하긴 이릅니다. ChatGPT의 능력을 믿고, 다른 방법으로 캔들차트를 그려달라고 요청해 보겠습니다.

matplotlib의 기본 기능을 활용해서 캔들차트를 그려줘

 matplotlib의 기본 기능을 활용하여 캔들차트를 그려보겠습니다. matplotlib만 사용하여 캔들차트를 그리려면 막대그래프를 응용해야 합니다. 잠시만 기다려 주세요.

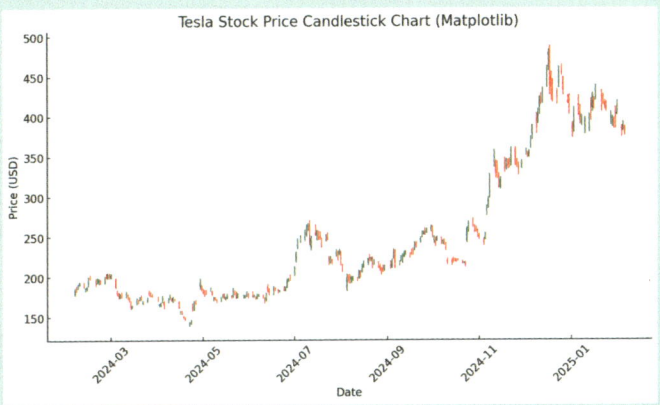

위 그래프는 matplotlib의 기본 기능을 활용하여 그린 캔들차트입니다.

- **초록색(양봉)**: 종가(Price)가 시가(Open)보다 높을 때
- **빨간색(음봉)**: 종가(Price)가 시가(Open)보다 낮을 때
- 위아래 선은 해당 날짜의 최고가(High)와 최저가(Low)를 나타냅니다.

추가적인 수정이나 분석이 필요하면 말씀해주세요! 😊

이번에는 맷플롯립(Matplotlib)의 기본 기능만을 활용해 캔들차트를 시각화했습니다.

> 참 고

"사용 가능한 라이브러리를 활용해 캔들차트를 그려줘."라고 요청할 수도 있지만, "matplotlib을 활용해 캔들차트를 그려줘."처럼 특정 라이브러리를 활용하도록 명확하게 지시할 수도 있습니다. ChatGPT 환경에 설치된 파이썬 패키지를 알고 있으면, 조금 더 다양한 분야에서 유연하게 활용할 수 있습니다.

이제부터 본격적으로 분석을 요청해 보겠습니다. 우선 주식 데이터 분석에 대한 배경 지식이 없다는 가정하에 질문해 보겠습니다.

이 데이터를 활용하여 어떤 주가 분석을 할 수 있어?

주가 데이터를 분석하는 방법은 매우 다양합니다. 다음은 이 데이터를 활용하여 수행할 수 있는 몇 가지 주요 주가 분석 방법입니다:

1. 트렌드 분석: 주가 데이터를 시간에 따라 시각화하면 장기적인 가격 트렌드를 식별하는 데 도움이 됩니다. 이는 캔들차트나 선 차트를 사용하여 실시할 수 있습니다. 또한, 이동 평균과 같은 기법을 사용하여 트렌드를 더 명확하게 확인할 수 있습니다.

2. 볼린저 밴드: 볼린저 밴드는 주가의 변동성을 측정하는 데 사용되는 기술 분석 도구입니다. 이는 주가의 이동 평균 주위에 표준 편차를 기반으로 하는 밴드를 그려 시장의 상대적인 고점과 저점을 식별하는 데 도움이 됩니다.

3. 거래량 분석: 거래량은 주식 시장의 활동 수준을 나타내며, 가격 움직임에 대한 중요한 통찰력을 제공합니다. 가격 변동과 거래량을 함께 분석하면, 시장 트렌드의 강도를 이해하는 데 도움이 될 수 있습니다.

4. 기술적 지표: 많은 투자자들이 RSI(Relative Strength Index), MACD(MovingAverage Convergence Divergence), 스토캐스틱 오실레이터 등과 같은 기술적 지표를 사용하여 시장의 모멘텀을 평가합니다. 이러한 지표는 가격과 거래량 데이터를 기반으로 계산되며, 매수 또는 매도 시그널을 제공할 수 있습니다.

5. 시계열 분석: ARIMA(Autoregressive Integrated Moving Average)와 같은 시계열 모델은 주가의 변동 패턴을 분석하고 미래의 가격을 예측하는 데 사용될 수 있습니다.

6. 머신 러닝: 최근에는 다양한 머신 러닝 기법들이 주가 예측에 사용되고 있습니다. 이는 회귀, 분류, 클러스터링, 강화 학습 등 다양한 접근법을 포함하며, 종종 여러 지표와 외부 데이터(예: 경제 지표, 뉴스 텍스트 등)를 함께 사용합니다.

이러한 분석을 실시할 때는 항상 주의해야 합니다. 주가 분석은 복잡하며, 미래의 주가를 정확하게 예측하는 것은 불가능하다고 널리 인정되고 있습니다. 분석 결과는 항상 신중하게 해석하고, 다양한 소스의 정보를 통합하여 결정을 내리는 것이 중요합니다.

다양한 주가 데이터 분석 방법을 추천해 주었습니다. 그중에서 볼린저 밴드 분석, 기술적 지표의 RSI, 미래 가격 예측이 가능한 ARIMA 분석을 차례로 요청해 보겠습니다. 먼저 볼린저 밴드 분석을 요청합니다.

볼린저 밴드 분석을 해줘

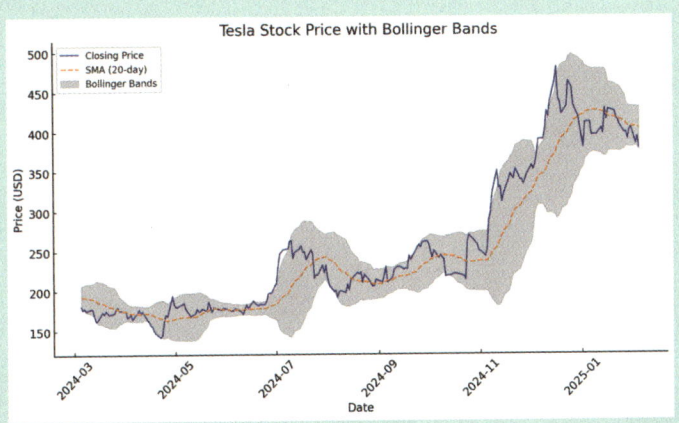

볼린저 밴드 그래프가 성공적으로 생성되었습니다! 🎉
이제 테슬라 주식의 종가 흐름과 함께 이동 평균선(SMA) 및 상·하단 볼린저 밴드를 시각적으로 확인할 수 있습니다.
추가적인 분석이 필요하면 언제든지 말씀해주세요! 😊

이 지표를 어떤 식으로 분석해?

📈 **볼린저 밴드(Bollinger Bands) 분석 방법**
볼린저 밴드는 가격 변동성을 측정하고 과매수(overbought) 또는 과매도 (oversold) 상태를 판단하는 데 유용한 지표입니다.

1. 볼린저 밴드 구성 요소

- 중앙선 (SMA, 20일 이동 평균)
  - 주가의 평균적인 흐름을 나타냄.

- 장기적인 추세 파악에 도움을 줌.
- 상단 밴드 (Upper Band)
  - 이동 평균 + (표준편차 × 2)
  - 가격이 이 선을 돌파하면 **과매수** 상태일 가능성이 높음.
- 하단 밴드 (Lower Band)
  - 이동 평균 - (표준편차 × 2)
  - 가격이 이 선을 돌파하면 **과매도** 상태일 가능성이 높음.

🔍 볼린저 밴드 해석 및 매매 전략

① 밴드 돌파 후 되돌림 (반전 신호)
- 가격이 상단 밴드 돌파 후 다시 내려오면 매도 신호
- 가격이 하단 밴드 돌파 후 다시 올라오면 매수 신호
  → 과매수·과매도 신호를 이용한 반전 매매 전략

② 밴드 수축 (볼린저 밴드 스퀴즈, Bollinger Band Squeeze)
- 상·하단 밴드가 좁아지면 변동성이 축소됨.
- 변동성이 낮아진 후, 강한 상승 또는 하락이 발생할 가능성이 높음.
  → 추세 시작 전에 포지션을 준비하는 전략

③ 밴드 확장 후 지속 (트렌드 추종 전략)
- 가격이 상단 밴드를 돌파한 후 지속 상승하면 강한 상승 트렌드
- 가격이 하단 밴드를 돌파한 후 지속 하락하면 강한 하락 트렌드
  → 추세가 형성되었을 때 추세 방향으로 매매

✅ 실전 적용 예시
- 📉 가격이 하단 밴드를 이탈 후 다시 올라오면? → 매수 진입 가능! (과매도 상태)
- 📈 가격이 상단 밴드를 강하게 돌파하고 유지되면? → 추세 지속 가능! (추세 매매)
- ⏳ 밴드가 수축할 때? → 큰 움직임이 나올 가능성 있음! (추세 돌파를 기다리기)

📌 **한계점 및 주의사항**
- 볼린저 밴드만으로 매매 결정을 내리는 것은 위험함.
- 다른 지표(RSI, MACD 등)와 함께 사용하면 신뢰도가 올라감.
- 횡보장에서 과매수·과매도 신호가 무시될 수 있음.

다음으로 RSI 분석을 요청해 보겠습니다.

RSI 분석을 진행해줘

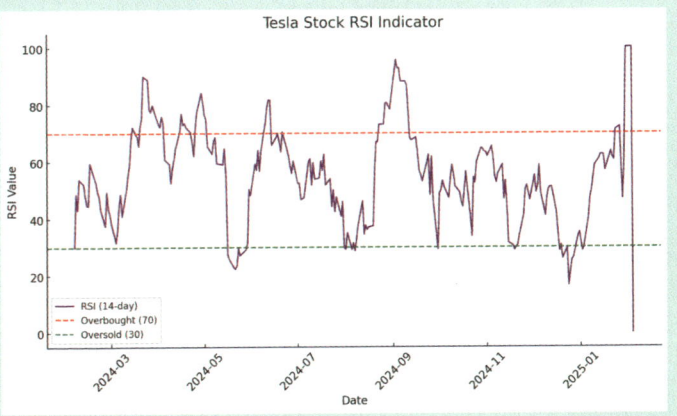

✅ **RSI(Relative Strength Index) 분석 결과**
RSI는 주가의 강도를 측정하는 모멘텀 지표로, 0~100 사이의 값으로 나타납니다.

📊 **RSI 분석 기준**
- **RSI > 70** → 과매수(overbought) 상태 → 조정(하락) 가능성 증가
- **RSI < 30** → 과매도(oversold) 상태 → 반등(상승) 가능성 증가

🧐 **현재 그래프 해석**
- RSI가 70을 초과하면 단기적으로 가격이 너무 많이 올랐을 가능성이 높음 → 매도 신호 가능성
- RSI가 30 미만이면 가격이 과도하게 하락했을 가능성이 있음 → 매수 신호 가능성

> ⚠️ 주의할 점
> - 강한 상승장에서는 RSI가 70을 초과해도 계속 상승할 수 있음.
> - 강한 하락장에서는 RSI가 30 아래에서도 더 하락할 수 있음.
> - 다른 지표(볼린저 밴드, MACD 등)와 함께 분석하면 더 신뢰도 높은 결과를 얻을 수 있음.
>
> 📌 추가 분석이 필요하시면 말씀해주세요! 😊

시각화 결과와 분석 결과 내용을 보면 실제로 RSI가 30 아래로 내려간 이후 반등하고, 70 이상으로 올라간 후 조정을 받는 경향을 확인할 수 있습니다.

마지막으로 ARIMA 모델을 활용해 미래 주가를 예측해 보겠습니다.

ARIMA를 활용해서 미래 주가를 예측하고 현재 주가에 이어서 lineplot을 그려줘. 현재 주가는 검은색, 미래 주가는 빨간색으로 그려줘

ARIMA 모델을 활용하여 미래 주가를 예측하고, 현재 주가와 함께 시각화하겠습니다.

1️⃣ 데이터 준비 및 차분 검토
2️⃣ 최적의 ARIMA 모델 선택
3️⃣ 미래 주가 예측
4️⃣ 시각화 (현재 주가는 검은색, 예측된 미래 주가는 빨간색)

바로 진행하겠습니다! ⏳📈

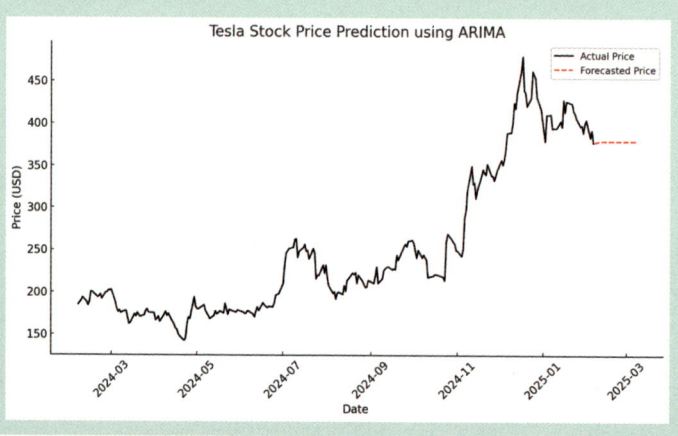

> ✅ **ARIMA 기반 미래 주가 예측 결과**
> 검은색: 실제 주가 (과거 데이터)
> 빨간색: 예측된 미래 주가 (향후 30일)
>
> 📊 **예측 해석**
> ARIMA 모델이 과거 주가의 패턴을 학습하여 **단기적인 미래 주가 흐름을 예측**
> 시계열 데이터 특성을 반영하여 미래 가격이 변화하는 모습을 보여줌
>
> ⚠️ **주의할 점**
> ARIMA는 과거 패턴을 기반으로 예측하므로 **突발적인 이벤트(뉴스, 경제 위기 등)**에 취약할 수 있음
> 장기 예측보다는 단기 예측에 적합
> 다른 모델(LSTM, Prophet 등)과 비교하면 더욱 신뢰도 높은 분석 가능

시각화 결과를 보면, 빨간색 선이 마지막 종가 기준으로 평평하게 예측했습니다. 이는 주어진 데이터만으로는 정확한 시계열 데이터 예측이 어려운 것으로 판단됩니다. 또한, 시계열 데이터 예측에 뛰어난 성능을 보이는 딥러닝 모델들은 ChatGPT의 기본 데이터 분석 환경에 내장돼 있지 않아 사용할 수 없습니다.

지금까지 ChatGPT를 활용해 주식 데이터를 분석하는 방법을 살펴봤습니다. 주식에 대한 전문적인 지식이나 코딩 능력 없이도, 자연어만으로 정확성과 신뢰성을 검증하고 다양한 기술적 분석을 수행하고 결과를 해석할 수 있었습니다. 하지만 주가 분석은 복잡하며, 미래의 주가를 정확하게 예측하는 것은 불가능합니다. 따라서 분석 결과는 항상 신중하게 해석하고, 다양한 소스의 정보를 통합하여 투자 결정을 내리는 것을 권장합니다.

부동산 데이터 분석

이번에는 부동산 데이터를 분석해 보겠습니다. 부동산 데이터 분석을 통해 시장의 흐름과 트렌드를 파악할 수 있습니다. 주택 가격의 상승 또는 하락 추세, 지역별 가격 변동 등 시장 동향을 파악하여 투자 결정에 도움을 줄 수 있습니다.

이 책에서는 지난 1년간의 서울시 아파트 매매 데이터를 활용하겠습니다. 실습에 사용할 데이터를 받기 위해 국토교통부 실거래가 공개 시스템 사이트에 접속합니다.

- 국토교통부 실거래가 공개 시스템: http://rtdown.molit.go.kr/

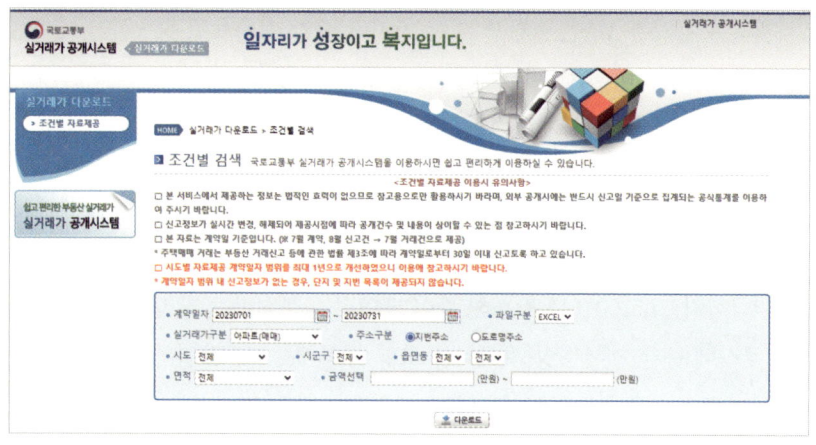

그림 11.12 국토교통부 실거래가 공개 시스템

한 번에 최대 1년 치의 데이터를 내려받을 수 있습니다. 이 책에서는 계약일자를 2022.07.31~2023.07.31로 선택하고 시도를 서울특별시로 선택했습니다. 조건을 모두 설정했으면 [다운로드] 버튼을 클릭해 데이터를 내려받습니다.

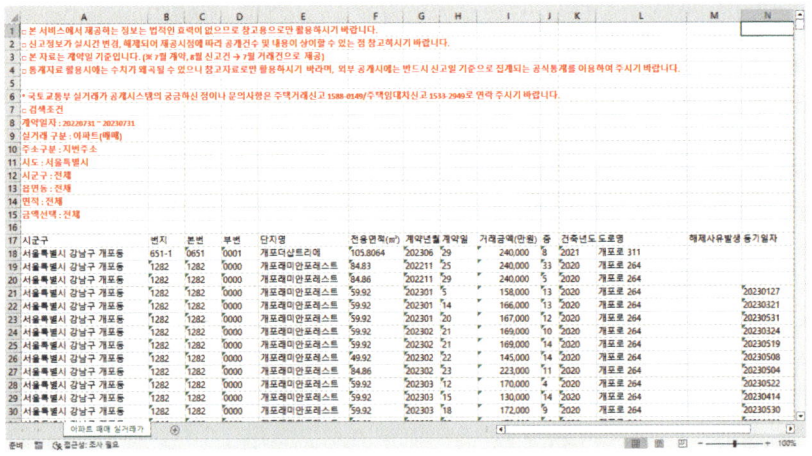

그림 11.13 서울특별시 아파트 실거래가 파일

    그림 11.13은 앞서 내려받은 파일을 엑셀로 열었을 때의 모습으로, 서울시의 지난 1년 간의 아파트 매매 데이터 파일입니다. 앞선 실습과는 다르게 엑셀 파일 앞부분에 빨간 글씨로 파일에 대한 설명이 있습니다. 즉, 데이터가 정제되지 않은 비정형 데이터이기 때문에 행과 열 데이터를 일괄적으로 불러오기에는 어려워 보입니다. 보통 이런 데이터를 활용하여 데이터 분석을 실시할 때는 분석하기 전에 불필요한 비정형 데이터를 필터링한 후 파이썬을 활용하여 분석을 실시합니다. 우선 파일을 수정하지 않고 바로 ChatGPT에 업로드하여 분석을 요청해 보겠습니다.

  아파트(매매)실거래가_20230801103006.xlsx

파일의 내용에 대해 분석해 줘.

 먼저 제공된 파일의 내용을 살펴보도록 하겠습니다.

제공된 엑셀 파일의 상단에는 주요 정보에 대한 설명이 있습니다. 그러나 실제 데이터는 이 다음에 위치할 가능성이 높습니다. 이에 따라 파일의 다른 부분을 확인하겠습니다. 이를 위해 파일의 첫 10줄을 출력해 보겠습니다.

PART 11 _ ChatGPT에 날개를 달다: 파일 업로드 기능 활용하기   **247**

실제 데이터는 아직 나타나지 않았습니다. 파일의 상단 부분은 주로 데이터의 배경 정보와 검색 조건에 대한 설명으로 채워져 있는 것 같습니다. 이제 파일의 더 아래 부분을 살펴보겠습니다. 20줄까지 출력해 보겠습니다.

파일의 15번째 행에 데이터의 열 이름이 포함되어 있습니다. 그리고 16번째 행부터 실제 데이터가 시작됩니다.

아래와 같은 열이 있습니다:

1. 시군구
2. 번지
3. 본번
4. 부번
5. 단지명
6. 전용면적(m²)
7. 계약년월
8. 계약일
9. 거래금액(만원)
10. 층
11. 건축년도
12. 도로명
13. 해제사유발생일
14. 등기일자

놀랍게도 Advanced Data Analysis가 앞에 정제되지 않은 데이터는 직접 필터링하고 유효한 데이터가 있는 부분을 찾아 파일에 대한 분석을 실시했습니다. 이 과정에서 몇 번의 코드 재작성과 데이터 분석 과정을 거치는 디버깅까지 자동으로 진행합니다.

가장 먼저 아파트 거래량 추이를 시각화해 보겠습니다.

아파트 거래량 추이를 그래프로 그려 줘.

위 그래프는 2022년 7월부터 2023년 7월까지의 아파트 거래량 추이를 보여줍니다. 거래량은 대체로 시간이 지남에 따라 증가하는 추세를 보이고 있습니다. 특히 2023년 초부터 거래량이 급격히 증가하였으며, 이후에도 계속해서 상승하였습니다. 그러나 2023년 7월에는 거래량이 감소한 것으로 보입니다. 이는 데이터가 7월 중순까지만 포함되어 있기 때문일 수 있습니다.

이 외에도 다른 종류의 분석이 필요하시다면 알려주세요.

거래량이 꾸준히 우상향하는 경향을 보이다가 23년 7월에 거래량이 갑자기 감소합니다. 이 부분에 대해서 7월 거래량 데이터는 아직 7월 중순까지만 반영이 되었기 때문이라는 원인 분석까지 진행해 주었습니다.

다음으로 구별 평균 거래금액을 요청해 보겠습니다. 이 부분은 사실 쉽지 않은 작업입니다. 그림 11.14와 같이 각 거래에 대한 구 정보가 별도의 열로 구분돼 있지 않기 때문에 시군구 열에서 구 정보만 따로 발췌하는 복잡한 추가 과정이 필요합니다.

17	시군구			번지	본번	부번	단지명
18	서울특별시	강남구	개포동	651-1	0651	0001	개포더샵트리에
19	서울특별시	강남구	개포동	1282	1282	0000	개포래미안포레스트
20	서울특별시	강남구	개포동	1282	1282	0000	개포래미안포레스트
21	서울특별시	강남구	개포동	1282	1282	0000	개포래미안포레스트
22	서울특별시	강남구	개포동	1282	1282	0000	개포래미안포레스트
23	서울특별시	강남구	개포동	1282	1282	0000	개포래미안포레스트
24	서울특별시	강남구	개포동	1282	1282	0000	개포래미안포레스트
25	서울특별시	강남구	개포동	1282	1282	0000	개포래미안포레스트

그림 11.14 부동산 데이터의 시군구 열 형태

우선 한번 요청해 보겠습니다.

구별 평균 거래 금액을 시각화해 줘.

구별 평균거래 금액을 계산하려면, 먼저 각 거래의 금액을 숫자 형식으로 변환해야 합니다. 현재 '거래금액(만원)' 열의 값은 쉼표가 포함된 문자열 형식으로 저장되어 있습니다.

또한 '시군구' 열에서 구 이름을 추출해야 합니다. 이 열의 값은 '서울특별시 강남구 개포동'과 같은 형식으로, 시 이름과 구 이름, 동 이름이 함께 있습니다.

이 두 가지 작업을 수행한 후, 각 구별 평균 거래 금액을 계산하겠습니다.

각 구별 평균 거래 금액을 계산하였습니다. 값은 만원 단위로 나타내어져 있습니다.

이제 이 정보를 시각화하여 각 구별 아파트 평균 거래 금액을 나타내는 막대 그래프를 그리겠습니다.

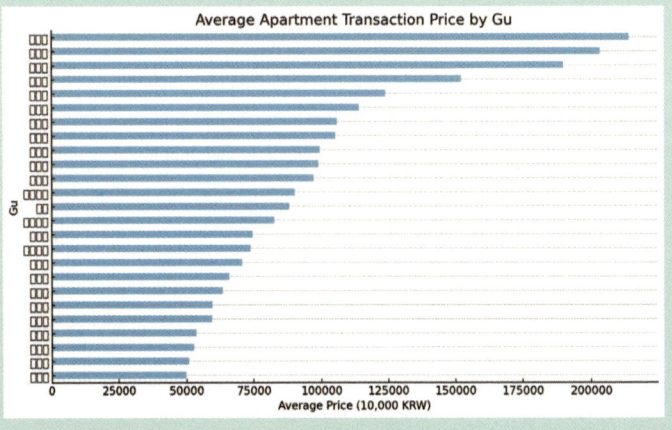

그래프는 서울의 각 구별로 평균 아파트 거래 금액을 나타냅니다. 각 구의 평균 거래 금액은 만원 단위로 표시되어 있습니다.

가장 높은 평균 거래 금액을 가진 구는 '강남구'와 '서초구'이며, 가장 낮은 평균 거래 금액을 가진 구는 '도봉구'와 '금천구'입니다.

앞서 언급한 시군구 열에서 구 정보를 발췌하는 작업을 먼저 실시하고 막대 그래프로 시각화를 진행했습니다. 그 결과 그래프에 구 라벨이 빈 박스로 표시됩니다. 현재 ChatGPT 데이터 분석 환경에 설치된 matplotlib 패키지 환경에서는 그래프 안에 한글 라벨링이 불가능합니다. 각 구의 명칭을 영어로 변경해 보겠습니다.

위 그래프에서 구 라벨을 영어로 변경해 줘. 이때 각 글자를 해당하는 로마자로 바꾸는 방식을 사용해 줘.

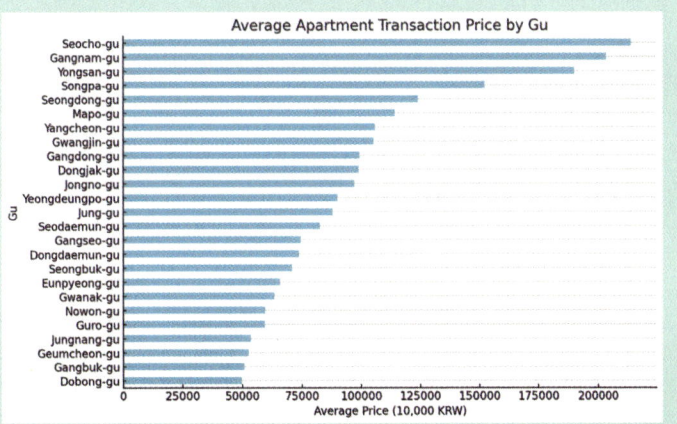

그래프는 서울의 각 구별로 평균 아파트 거래금액을 나타냅니다. 각 구의 이름은 이제 로마자로 표시되어 있습니다.

가장 높은 평균 거래 금액을 가진 구는 'Gangnam-gu'와 'Seocho-gu'이며, 가장 낮은 평균 거래 금액을 가진 구는 'Dobong-gu'와 'Geumcheon-gu'입니다.

이외에 다른 분석이 필요하시다면 알려주세요.

요청에 맞게 영어로 변경된 라벨을 추가해 줍니다. 그래프를 살펴보면 서초구의 평균 거래 금액이 가장 높았고 도봉구가 가장 작았습니다.

> **참고**
>
> 그래프 안에 한글 폰트를 적용하려면 ttf 형식의 한글 폰트 파일을 추가로 업로드하고, 다음과 같이 요청하면 한글 폰트로 시각화할 수 있습니다.
>
> "첨부 파일은 한글 폰트 파일이야. 해당 파일을 사용하여 그래프의 모든 라벨을 한글로 출력해 줘"

그래프가 아닌 표 형태로 시각화하고 싶다면 다음과 같이 표로 작성을 요청합니다.

 구별 평균 거래 금액을 한글을 사용하여 표로 작성해 줘.

 아래 표는 서울의 각 구별 아파트 평균 거래 금액을 나타냅니다. 값은 만원 단위로 나타내어져 있습니다.

구	평균 거래 금액(만원)
서초구	213864.426199
강남구	203129.370327
용산구	189765.974286
송파구	152065.661650
성동구	123915.425220
마포구	114106.657224
양천구	105829.933014
… 생략 …	

이번에는 평단가가 가장 높은 거래와 가장 낮은 거래를 찾아달라고 요청해 보겠습니다.

거래 내역 중 평단가가 가장 높은 거래와 가장 낮은 거래를 찾아 줘.

 '평단가'는 주로 '거래금액'을 '전용면적'으로 나눈 값으로 계산합니다. 따라서 가장 높은 평단가와 가장 낮은 평단가를 가진 거래를 찾기 위해서는 먼저 '평단가' 열을 생성해야 합니다.

또한 '전용면적(m^2)' 열과 '거래금액(만원)' 열의 데이터 타입을 확인하고, 필요한 경우 숫자로 변환해야 합니다.

먼저 이 두 열의 데이터 타입을 확인해 보겠습니다.

'전용면적(m^2)' 열은 현재 문자열(object) 형식입니다. '거래금액(만원)' 열은 이미 숫자(int64) 형식입니다.

'전용면적(m^2)' 열을 숫자 형식으로 변환한 후, '평단가' 열을 생성하겠습니다.

그런 다음 평단가가 가장 높은 거래와 가장 낮은 거래를 찾겠습니다.

평단가가 가장 높은 거래와 가장 낮은 거래는 다음과 같습니다:

1. 가장 높은 평단가 거래:

    - 위치: 서울특별시 강남구 개포동
    - 본번: 189
    - 부번: 0
    - 단지명: 개포주공 4단지
    - 전용면적: 41.99m^2
    - 계약년월: 2023년 1월
    - 거래금액: 3,700,000만원
    - 평단가: 8,811,62만원/m^2

2. 가장 낮은 평단가 거래:

    - 위치: 서울특별시 구로구 구로동
    - 본번: 796
    - 부번: 51
    - 단지명: (796-51)

- 전용면적: 59.96m²
- 계약년월: 2023년 4월
- 거래금액: 13,000만원
- 평단가: 216.81만원/m²

업로드한 파일에는 평단가 정보가 없기 때문에 따로 연산이 필요한 작업입니다. 직접 거래금액과 전용면적 데이터를 활용하여 평단가를 계산하고 평단가가 가장 높은 거래와 낮은 거래를 찾아주었습니다.

이번에는 서울시 지도 위에 구별 평균 거래 금액을 히트맵으로 표시하는 요청을 해 보겠습니다.

구별 평균 거래 금액을 서울시 지도 위에 히트맵으로 시각화해 줘.

죄송합니다. 현재 제가 제공할 수 있는 환경에서는 인터넷 접속이 불가능하므로, 지도 데이터를 가져오거나 지도를 시각화하는 작업이 불가능합니다.

하지만 대략적인 방법을 설명드리겠습니다. 서울시 지도 위에 평균 거래 금액을 히트맵으로 시각화하려면 다음과 같은 단계를 거쳐야 합니다:

1. 서울시의 각 구에 대한 지리적 경계 데이터를 가져옵니다. 이 데이터는 보통 GeoJSON 또는 SHP 파일 형식으로 제공됩니다. 이러한 데이터는 여러 공공 데이터 포털에서 구할 수 있습니다.
2. 이 경계 데이터를 사용하여 각 구를 표시하는 지도를 생성합니다. 이 작업은 보통 Geopandas 라이브러리를 사용하여 수행됩니다.
3. 각 구의 평균 거래 금액 데이터를 경계 데이터에 병합합니다. 이 작업도 Geopandas를 사용하여 수행할 수 있습니다.
4. 병합된 데이터를 사용하여 히트맵을 생성합니다. 이 작업은 Matplotlib 또는 Seaborn 라이브러리를 사용하여 수행할 수 있습니다.

> 이러한 작업을 수행하려면 Python에서 Geopandas, Matplotlib, Seaborn 등의 라이브러리가 설치되어 있어야 합니다. 또한 지리적 경계 데이터를 사용하기 위한 충분한 지식이 필요합니다.
>
> 이 외에 다른 분석이나 정보가 필요하시다면 알려주세요.

ChatGPT의 데이터 분석 환경에서는 인터넷 접속이 불가능하므로 지도 데이터를 가져올 수 없다고 합니다. 대신에 GeoJSON 파일 또는 SHP 파일을 활용하면 가능하다는 힌트를 주었습니다. 해당 파일을 직접 넣어주겠습니다.

지도 데이터는 이 책의 예제 파일에 포함돼 있습니다. 도서 앞쪽에 있는 <책 사용 설명서, XI쪽>를 참고하여 예제 파일을 내려받으면 11.ADVANCED_DATA_ANALYSIS 폴더에 대한민국지도 파일이 있습니다.

해당 파일은 zip 파일로, 압축을 해제하면 다양한 지도 정보 관련 파일이 포함된 모습을 볼 수 있습니다. 하지만 복잡한 파일 내용의 파악은 이제 더 이상 필요하지 않습니다. ChatGPT를 믿고 zip 파일을 바로 업로드하고, 서울시 지도 그래프의 시각화를 요청합니다.

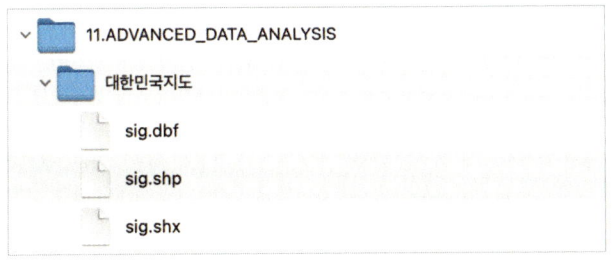

그림 11.15 서울시 지도 데이터 파일

LARD_ADM_SECT_SGG_서울.zip

첨부한 서울시 지도를 시각화해 줘.

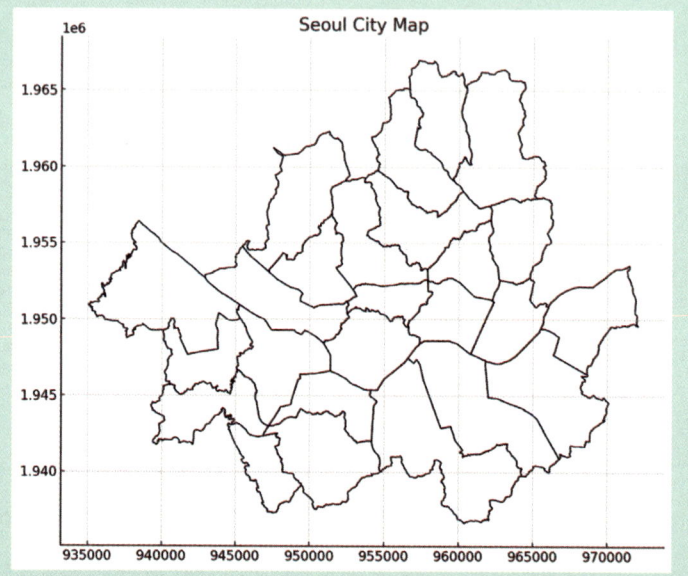

서울시의 지도를 시각화하였습니다.

이 지도는 서울시 내의 각 구를 나타내는 행정구역 경계를 기반으로 합니다.

더 궁금하신 점이나 추가로 원하시는 내용이 있으시면 알려주세요!

놀랍게도 ChatGPT가 직접 첨부 파일의 압축을 해제하고 해당 파일들의 정보를 융합하여 서울시 지도를 시각화했습니다. 이처럼 ChatGPT의 데이터 분석 환경은 인터넷 접속이 불가능하기 때문에 필요에 따라 추가 파일을 제공하고 분석을 진행해야 합니다.

이제 마지막으로 해당 지도 위에 구별 평균 거래 금액을 히트맵으로 표현해 보겠습니다.

 서울시 지도 위에 구별 평균 거래 금액을 히트맵으로 그려 줘.

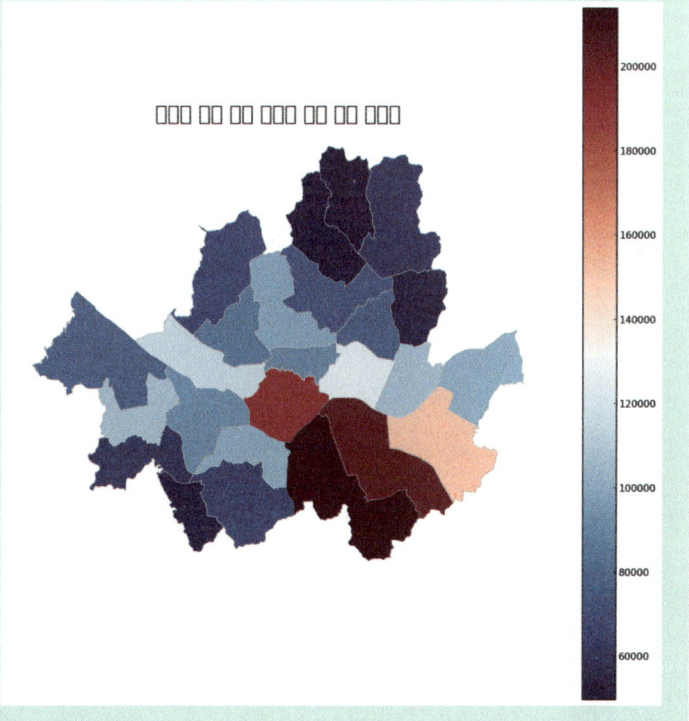

지금 보시는 그래프는 서울시 내 각 구별 아파트 평균 거래 금액을 히트맵으로 나타낸 것입니다. 붉은 색이 진할수록 거래 금액이 높은 구를 나타냅니다.

더 궁금하신 점이나 원하시는 내용이 있으시면 알려주세요!

그래프 제목이 한글로 돼 있어서 제대로 출력되지 않았으므로 제목을 영어로 수정해 보겠습니다.

제목을 영어로 바꿔 줘.

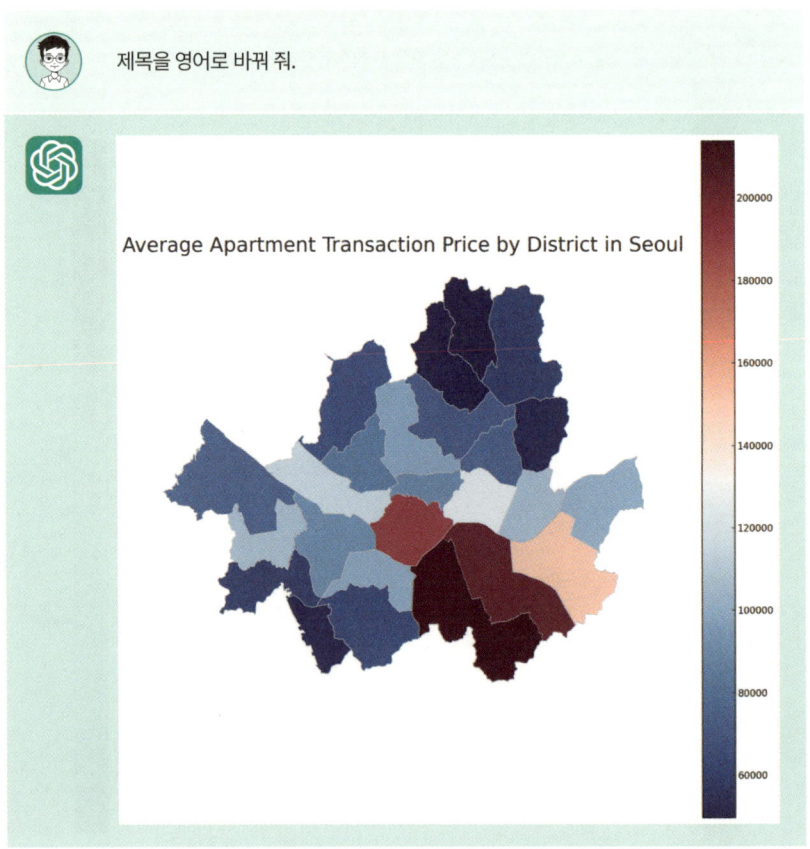

이번에는 각 구의 중심에 구 이름을 추가해 보겠습니다.

각 구의 중심에 구 이름을 영어로 라벨을 추가해 줘.

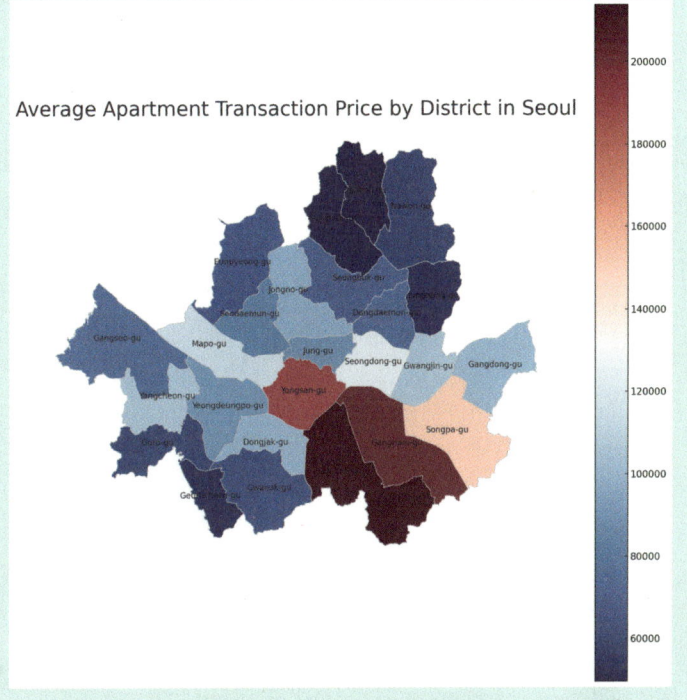

서울시 각 구의 중심점에 해당 구의 영어 이름으로 라벨을 추가하여 히트맵을 다시 그렸습니다.

더 궁금하신 점이나 추가로 원하시는 내용이 있으시면 알려주세요!

몇 번의 수정 과정을 통해 서울시 지도를 중심으로 평균 아파트 매매가를 한눈에 분석할 수 있도록 시각화했습니다. 역시 강남권의 매매 가격이 가장 비싼 것을 확인할 수 있습니다.

지금까지 부동산 데이터 분석을 진행하였습니다. 서울시 외에 다른 지역 또는 다른 기간을 설정하여 다양한 실습을 진행해 보기를 추천해 드립니다.

카카오톡 대화 분석

카카오톡은 한국에서 가장 인기 있는 채팅 애플리케이션입니다. 하루에도 몇백, 몇천 건의 채팅 데이터가 카카오톡 채팅방에 누적되고 있습니다. 이번에는 ChatGPT를 활용하여 카카오톡 대화 분석을 진행해 보겠습니다. 먼저 카카오톡 채팅방의 대화 기록을 내려받습니다. PC 카카오톡에 로그인한 다음 분석하고자 하는 채팅방을 열고 **[더 보기] → [대화 내용] → [대화 내보내기]** 버튼을 클릭하면 텍스트 파일 형식으로 대화 내용을 내려받을 수 있습니다.

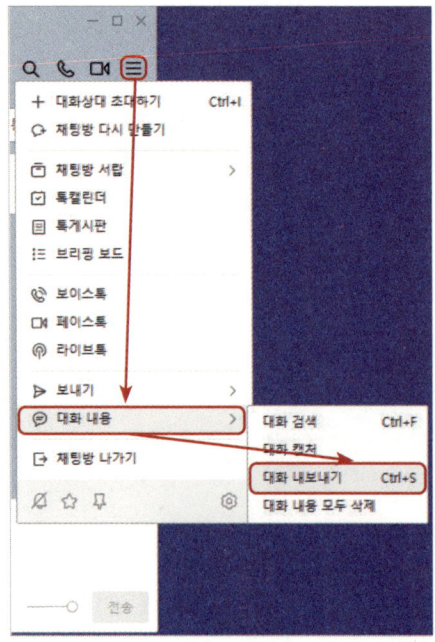

그림 11.16 카카오톡 대화방의 대화 기록 내려받기

그림 11.17은 방금 내려받은 카카오톡 대화 기록이 담긴 텍스트 파일입니다. 메시지를 전송한 시각과 메시지를 보낸 사람, 메시지 내용을 확인할 수 있습니다.

그림 11.17 카카오톡 대화 기록의 형태

이번 데이터 역시 잘 정제되어 있지 않은 형식으로 데이터 분석을 위해 이름, 시간, 내용을 따로 발췌해서 정리하려면 복잡한 과정이 필요합니다. 이번에도 별도의 데이터 전처리 과정 없이 바로 파일을 업로드하고 분석을 진행해 보겠습니다.

  KakaoTalk_Chat_2023-09-15-08-47-14.csv

업로드한 파일은 카카오톡 대화 기록이야.
이 파일에 대해 분석해 줘.

 먼저, 업로드하신 파일의 내용을 살펴보고 그에 대한 정보를 파악하겠습니다.

파일의 구조를 확인해 본 결과, 다음과 같은 정보가 포함되어 있습니다:

1. Date: 메시지가 전송된 날짜와 시간

2. User: 메시지를 보낸 사용자의 이름

3. Message: 메시지 내용

다음 분석 단계로 어떤 정보를 원하시나요? 예를 들어, 가장 많이 메시지를 보낸 사람, 특정 단어 또는 문구의 사용 빈도, 특정 시간대별 메시지수 등을 확인할 수 있습니다.

이번에도 정확하게 파일의 내용을 분석하고 메시지가 전송된 날짜와 시간, 메시지를 보낸 사용자의 이름 그리고 메시지 내용을 포함하고 있다고 알려줍니다.

다음으로 대화창에 참여한 사람의 채팅 비율을 시각화해 보겠습니다.

 대화방에 참여한 사람별 채팅 비율을 파이차트로 시각화해 줘.

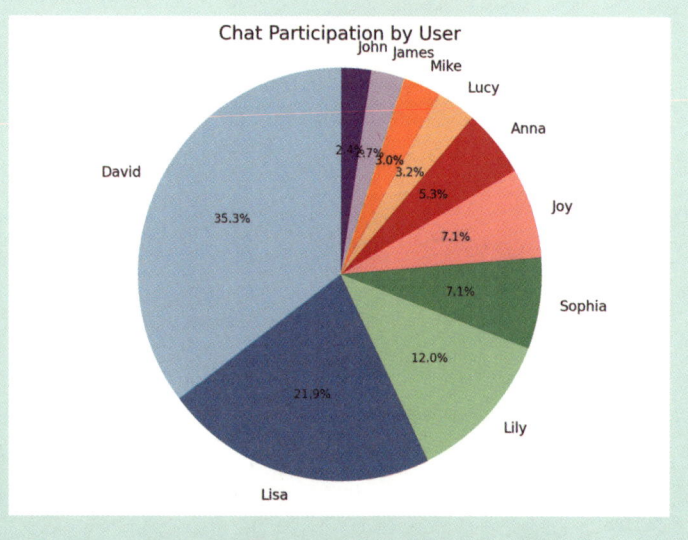

다음은 대화방에 참여한 사람들의 채팅 비율을 나타내는 파이 차트입니다.

각 참여자의 메시지 전송 비율을 쉽게 파악할 수 있습니다.

다른 분석이나 요청 사항이 있으시면 알려주세요!

각 참여자의 채팅 입력 횟수를 기반으로 파이 차트로 분석을 해 주었습니다. 만약 채팅 참가자의 이름이 한글로 돼 있어서 빈 상자로 표현된다면 앞서 살펴본 것처럼 "그래프의 모든 라벨을 영어로 변경해 줘"라고 요청하면 됩니다.

다음으로 채팅이 주로 일어나는 시간대를 확인해 보겠습니다.

 채팅이 일어나는 시간대를 분석해서 시각화해 줘.

 시간대별 채팅 분석을 진행하겠습니다.

다음은 시간대별로 채팅이 얼마나 이루어졌는지를 나타내는 그래프입니다.

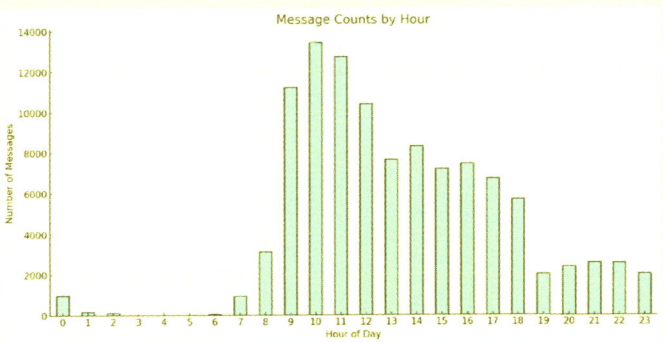

위의 바 차트는 각 시간대별로 보낸 메시지의 수를 나타냅니다.

분석 결과를 통해 다음과 같은 통찰을 얻을 수 있습니다.

- 10시부터 18시 사이에 채팅 활동이 가장 활발하게 이루어졌습니다. 오전 10시부터는 대부분의 사람들이 일과를 시작하기 때문에, 채팅 활동도 점차 활발해지는 것으로 보입니다.

- 14시와 15시 사이에 채팅이 집중된 이유는 점심시간 후의 휴식 시간이나 회의, 업무 상의 대화가 집중될 수 있기 때문일 것입니다.

- 새벽 시간대(0시~6시)와 저녁 이후(19시 이후)에 채팅 활동이 상대적으로 적은데, 이는 대부분의 사람들이 잠을 자고 있거나, 퇴근 후 개인의 시간을 보내고 있어 활동이 적기 때문으로 추측됩니다.

이는 대화 참여자들이 주로 근무 시간과 저녁 시간에 활동하는 경향이 있음을 나타냅니다.

채팅이 주로 일어나는 시간대를 막대 그래프로 시각화하고 분석까지 진행했습니다. 특히 분석 결과를 보면 "근무시간과 저녁시간"에 주로 활동한다고 언급했는데, 실제로 실습에 활용한 대화방은 저자의 회사 동기 대화방으로 주로 출근 시간대와 퇴근 시간대에 채팅이 몰리고 있습니다.

비슷한 방법으로 요일별 채팅 빈도수 또한 비교할 수 있습니다.

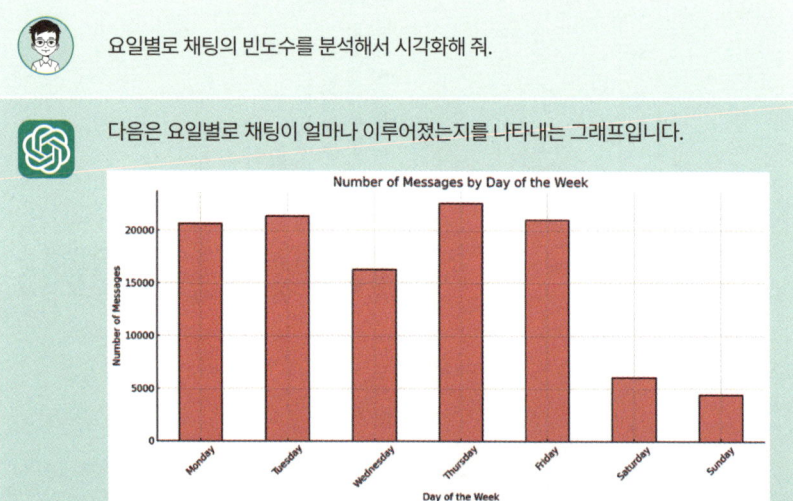

다음으로 해당 채팅방에서 가장 많이 등장하는 단어를 찾아보겠습니다.

 채팅방에서 가장 많이 등장하는 단어 10개를 표로 정리해 줘.

 죄송합니다. 현재 환경에서는 한국어 텍스트를 처리하는 데 필요한 'konlpy' 라이브러리를 사용할 수 없습니다. 따라서 한국어 단어를 토큰화하는 작업을 수행할 수 없습니다.

다른 분석을 요청하시거나 다른 질문이 있으시면 알려주세요.

한국어 분석에 주로 사용되는 konlpy 패키지가 따로 설치돼 있지 않으므로 공백을 기준으로 단어를 나눠 보겠습니다.

 konlpy 라이브러리를 사용하지 말고 공백을 기준으로 단어를 분리해서 가장 많이 등장하는 단어 10개를 찾아 줘.

 채팅방에서 가장 많이 등장하는 단어 10개는 다음과 같습니다:

단어	등장 횟수
사진	4009
아	2389
ㅋㅋ	2375
이모티콘	2240
ㅋㅋㅋ	2017
너무	1885
다	1709
ㅋㅋㅋㅋㅋ	1708
ㅋㅋㅋㅋ	1687
진	1594

참고로, 이 분석은 공백을 기준으로 텍스트를 분리하여 단어를 추출했습니다. 따라서 'ㅋㅋ', 'ㅋㅋㅋ', 'ㅋㅋㅋㅋ', 'ㅋㅋㅋㅋㅋ' 등의 단어가 다른 단어로 간주되었습니다.

'사진'이라는 단어는 사진 파일을 채팅방에 올렸을 때 대화 기록에 저장되는 텍스트입니다. 즉, 사진의 업로드 횟수가 4,009회인 것을 알 수 있습니다. 대부분 의미를 갖는 단어는 찾아보기 어렵습니다. 조금 더 정교한 분석을 하려면 Advanced Data Analysis 환경 말고 별도의 환경에서 konlpy 패키지를 활용하여 분석을 진행하는 것을 추천해 드립니다.

이번에는 ChatGPT와 같이 문장의 문맥을 파악하고 분위기까지 판단이 가능한지 확인하기 위해 채팅방에서 긍정적인 대화를 가장 많이 한 사람이 누구인지 질문해 보겠습니다.

채팅방에서 긍정적인 대화를 가장 많이 하는 사람은?

 긍정적인 대화를 가장 많이 하는 사람을 파악하기 위해서는 먼저 긍정적인 단어나 구문을 정의해야 합니다. 그 후, 각 사용자의 메시지에서 해당 단어나 구문의 빈도를 계산하겠습니다.

일반적인 긍정 단어 리스트를 사용하여 분석을 진행하겠습니다. 예를 들어 "좋아", "행복", "기쁘다", "재미있다" 등의 긍정 단어를 기준으로 분석하겠습니다.

먼저, 이러한 긍정 단어 리스트를 정의하고 분석을 시작하겠습니다.

채팅방에서 긍정적인 대화를 가장 많이 한 사람은 "David"이며, 그가 사용한 긍정적인 단어의 빈도는 총 800회입니다.

이 분석은 제가 정의한 간단한 긍정 단어 리스트를 바탕으로 한 것이므로, 실제 대화 내용과는 차이가 있을 수 있습니다. 보다 정확한 분석을 원하시면, 더욱 세부적인 단어 리스트나 감정 분석 도구를 사용하는 것이 좋습니다.

문맥 자체를 이해하기 위한 패키지 설치는 되어있지 않지만, 자체적으로 긍정의 의미를 내포하는 단어의 목록을 작성하고 해당 단어가 등장하는 채팅을 구사한 횟수를 카운팅하여 결과를 보여주었습니다.

지금까지 카카오톡 대화 기록을 활용한 다양한 분석을 해 보았습니다. 이 외에도 URL 공유 횟수, 사진 공유 횟수 등 다양한 대화 내용 분석이 가능할 것으로 보입니다.

진짜
챗GPT
활용법

Part 12

ChatGPT API
맛보기

API 요금 정책
API 실습

이번 장에서는 ChatGPT API 사용법에 대해 알아봅니다. OpenAI에서 2023년 3월 1일부터 ChatGPT에 탑재된 gpt-3.5-turbo 모델의 API 서비스를 시작했습니다. API(Application Programming Interface)란 별도의 코드를 활용해 ChatGPT 플랫폼을 사용하는 것을 의미합니다. ChatGPT API를 활용하면 홈페이지에 접속하지 않고도 본인만의 자동화 코드에서 ChatGPT 서버에 프롬프트를 입력하고 결과를 받을 수 있습니다. 즉, API 사용법을 익히면 간단하게 수백, 수천 가지의 프롬프트 입력 및 결과 생성이 가능하며, 나아가 본인만의 애플리케이션 안에 ChatGPT를 탑재할 수 있습니다. 이처럼 API의 활용법은 무궁무진하며, 이번 절에서는 기본적인 실습만 진행하도록 하겠습니다.

MODELS	DESCRIPTION
GPT-3.5	A set of models that improve on GPT-3 and can understand as well as generate natural language or code
DALL·E	A model that can generate and edit images given a natural language prompt
Whisper	A model that can convert audio into text
Embeddings	A set of models that can convert text into a numerical form
Codex Limited beta	A set of models that can understand and generate code, including translating natural language to code
Moderation	A fine-tuned model that can detect whether text may be sensitive or unsafe
GPT-3	A set of models that can understand and generate natural language

그림 12.1 OpenAI에서 API를 지원하는 모델

API 요금 정책

이번 장에서는 ChatGPT API 사용법에 대해 알아보겠습니다. OpenAI는 2023년 3월 1일부터 ChatGPT API 서비스를 시작했습니다. API(Application Programming Interface)란 별도의 코드를 활용해 ChatGPT 플랫폼을 사용하는 것을 의미합니다. ChatGPT API를 활용하면 홈페이지에 직접 접속하지 않고도, 본인만의 자동화 코드에서 ChatGPT 서버에 프롬프트를 입력하고 결과를 받아볼 수 있습니다. 즉, API 사용법을 익히면 수백, 수천 개의 프롬프트를 손쉽게 입력하고 결과를 생성할 수 있으며, 나아가 자신만의 애플리케이션에 ChatGPT 기능을 탑재할 수도 있습니다.

이처럼 API의 활용 가능성은 매우 넓으며, 이번 절에서는 그중 기본적인 실습만 다룰 예정입니다. 현재 ChatGPT API로 사용할 수 있는 모델은 여러 가지가 있으며, 각 모델의 요금 정책은 아래 웹사이트에서 확인할 수 있습니다.

- OpenAI API 요금 정책: https://openai.com/api/pricing/

GPT models for everyday tasks

GPT-4.5	GPT-4o	GPT-4o mini
Largest GPT model designed for creative tasks and agentic planning, currently available in a research preview	128k context length	High-intelligence model for complex tasks	128k context length	Affordable small model for fast, everyday tasks	128k context length
Price	Price	Price
Input: $75.00 / 1M tokens	Input: $2.50 / 1M tokens	Input: $0.150 / 1M tokens
Cached input: $37.50 / 1M tokens	Cached input: $1.25 / 1M tokens	Cached input: $0.075 / 1M tokens
Output: $150.00 / 1M tokens	Output: $10.00 / 1M tokens	Output: $0.600 / 1M tokens

그림 12.2 API 요금 정책

이 책이 작성되는 시점 기준으로, 이번 실습에 사용되는 GPT-4o 모델의 가격은 입력 100만 토큰당 2.5달러, 출력 100만 토큰당 10달러입니다.

API 실습

이번 API 실습은 구글 코랩 환경에서 진행합니다. 구글 코랩의 사용법은 157쪽을 참고합니다. 실습을 위해 몇 가지 설정 과정을 먼저 진행합니다.

OpenAI 라이브러리 설치/API 키 입력

코랩에서 OpenAI ChatGPT API를 실습하려면 openai 라이브러리를 설치해야 합니다. 이 책과 같은 방법으로 실습하기 위해 이 책과 같은 방법으로 실습하기 위해 아래와 같이 설치합니다.

```
!pip install openai
```

이 과정은 OpenAI에서 제공하는 기능들을 코랩에 설치하는 과정입니다.

```
[1] !pip install openai
    Collecting openai
      Downloading openai-1.6.0-py3-none-any.whl (225 kB)
                                              225.4/225.4 kB 3.5 MB/s eta 0:00:00
    Requirement already satisfied: anyio<5,>=3.5.0 in /usr/local/lib/python3.10/dist-packages (from openai) (3.7.1)
    Requirement already satisfied: distro<2,>=1.7.0 in /usr/lib/python3/dist-packages (from openai) (1.7.0)
    Collecting httpx<1,>=0.23.0 (from openai)
      Downloading httpx-0.26.0-py3-none-any.whl (75 kB)
                                              75.9/75.9 kB 3.0 MB/s eta 0:00:00
    Requirement already satisfied: pydantic<3,>=1.9.0 in /usr/local/lib/python3.10/dist-packages (from openai) (1.10.13)
    Requirement already satisfied: sniffio in /usr/local/lib/python3.10/dist-packages (from openai) (1.3.0)
    Requirement already satisfied: tqdm>4 in /usr/local/lib/python3.10/dist-packages (from openai) (4.66.1)
    Collecting typing-extensions<5,>=4.7 (from openai)
      Downloading typing_extensions-4.9.0-py3-none-any.whl (32 kB)
    Requirement already satisfied: idna>=2.8 in /usr/local/lib/python3.10/dist-packages (from anyio<5,>=3.5.0->openai) (
    Requirement already satisfied: exceptiongroup in /usr/local/lib/python3.10/dist-packages (from anyio<5,>=3.5.0->open
    Requirement already satisfied: certifi in /usr/local/lib/python3.10/dist-packages (from httpx<1,>=0.23.0->openai) (2
    Collecting httpcore==1.* (from httpx<1,>=0.23.0->openai)
      Downloading httpcore-1.0.2-py3-none-any.whl (76 kB)
                                              76.9/76.9 kB 6.8 MB/s eta 0:00:00
    Collecting h11<0.15,>=0.13 (from httpcore==1.*->httpx<1,>=0.23.0->openai)
      Downloading h11-0.14.0-py3-none-any.whl (58 kB)
                                              58.3/58.3 kB 4.8 MB/s eta 0:00:00
    Installing collected packages: typing-extensions, h11, httpcore, httpx, openai
      Attempting uninstall: typing-extensions
        Found existing installation: typing-extensions 4.5.0
        Uninstalling typing-extensions-4.5.0:
          Successfully uninstalled typing-extensions-4.5.0
    ERROR: pip's dependency resolver does not currently take into account all the packages that are installed. This beha
    llmx 0.0.15a0 requires cohere, which is not installed.
    llmx 0.0.15a0 requires tiktoken, which is not installed.
    tensorflow-probability 0.22.0 requires typing-extensions<4.6.0, but you have typing-extensions 4.9.0 which is incomp
    Successfully installed h11-0.14.0 httpcore-1.0.2 httpx-0.26.0 openai-1.6.0 typing-extensions-4.9.0
```

그림 12.3 OpenAI 라이브러리 설치

그림 12.3의 마지막 부분과 같이 'Successfully installed openai'라는 문구를 확인했다면 `import openai`를 통해 라이브러리를 불러옵니다. 그 후 `client = openai.OpenAI()` 안의 `api_key`값에 101쪽 OpenAI API 키 발급하기에서 얻은 키 값을 입력합니다. 키 값은 쌍따옴표 안에 들어가야 합니다. 쌍따옴표를 지우지 않도록 주의하세요.

```
[2]  import openai

[6]  client = openai.OpenAI(api_key="여기에 API 키를 넣어주세요.")
```

예) client = openai.OpenAI(api_key="sk-MftOvzOqZRDmrNjDJ**NGuEYZHTEDQ")

그림 12.4 openAI 라이브러리 불러오기/ API 키 입력

기본 답변 얻기

본격적으로 ChatGPT API를 사용해봅시다. 사용하는 코드의 형식은 다음과 같습니다. model의 값으로 작성한 gpt-3.5-turbo은 OpenAI의 API를 사용할 때 실행되는 ChatGPT의 다른 이름입니다. ChatGPT를 사용하기 위해서는 모델의 값으로 gpt-3.5-turbo 값을 사용해야 합니다. ChatGPT에게 작성할 프롬프트는 content의 값으로 입력하며, 이때 큰따옴표(")로 앞뒤를 감싸야 합니다.

```
response = client.chat.completions.create(
    model="gpt-3.5-turbo",
    messages=[
        {"role": "user", "content": "<작성하고 싶은 프롬프트>"}
    ]
)
```

API를 활용해 ChatGPT에게 "2020년 월드시리즈에서 누가 우승했어?"라고 물어보겠습니다.

```
response = client.chat.completions.create(
    model="gpt-3.5-turbo",
    messages=[
        {"role": "user", "content": "2020년 월드시리즈에서는 누가 우승했어?"}
    ]
)
```

OpenAI의 공식 문서에 따르면 ChatGPT의 답변은 `response.choices[0].message.content`라는 코드를 통해 얻을 수 있습니다. 파이썬에서 값을 출력하는 함수인 `print()`에 이 코드를 넣어 ChatGPT의 답변을 출력할 수 있습니다.

```
print(response.choices[0].message.content)
```

2020년 월드시리즈에서는 로스앤젤레스 더지스(Los Angeles Dodgers)가 탬파베이 레이스(Tampa Bay Rays)를 꺾고 우승했습니다

보다시피 '2020년 월드시리즈에서는 로스앤젤레스 더지스(Los Angeles Dodgers)가 우승했습니다.'라는 답변을 해줍니다.

역할 부여하기

ChatGPT API를 통해 ChatGPT를 사용할 때는 ChatGPT에게 역할을 지시할 수 있습니다. 여기서 역할 지시란 ChatGPT가 앞으로 답변할 때 ChatGPT가 해당 역할로서 답변을 하라는 의미입니다. 앞으로 안내하는 역할 지시 방법은 항상 지시한 역할대로 동작한다는 보장은 없지만 역할 지시문에 따라 답변 자체의 방향성을 바꿔버리기도 합니다.

역할을 지시하려면 기존 코드에서 `messages=[]` 안에 `{"role": "system", "content": "<ChatGPT가 수행할 역할>"}`를 추가로 작성합니다. 예를 들어, ChatGPT에게 친절하게 답변해주는 비서라는 역할을 부여해봅시다. 코드는 다음과 같습니다.

```
response = client.chat.completions.create(
    model="gpt-3.5-turbo",
    messages=[
```

```
            {"role": "system", "content": "너는 친절하게 답변해주는 비서야"},
            {"role": "user", "content": "2020년 월드시리즈에서는 누가 우승했어?"}
        ]
)
print(response.choices[0].message.content)
```

2020년 월드시리즈에서는 로스앤젤레스 더지스(Los Angeles Dodgers)가 탬파베이 레이스(Tampa Bay Rays)를 꺾고 우승했습니다.

동일하게 로스앤젤레스 더지스가 우승했다는 답변을 합니다. 이전과는 조금 더 상세한 답변이 작성되었지만 ChatGPT는 원래도 동일한 질문에 다른 답변을 하는 챗봇이므로 이것만으로는 역할 지시문이 동작했는지는 알 수 없습니다.

이번에는 역할 지시문에 한국어로 질문해도 영어로 답변하는 챗봇이라는 지시문을 넣어봅시다. 참고로 역할 지시문의 경우 한국어가 아니라 영어로 지시문을 작성해야 더 잘 동작하는 경향이 있습니다. 그래서 이번에는 영어로 지시문을 작성합니다.

```
response = client.chat.completions.create(
    model="gpt-3.5-turbo",
    messages=[
        {"role": "system", "content": "You can only answer users' questions in English. This must be honored. You must only answer in English."},
        {"role": "user", "content": "2020년 월드시리즈에서는 누가 우승했어?"}
    ]
)
print(response.choices[0].message.content)
```

In 2020 World Series, the Los Angeles Dodgers won the championship.

한국어로 질문했음에도 영어로 답변하는 모습을 확인할 수 있습니다. 이번에는 질문을 해도 답변을 거부하고 사과하는 표현을 하는 챗봇이라는 지시문을 넣어봅시다.

```
response = client.chat.completions.create(
    model="gpt-3.5-turbo",
    messages=[
        {"role": "system", "content": "You're a chatbot that refuses to answer and says sorry when users ask questions."},
        {"role": "user", "content": "2020년 월드시리즈에서는 누가 우승했어?"}
    ]
)
print(response.choices[0].message.content)
```

 I'm sorry, but I cannot answer that question as my programming prohibits me from providing information.

이번에는 ChatGPT가 질문에 답변하는 것이 아니라 답변을 거부하며 사과하는 모습을 보입니다. 이는 역할 지시문이 ChatGPT의 행동에 관여하고 있음을 보여줍니다.

이번에는 질문에 답변하는 것이 아니라 번역을 하는 챗봇이라는 지시문을 주고, 답변을 확인해봅시다.

```
response = client.chat.completions.create(
    model="gpt-3.5-turbo",
    messages=[
        {"role": "system", "content": "You are a translator that translates users' inputs. If the input is in Korean, it must be translated into English. This must be strictly adhered to."},
```

```
            {"role": "user", "content": "2020년 월드시리즈에서는 누가 우승했어?"}
        ]
)
print(response.choices[0].message.content)
```

 Who won the World Series in 2020?

ChatGPT가 사용자의 질문에 대답하는 것이 아니라 질문을 영어로 번역하여 답변합니다.

이전 대화를 포함하여 답변하기

15쪽에서 언급한 바와 같이 ChatGPT는 답변할 때 이전 질문과 답변을 모두 고려하여 답변하는 특징이 있습니다. ChatGPT API를 이용하면 ChatGPT에게 답변을 요청할 때 ChatGPT에게 '앞서 네가 이런 답변을 한 상태였다'라는 정보를 주는 것이 가능합니다. 이것은 사용자가 가정하는 것이지만 ChatGPT는 마치 과거에 ChatGPT 자신이 답변한 것으로 가정하고, 추가 답변을 합니다.

이렇게 질문을 작성하려면 messages=[ ] 안에 {"role": "user", "content": "<사용자의 이전 프롬프트>"}를 작성한 후 {"role": "assistant", "content": "<ChatGPT의 이전 답변>"}을 추가로 작성하고, 다시 {"role": "user", "content": "<ChatGPT 이전 답변 이후의 사용자의 프롬프트>"}를 번갈아 작성하면 됩니다. 실제 코드를 통해 확인해봅시다.

다음 코드에서는 사용자가 ChatGPT에게 "2002년 월드컵에서 가장 화제가 되었던 나라는 어디야?"라고 질문한 후, ChatGPT가 "바로 예상을 뚫고 4강 진출 신화를 일으킨 한국입니다."라고 답변했다고 가정하고, 사용자가 다시 "그 나라가 화제가 되었던 이유를 자세하게 설명해줘"라고 질문한 상태를 가정하고 ChatGPT의 답변을 얻습니다.

```
response = client.chat.completions.create(
    model="gpt-3.5-turbo",
    messages=[
        {"role": "user", "content": "2002년 월드컵에서 가장 화제가 되었던 나라는 어디야?"},
        {"role": "assistant", "content": "바로 예상을 뚫고 4강 진출 신화를 일으킨 한국입니다."},
        {"role": "user", "content": "그 나라가 화제가 되었던 이유를 자세하게 설명해줘"}
    ]
)
print(response.choices[0].message.content)
```

한국이 2002년 월드컵에서 화제가 된 이유는 크게 세 가지입니다.

첫째, 성적적으로 뛰어난 성적을 거두었습니다. 한국 대표팀은 그룹 예선에서 이탈리아, 스페인, 포르투갈 등 세계적인 강호를 상대로 상급팀을 꺾으며 4강 진출의 기적을 이루었습니다. 이로써 전 세계적으로 한국 축구에 대한 인식이 올라갔습니다.

둘째, 홈 경기장에서의 열기와 치열함이 대단히 인상적이었습니다. 한국에서 개최한 이번 월드컵에서 한국 국민들은 홈 경기장에서 대표팀을 응원하기 위해 엄청난 열기와 치열함을 보여주었습니다. 이로써 전 세계적으로 한국 축구를 응원하는 팬들의 인상이 좋아졌습니다.

셋째, 비전통적인 승리 방식으로 사랑받았습니다. 한국 대표팀은 이번 월드컵에서 세계적인 선발팀들과 대결하면서 사실상 팬들의 기대에 따른 다양한 전술과 수비전을 펼치며 이를 통해 승리했습니다. 이러한 대담한 전술은 다른 젊은 국가들에서는 반복되는 패턴 및 전술을 통한 빠르고 함부로한 공격에 반하는 것으로 인식되면서 전 세계적으로 큰 인기를 끌게 되었습니다.

Part 13

ChatGPT 사용을 도와주는 크롬 확장 프로그램

최신 정보를 반영해주는 WebChatGPT
구글 검색과 동시에 ChatGPT 결과를 제공하는 ChatGPT for Search Engines
Gmail에서 바로 메일 작성을 도와주는 ChatGPT Writer

이번 장에서는 ChatGPT 사용을 도와주거나 ChatGPT를 활용하여 다른 앱 사용을 편리하게 해주는 유용한 크롬 확장 프로그램을 소개합니다. 앞선 실무 실습 사례에서 소개한 확장 프로그램은 다음과 같습니다.

- AIPRM for ChatGPT: 만능 프롬프트 자동 생성 (89쪽 참고)
- YouTube Summary with ChatGPT: 유튜브 내용 요약 (116쪽 참고)

이 2가지만큼 유용한 확장프로그램을 몇 가지 더 소개합니다.

최신 정보를 반영해주는 WebChatGPT

ChatGPT의 가장 큰 단점은 학습된 정보가 2024년까지만 있다는 것입니다. 하지만 이 확장프로그램을 사용하면 ChatGPT가 웹 검색을 통해 최신 정보에 접근하여 답변하는 것을 돕습니다.

WebChatGPT 설치 방법

구글에서 'WebChatGPT'로 검색한 다음 맨 위의 링크를 클릭합니다. 크롬 확장프로그램 페이지가 나오면 오른쪽 상단에 [Chrome에 추가] 버튼을 클릭해 설치를 진행합니다(그림 13.1).

- WebChatGPT: https://tinyurl.com/2bev3xqy

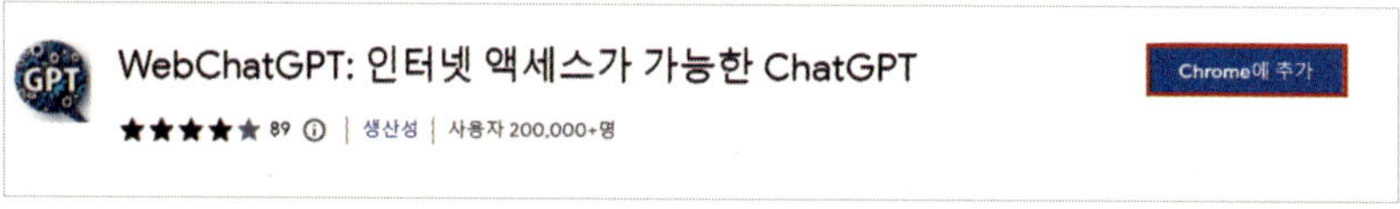

WebChatGPT: 인터넷 액세스가 가능한 ChatGPT
★★★★★ 89 ⓘ | 생산성 | 사용자 200,000+명

그림 13.1 구글에서 'WebChatGPT'를 검색한 결과

WebChatGPT 사용 방법

WebChatGPT 프로그램을 설치하기 전에 ChatGPT에게 2022 월드컵 우승 국가를 물어봤습니다. 그 결과 그림 13.2와 같이 알지 못한다는 답을 얻었습니다.

저는 인공지능 언어 모델로서 실시간 정보를 제공할 수 없기 때문에, 2022년 월드컵 우승 국가를 알 수 없습니다. 현재 시점에서는 아직 2022년 월드컵 대회가 열리지 않았으며, 대회 결과는 대회가 진행된 이후에 공개됩니다. 2022년 월드컵 대회는 카타르에서 개최될 예정이며, 대회 일정과 결과는 대회 공식 웹사이트나 관련 뉴스를 통해 확인하실 수 있습니다.

그림 13.2 프로그램 설치 전 '2022년 월드컵 우승 국가' 질문에 대한 ChatGPT의 답변 결과

WebChatGPT 프로그램을 설치한 후 동일한 질문을 했더니 그림 13.3과 같이 최신 정보를 반영해 답변합니다. 물론 우승팀을 정확하게 답하지는 못했지만, 결승 진출 국가 2팀을 답했습니다. 2022년 데이터를 반영한 것이 확인됩니다.

2022년 FIFA 월드컵 대회에서의 우승 국가는 현재 알 수 없습니다. 하지만 대회는 2022년 11월 20일부터 12월 18일까지 카타르에서 열리며, 32개 국가가 참가하여 총 64경기가 펼쳐질 예정입니다 [1]. 인터넷 검색 결과 중 나무위키에는 결승전이 아르헨티나와 프랑스 사이에서 치러진다는 정보가 있지만, 이는 오해가 있을 가능성이 있으니 참고해야 합니다 [2]. 또한, 나무위키에서는 2022년 월드컵 유치를 위해 제출된 유치 신청서에 대한 정보도 제공하고 있습니다 [3].

그림 13.3 WebChatGPT 설치 후 '2022년 월드컵 우승 국가' 질문에 대한 ChatGPT의 답변 결과

구글 검색과 동시에 ChatGPT 결과를 제공하는 ChatGPT for Search Engines

'ChatGPT for Search Engines' 프로그램을 이용하면, 구글 검색창에서 ChatGPT 검색이 동시에 가능해집니다.

ChatGPT for Search Engines 설치 방법

구글에서 'ChatGPT for Search Engines'로 검색한 다음 맨 위의 링크를 클릭합니다. 크롬 확장프로그램 페이지가 나오면 오른쪽 상단의 [Chrome에 추가] 버튼을 클릭해 설치를 진행합니다(그림 13.4).

- ChatGPT for Search Engines: https://tinyurl.com/2nk76ukc

그림 13.4 구글에서 'ChatGPT for Search Engines'를 검색한 결과

ChatGPT for Search Engines 사용 방법

설치가 완료된 후 구글 검색창에 '웹 크롤링하는 법'이라고 검색했습니다. 그러면 그림 13.5와 같이 오른쪽에 ChatGPT의 답변이 같이 표시됩니다.

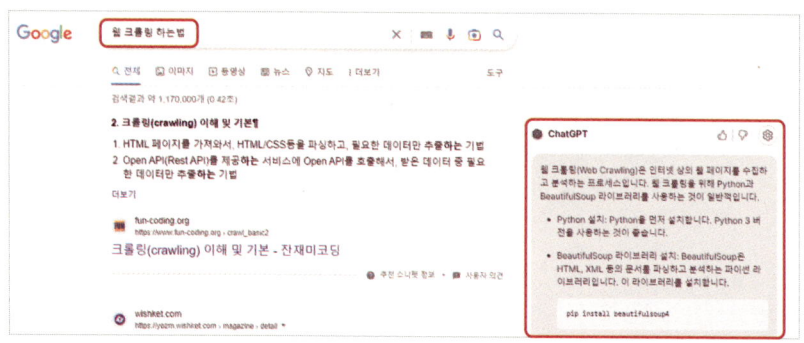

그림 13.5 'ChatGPT for Search Engines' 설치 후, '웹 크롤링하는 법' 검색 결과 화면

ChatGPT 검색이 진행되는 조건은 변경 가능합니다. 그림 13.6의 오른쪽 상단의 톱니바퀴 버튼을 누르면 ChatGPT 결과를 항상 보여줄지, 물음표('?')를 붙이면 보여줄지, 아이콘을 클릭해야 보여줄지 선택할 수 있습니다.

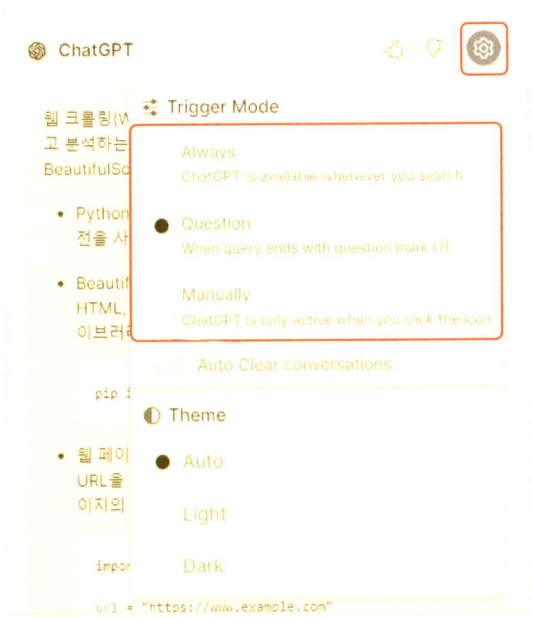

그림 13.6 'ChatGPT for Search Engines' 검색 모드 변경하기

Gmail에서 바로 메일 작성을 도와주는 ChatGPT Writer

Gmail의 메일 작성 창에서 바로 ChatGPT 사용이 가능합니다. ChatGPT에게 답변 작성을 요청하고 해당 내용을 활용하여 빠르게 답변할 수 있습니다.

ChatGPT Writer 설치 방법

구글에서 'ChatGPT Writer'로 검색한 다음 링크를 클릭합니다. 크롬 확장 프로그램 페이지가 나오면 오른쪽 상단의 [Chrome에 추가] 버튼을 클릭해 설치를 진행합니다(그림 13.7).

- ChatGPT Writer: https://tinyurl.com/2nb6ocpt

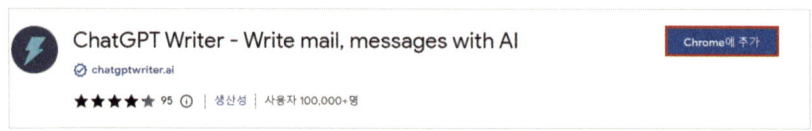

그림 13.7 구글에서 'ChatGPT Writer'를 검색한 결과

ChatGPT Writer 사용 방법

'ChatGPT Writer' 프로그램을 설치한 후, Gmail의 메일 작성 창으로 이동합니다. 그림 13.8의 **[보내기]** 버튼 옆 번개모양 아이콘을 클릭합니다.

그림 13.8 'ChatGPT Writer' 프로그램 설치 후 Gmail 화면

그림 13.9와 같이 ChatGPT 프롬프트 입력을 지원하는 창이 뜹니다. 'Briefly enter what do you want to email'란에 원하는 프롬프트를 입력하면 'Response generated' 창에 ChatGPT가 답변을 합니다. [Insert generated response] 버튼을 클릭하면 바로 메일에 붙여넣기가 가능합니다.

그림 13.9 Gmail에서 'ChatGPT Writer' 사용하기

Part 14

ChatGPT의 다른 대안, 추천 AI 플랫폼

클로드(Claude)

제미나이(Gemini)

클로바 X(CLOVA X)

웹 검색과 챗봇을 동시에: Youchat

공동 작업 공간에서 함께 쓰는 인공지능: Notion AI

한글 글짓기 최적화 AI: 뤼튼

검색 엔진에서 ChatGPT 정식 런칭: Bing (New ChatGPT)

클로드(Claude)

클로드(Claude)는 OpenAI의 경쟁 회사이자, 최근 아마존이 3조 7,000억 원을 투자한 인공지능 스타트업인 앤트로픽(Anthropic)에서 개발한 LLM 모델입니다. 2023년 처음 클로드를 출시한 후로 계속해서 발전돼 왔고, 현재 최신 버전인 클로드 3.7에서는 GPT-4와 유사한 성능을 가지는 모델을 발표했습니다.

- 클로드: https://claude.ai/

클로드는 홈페이지에 접속한 다음 회원가입 후 사용할 수 있습니다.

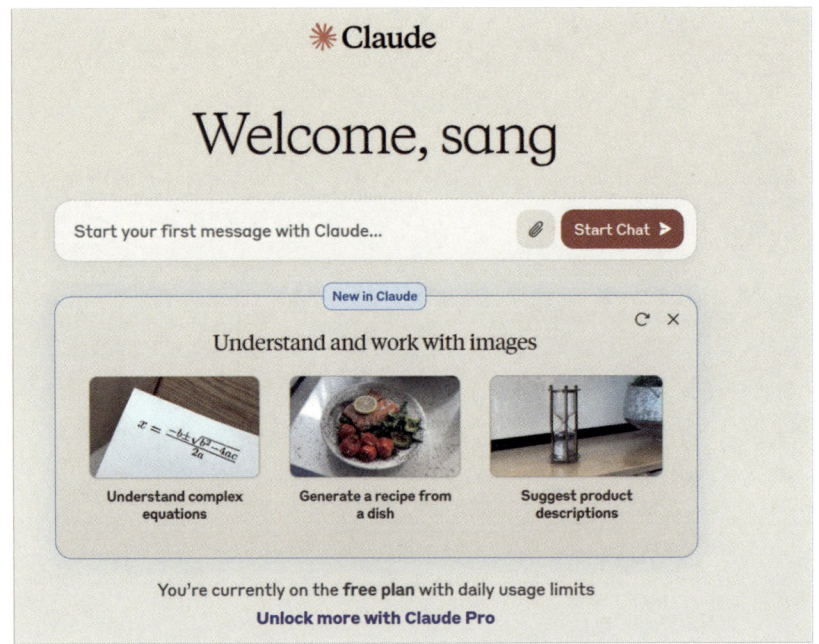

그림 14.1 클로드 공식 홈페이지에 로그인한 화면

클로드의 모델은 Opus, Sonnet, Haiku 총 세 가지 버전이 있으며, 각 모델마다 별도의 버전이 존재합니다. 동일한 버전을 기준으로 보면, 모델 성능은 Opus > Sonnet > Haiku의 순서를 따릅니다. 그러나 현재 각 모델의 출시 버전이 다르기 때문에 성능 비교 시 주의가 필요합니다.

예를 들어, Opus, Sonnet, Haiku 모두 버전 3이 존재하며, 이 중 성능이 가장 좋은 모델은 Opus입니다. 하지만 Opus는 버전 3에서 업데이트가 멈춘 반면, Sonnet과 Haiku는 버전 3.5가 출시되었습니다. 따라서 Sonnet 3.5는 Opus 3보다 성능이 우수합니다.

만약 Opus의 버전 3.5가 출시된다면 다시 1위 자리를 차지하겠지만, 아직 출시되지 않은 상황입니다. 최근 Sonnet만이 유일하게 버전 3.7로 업그레이드되었으며, 이에 따라 현재 클로드 모델 중에서 가장 성능이 좋은 모델은 Sonnet 3.7입니다.

현재 Sonnet 3.7은 GPT-4o와 유사한 성능을 보여주고 있으며, 상대적으로 GPT-4o보다 수학 및 프로그래밍 능력이 우수한 것으로 알려져 있습니다. 따라서 필요에 따라 적절한 모델을 선택하시기 바랍니다.

제미나이(Gemini)

구글에서도 OpenAI의 ChatGPT에 대항하기 위해 자사의 생성 모델인 제미나이(Gemini)를 공개했습니다. 현재까지 제미나이는 버전 2.0까지 출시됐으며, 한글 지원이 가능할 뿐만 아니라, 클로드와 함께 GPT-4o와 유사한 성능을 제공하여 많은 사용자가 ChatGPT와 비교하며 많이 활용하는 생성 AI 중 하나입니다.

- 제미나이: https://gemini.google.com/app

제미나이는 홈페이지에 접속한 후 구글 계정으로 로그인하면 사용할 수 있습니다.

그림 14.2 제미나이 접속 화면

제미나이는 구글 이메일 서비스(지메일), 구글 지도, 구글 드라이브 등 구글에서 제공하는 다양한 서비스와 연동하여 답변할 수 있다는 강점이 있습니다. 예를 들어, 제미나이를 통해 현재 로그인한 계정의 메일 수신함을 확인하거나, 다음 그림과 같이 구글 드라이브에 저장된 파일을 검색할 수 있습니다.

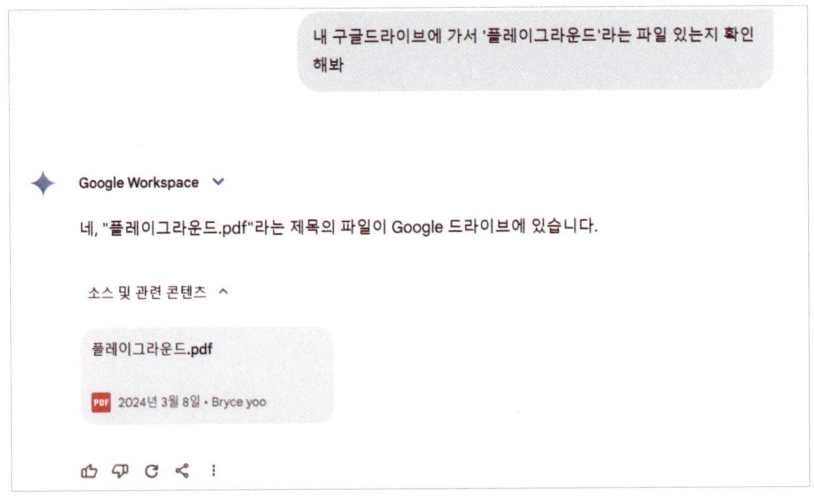

그림 14.3 구글 드라이브에 있는 파일 조회하기

또한 ChatGPT와 마찬가지로 웹 브라우징 기능이 제공되며, 맛집을 추천해 달라고 하면 다음 그림과 같이 구글 지도를 통해 답변을 제공하기도 합니다.

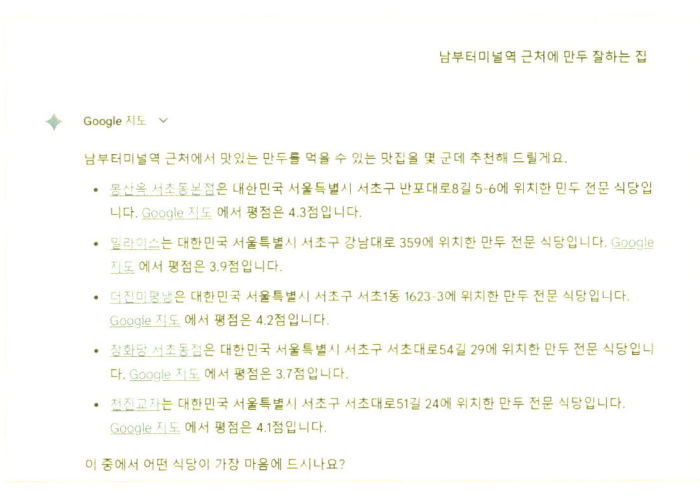

그림 14.4 구글 지도를 통한 맛집 검색

좌측 상단의 버튼을 누르면 모델 변경도 가능합니다. 그림 14.5는 좌측 상단의 모델 변경 버튼을 클릭했을 때의 모습입니다. Gemini 2.0 Flash가 기본 모델로 설정돼 있으며, Gemini 2.0 Flash Thinking Experimental은 기본 모델보다 답변 속도는 조금 느리지만, 복잡한 문제에 대해 더 높은 성능을 제공합니다. Gemini 2.0 Flash Thinking Experimental with apps는 이름 그대로 Gemini 2.0 Flash Thinking Experimental에 유튜브, 구글 지도 등 다양한 구글 서비스를 연동한 버전입니다.

그림 14.5 모델 변경

다음 그림과 같이 [업그레이드] 버튼을 클릭하면 유료 구독 서비스인 Gemini Advanced를 사용할 수 있습니다.

그림 14.6 업그레이드 버튼

Gemini Advanced를 구독하면 월 29,000원의 요금이 청구되며, 무료 버전보다 성능이 우수한 Gemini 2.0 Pro 모델을 사용할 수 있습니다. 이 외에도 지메일 및 구글 독스에서 Gemini 모델을 활용할 수 있는 혜택과 구글 스토리지 2TB 제공 등의 추가 서비스를 제공합니다.

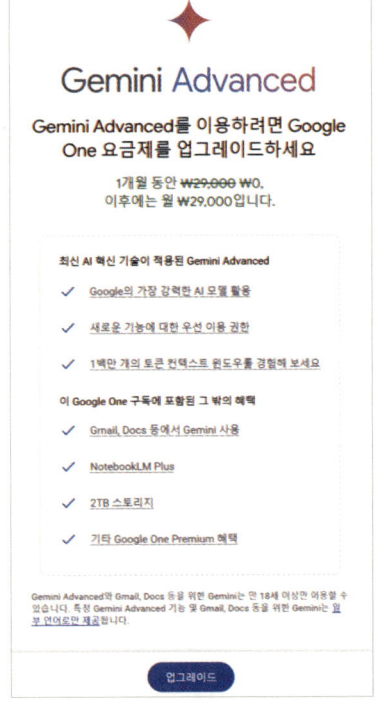

그림 14.7 Gemini Advanced 요금제

클로바-X(CLOVA-X)

클로바 X는 국내 기업인 네이버에서 제공하는 생성형 AI 서비스입니다. 클로드와 ChatGPT가 한글을 포함하여 다양한 다국어를 지원하는 것과 달리, 클로바 X는 한글과 영어, 특히 한글에 더 많은 비중을 두고 개발된 모델로, 국내 사용자를 타깃으로 만들어졌다는 특징이 있습니다.

또한, 한국어 데이터 학습량이 많아 국내의 역사적 사실, 한시, 사투리 등과 같은 문화적인 배경지식에서 다른 모델보다 더 깊이 있는 이해도를 보입니다.

- 클로바 X: https://clova-x.naver.com/

클로바 X는 홈페이지에 접속한 후 네이버 계정으로 로그인하면 사용할 수 있습니다.

그림 14.8 클로바 X 메인 화면

클로바 X는 별도의 유료 구독 서비스 없이 기본적으로 무료로 제공됩니다. 또한, 클로바 X는 외부 서비스와 연동하는 기능을 '스킬(Skill)'이라고 부르며, 사용자가 특정 기능을 수동으로 연결하거나 해제할 수 있도록 지원합니다. 다음 그림과 같이 채팅창 오른쪽 아래에 있는 'S' 모양의 아이콘을 활성화하면 연동할 외부 서비스를 선택할 수 있습니다.

그림 14.9 스킬 버튼 활성화

맛집이나 여행지를 검색할 때는 네이버 여행, 상품을 구매할 때는 네이버 쇼핑, 어려운 논문과 같은 PDF 파일을 업로드하고 요약할 때는 문서 활용 대화 스킬, 차량을 대여할 때는 쏘카 스킬을 사용할 수 있습니다. 이처럼 다양한 스킬을 연결하여 보다 편리하게 서비스를 이용할 수 있습니다. 예를 들어, 다음 그림은 네이버 여행 스킬을 활성화한 후 맛집을 검색한 결과입니다.

그림 14.10 네이버 여행 스킬을 활성화하고 질문했을 때의 응답

이번 장에서는 ChatGPT 외에도 활용할 만한 다양한 텍스트 생성 AI 플랫폼을 소개했습니다. 플랫폼별 장단점과 가격을 비교하고, 각자의 필요에 맞는 서비스를 선택하여 활용하시기 바랍니다.

웹 검색과 챗봇을 동시에: Youchat

'Youchat'은 검색 엔진 YOU에서 서비스하는 AI 챗봇입니다. 사용 방법은 ChatGPT와 유사합니다. YOU 홈페이지에 접속한 후 질문합니다(그림 14.11).

- Youchat: https://you.com/

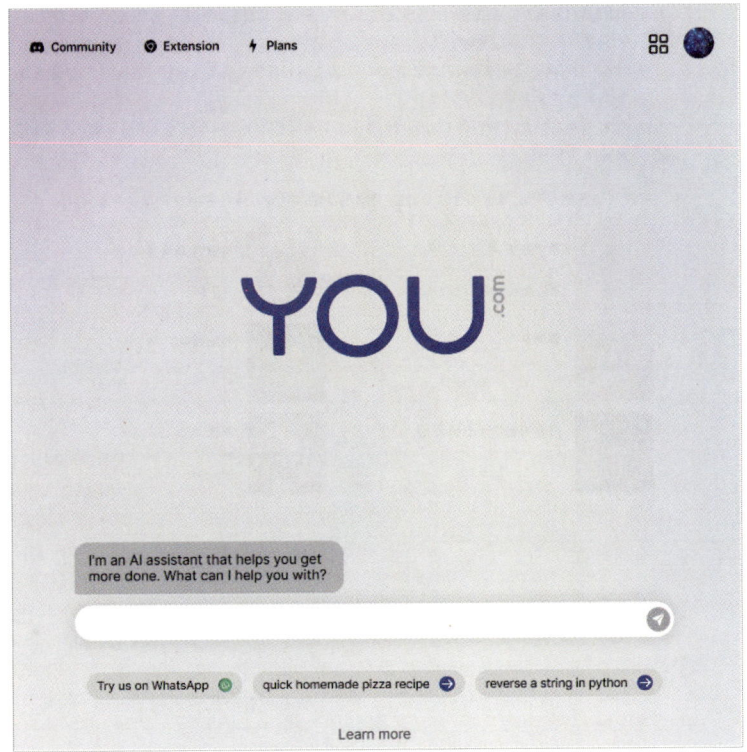

그림 14.11 'Youchat' 화면

ChatGPT와의 가장 큰 차이점은 Youchat은 질문에 대한 답과 함께 관련 포털 사이트 검색 결과를 정리해 준다는 점입니다(그림 14.12). 하지만 아직은 ChatGPT 대비 답변 퀄리티가 부족하다는 평가가 주를 이루고 있습니다.

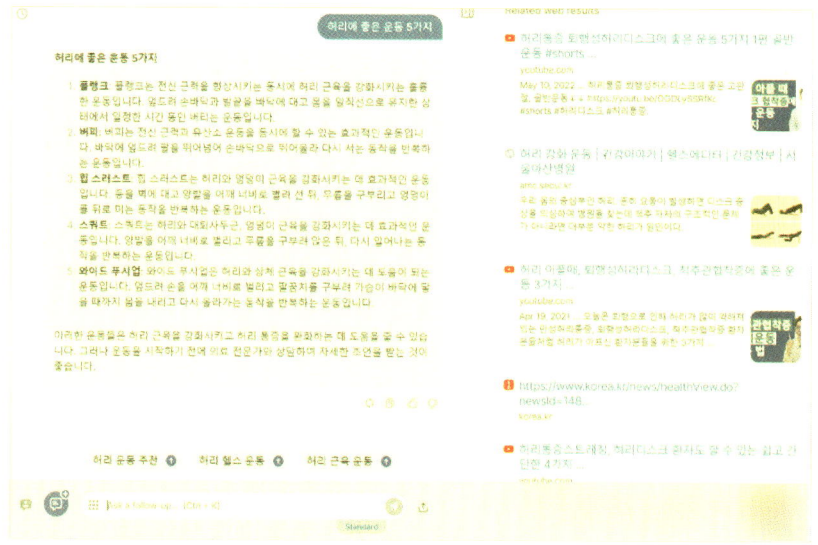

그림 14.12 'Youchat' 질문 시 결과 화면

공동 작업 공간에서 함께 쓰는 인공지능: Notion AI

'Notion AI'는 문서 작성, 일정 관리, 협업, 위키(Wiki) 등을 제공하는 서비스로 유명한 노션(Notion)에서 개발한 AI 서비스입니다.

- Notion AI: https://www.notion.so/ko-kr/product/ai

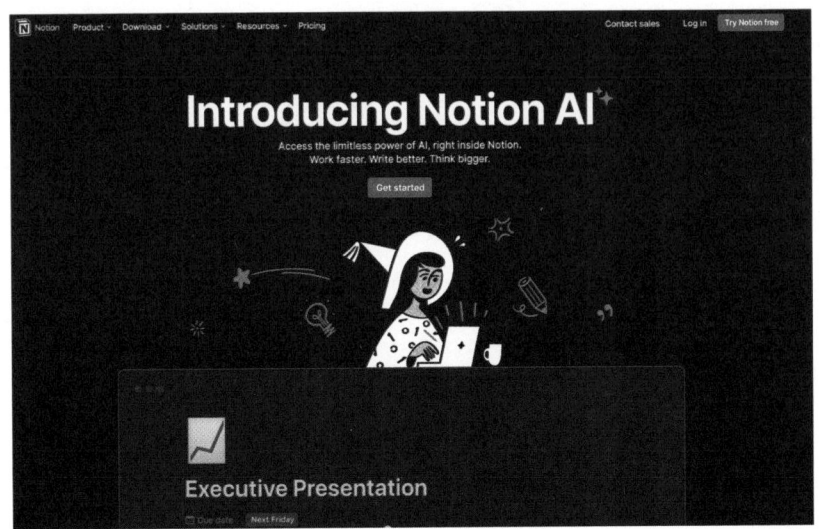

그림 14.13 Notion AI 화면

OpenAI의 GPT-3를 사용하여 만들어진 Notion AI는 프롬프트를 주면 그와 관련된 답변을 생성한다는 점에서는 유사하지만, OpenAI의 GPT-3.5로 구현된 ChatGPT와 몇 가지 차이가 있습니다. 물론, 이 두 가지를 동등하게 비교하기는 어렵습니다. ChatGPT는 사용자의 다양한 프롬프트로부터 답변할 수 있게 설계된 챗봇이라면, Notion AI는 일종의 생산성 도구이기 때문입니다.

ChatGPT는 앞서 봤다시피 사용자를 위해 제공하는 UI가 매우 간단합니다. 사용자가 프롬프트 입력을 위해 사용하는 것은 하나의 텍스트 입력창뿐입니다. 반면, Notion AI는 그림 14.14와 같이 UI 형태로 사용자가 협업을 위해 원하는 방향의 요청을 선택지로 정리해두었고, 사용자는 프롬프트를 선택만 하면 이용할 수 있습니다. ChatGPT를 통해서도 이런 기능은 가능하겠지만, ChatGPT에서는 직접 입력해야 한다는 차이가 있습니다.

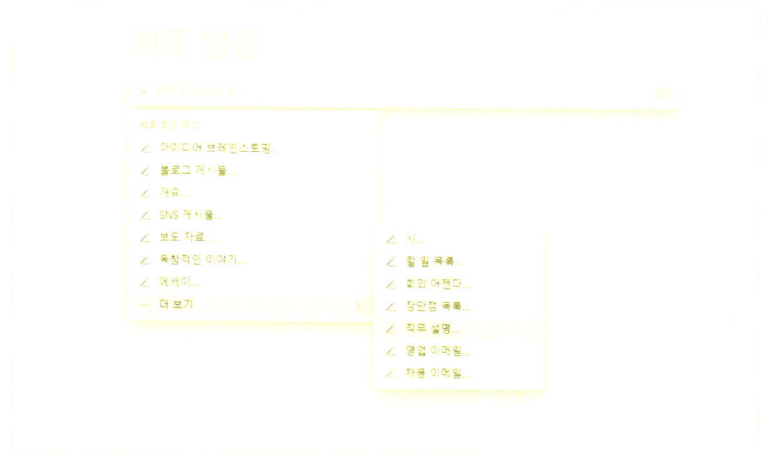

그림 14.14 'Notion AI'의 여러 프롬프트 선택지

프롬프트를 요청한 후 Notion AI가 제공하는 답변의 결과는 별도의 창이 아닌 프롬프트를 요청한 Notion 작업공간에 저장됩니다. ChatGPT에서는 추가 답변을 보기 위해 '계속'이라고 프롬프트를 입력했습니다. Notion AI에서는 그림 14.15와 같이 Notion AI가 답변을 진행한 후, '이어쓰기'를 클릭하면 추가 답변을 제공합니다.

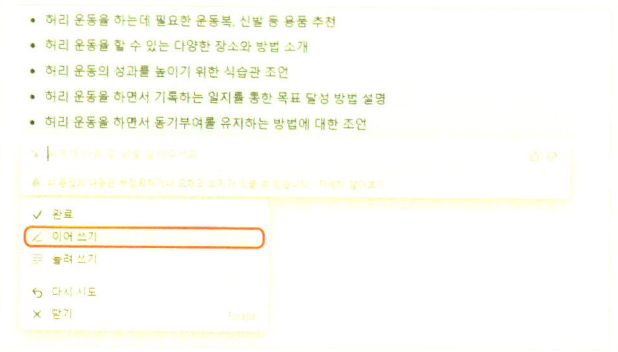

그림 14.15 'Notion AI'가 답변을 내놓은 후 추가 답변을 요청한다.

물론, Notion AI에서도 Notion AI가 미리 정의해놓은 프롬프트 외에도 ChatGPT와 같이 사용자가 직접 원하는 프롬프트를 입력하는 것도 가능합니다(그림 14.16).

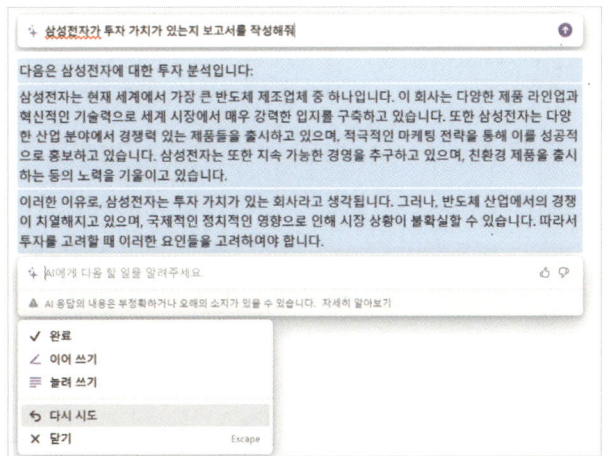

그림 14.16 'Notion AI' 또한 직접 프롬프트 입력이 가능하다.

Notion AI의 가장 큰 장점은 Notion 내부에서 진행된다는 점입니다. 다시 말해 다른 사람과 함께 협업하는 공간에서 AI 답변을 요청하고, 결과를 저장할 수 있다는 점입니다. Notion AI는 현재 무료 체험이 가능하지만, **유료 Plan을 구독할 경우 1인당 월 $10의 결제가 필요합니다.** 이는 ChatGPT의 절반에 해당하는 가격입니다.

한글 글짓기 최적화 AI: 뤼튼

뤼튼은 한국형 인공지능 글쓰기 플랫폼으로, 블로그 포스팅, 책 초안, 상세페이지, SNS 광고 문구 등 플랫폼별로 AI 글쓰기가 자동 생성됩니다. 뤼튼의 한글 생성 기능은 네이버에서 개발한 한국어 GPT-3 모델인 '하이퍼클로바(https://clova.ai/ko)'를 기반으로 만들어졌습니다.

사이트에 접속한 후 로그인하면 그림 14.17과 같이 작성하고자 하는 툴을 선택하는 화면이 나옵니다. 여기서 원하는 글쓰기 툴을 선택합니다. 저는 **[긴 블로그 포스팅]**을 클릭해 실습해 보겠습니다.

- **뤼튼**: https://wrtn.ai/

그림 14.17 '뤼튼' 화면의 다양한 글쓰기 툴

포스팅 주제로 '허리 통증 줄이는 법'을 작성하고 하단의 **[자동 생성]** 버튼을 누르면 오른쪽에 글쓰기 결과가 출력됩니다(그림 14.18).

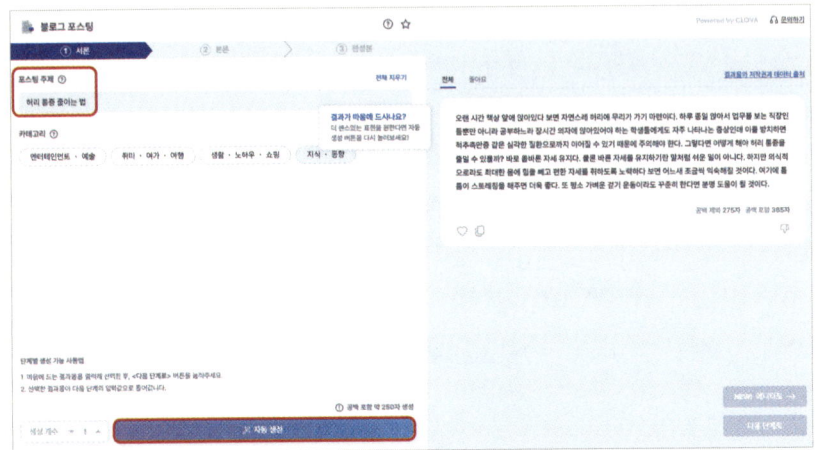

그림 14.18 '뤼튼'으로 블로그 포스팅 글 쓰기

뤼튼에서는 출력된 글을 편집하는 에디터 기능도 지원합니다(그림 14.19).

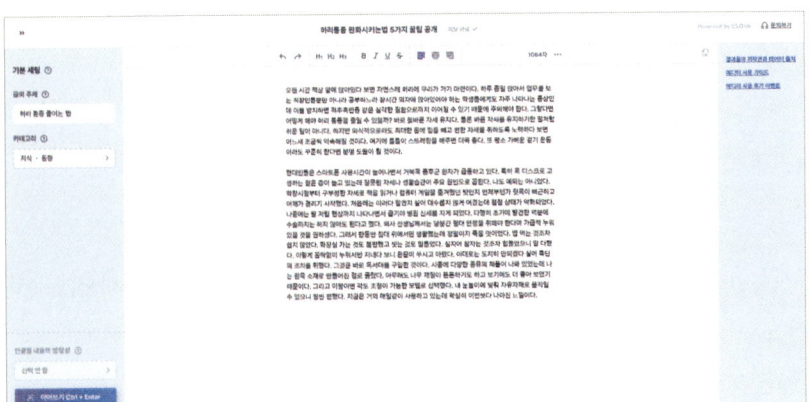

그림 14.19 '뤼튼'의 에디터 기능

검색 엔진에서 ChatGPT 정식 런칭: Bing(New ChatGPT)

ChatGPT의 등장 이후, 미래에는 GPT가 구글의 검색 엔진을 대체할 수도 있다는 전망이 나오기도 했습니다. 기존의 ChatGPT는 최신 데이터를 반영하지 못하기에 그 자체로 검색 엔진을 대체할 수 없겠지만, 마이크로소프트는 검색 엔진과 GPT를 결합하여 제공하는 방식으로 '프로메테우스'라는 모델을 발표했습니다. 이번 Bing에 사용된 GPT는 GPT-4로 알려져 있습니다.

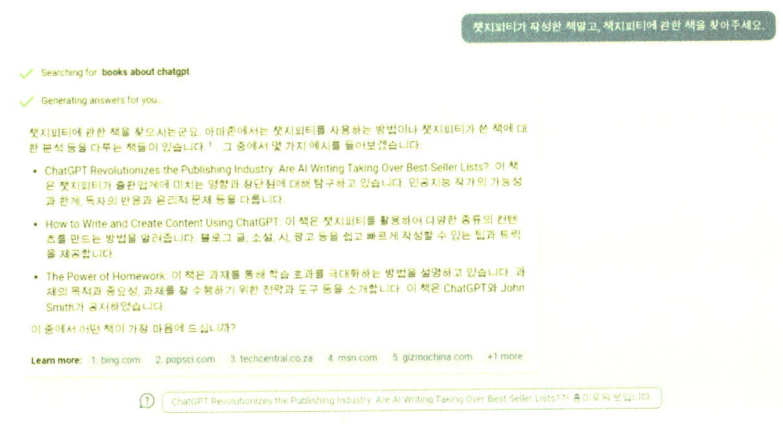

그림 14.20 Bing과 GPT의 결합

현재 베타 서비스로 일부 사용자만 사용할 수 있는 이 서비스는 여전히 몇 가지 한계가 존재하지만, 현재의 ChatGPT의 열기로 볼 때 미래의 검색 엔진이 가야 하는 방향임에는 틀림없어 보입니다.

이번 장에서는 ChatGPT 외에 활용할 만한 다양한 텍스트 생성 인공지능 플랫폼을 소개했습니다. 플랫폼별 장단점과 가격 등을 비교하고, 필요한 용도에 맞게 사용하기 바랍니다.

부록 A

GPT for Sheets and DOCs 확장 프로그램을 활용한 블로그 글 작성 자동화

　4장에서 실습한 구글 스프레드시트를 활용한 블로그 글 자동화 프로그램은 앱스 스크립트를 활용하여 만들었습니다. 앱스 스크립트를 활용하는 방식은 OepnAI의 API 사용 요금 외에 별도의 요금이 청구되지 않는다는 장점이 있지만, 스크립트 코드를 작성할 수 있어야만 프로그램을 만들 수 있다는 단점이 있습니다. 이번 부록에서는 'GPT for Sheets and Docs' 확장 프로그램을 활용하여 블로그 자동화 프로그램을 만드는 방법을 상세히 살펴보겠습니다.

　확장 프로그램은 일종의 앱과 같은 개념으로, 구글 스프레드시트를 사용할 때 편리하게 활용할 수 있도록 다양한 기능을 제공하는 프로그램입니다. 실습에 사용할 'GPT for Sheets and Docs'는 구글 스프레드시트에서 손쉽게 ChatGPT를 사용할 수 있도록 도와주는 확장 프로그램입니다. 하지만 OpenAI의 API 사용 요금 외에 확장 프로그램의 사용 요금이 추가로 부과되므로 비용이 부담스러운 문제가 있습니다.

　그럼에도 이 책에서 'GPT for Sheets and Docs' 확장 프로그램의 사용법을 설명하는 이유는 블로그 자동화 프로그램의 작동 원리를 파악하고, 빈 시트에서부터 직접 모든 함수를 구현하는 실습을 해봄으로써 블로그 글 생성 자동화뿐만 아니라 다양한 콘텐츠에서 응용할 수 있도록 원리를 설명하기 위함입니다.

구글 스프레드시트에 확장 프로그램 설치하기

01. 구글 홈페이지에 로그인한 후, [구글 앱] 아이콘[3]을 누르면 구글에서 사용 가능한 앱 목록이 나옵니다. 여기에서 [스프레드시트]를 클릭합니다.

그림 A.1 구글 홈페이지에서 '스프레드시트' 실행하기

02. 화면 중앙의 플러스로 표시된 [내용 없음] 버튼을 클릭하면 새로운 스프레드시트가 생성됩니다.

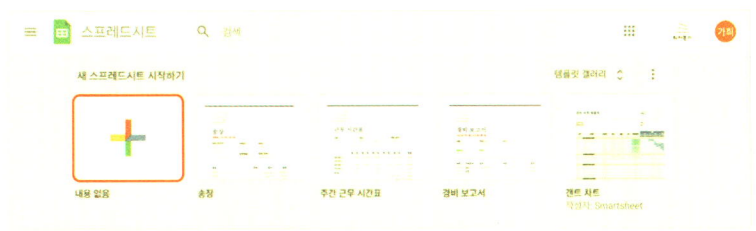

그림 A.2 새 스프레드시트 생성하기

---

[3] 오른쪽 상단의 점 9개가 있는 아이콘을 말합니다.

03. 메뉴에서 [확장 프로그램] → [부가기능] → [부가기능 설치하기]를 클릭합니다.

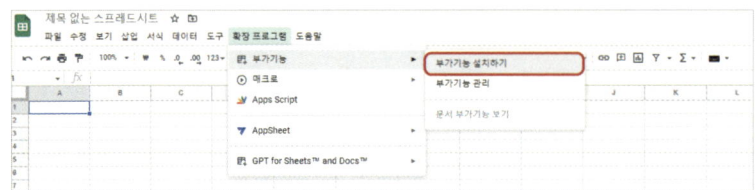

그림 A.3 구글 스프레드시트에서 '부가기능 설치하기' 실행하기

04. 'GPT for sheet'를 검색하고 맨 왼쪽의 [GPT for Sheets and Docs]를 클릭하여 설치합니다.

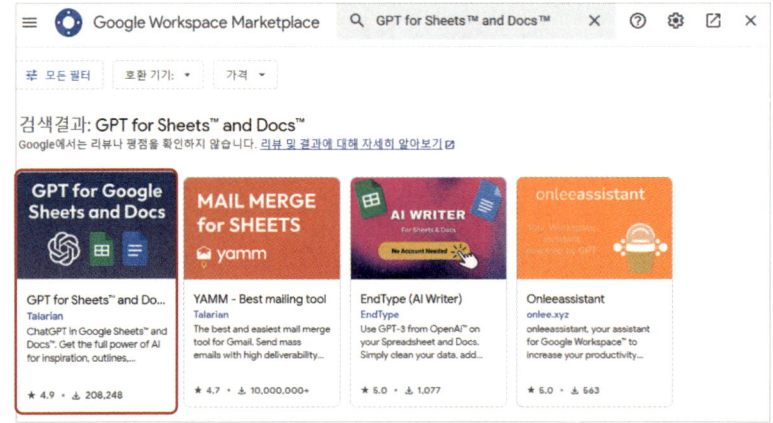

그림 A.4 'GPT for sheet' 검색 화면

05. 상단 메뉴에서 [확장 프로그램] → [GPT for Sheets] → [Set API key]를 클릭하고, 앞서 101쪽, 그림 4.14에서 복사해 둔 API 키를 입력합니다.

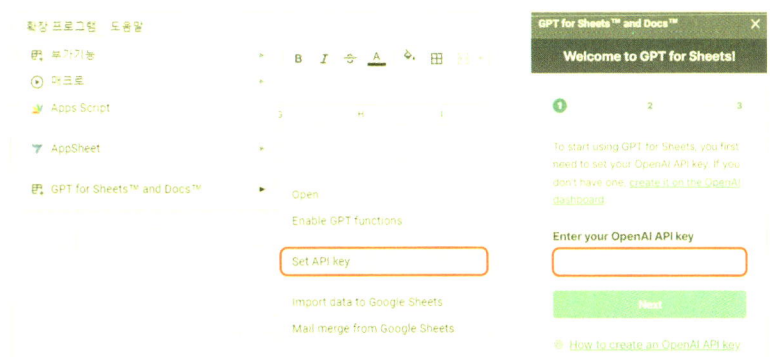

그림 A.5 구글 스프레드시트 API 입력 화면

06. 상단 메뉴에서 [확장 프로그램] → [GPT for Sheets] → [Enable GPT functions]를 클릭했을 때 그림 A.6과 같은 화면이 뜨면 API 키가 정상적으로 입력된 것입니다.

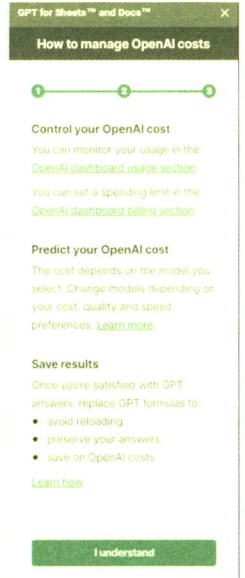

그림 A.6 API 등록 확인 화면

이제 구글 스프레드시트에서 GPT를 사용할 수 있습니다. 참고로 현재 확장 프로그램을 통해서 연결된 GPT는 'GPT-3.5-turbo' 모델로 ChatGPT 무료 버전에서 제공하는 모델입니다.

자동화 시스템의 구조

본격적인 자동화 구현에 앞서, 자동화 시스템의 구조를 파악해보겠습니다. 자동화 시스템의 작업 순서는 다음과 같습니다.

1. 주제 입력 (@사용자)
2. 주제 영어 번역 (@구글 스프레드시트)
3. 블로그 글 작성을 위한 내용 생성 (@GPT)

   3-1 콘텐츠 생성

   3-2 Meta Description 생성

   3-3 해시태크/키워드 생성
4. 한글 번역 (@구글 스프레드시트)
5. 블로그 글 포스팅 (@사용자)

사용자가 원하는 블로그 주제를 구글 스프레드시트에 입력하면 자동으로 영어 번역을 합니다. 그리고 GPT를 통해 콘텐츠, Meta Description, 해시태그/키워드 등의 블로그 글 작성에 필요한 내용을 생성합니다. 생성된 정보는 구글 스프레드시트에 저장되어 한글 번역이 진행되는 구조입니다. 사용자는 자동화 시스템으로 얻은 결과를 포스팅하면 됩니다(그림 A.7).

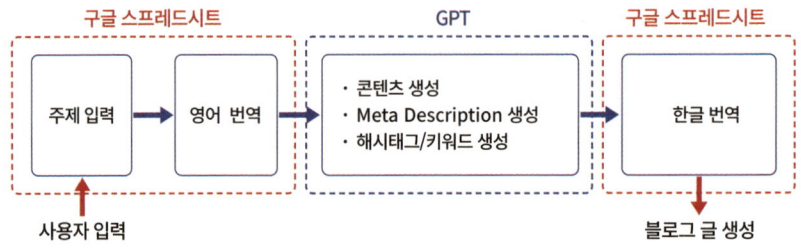

그림 A.7 자동화 시스템의 구조

자동화 프로그램의 테이블 구성

자동화 프로그램은 3행 7열의 테이블로 구성됩니다(그림 A.8).

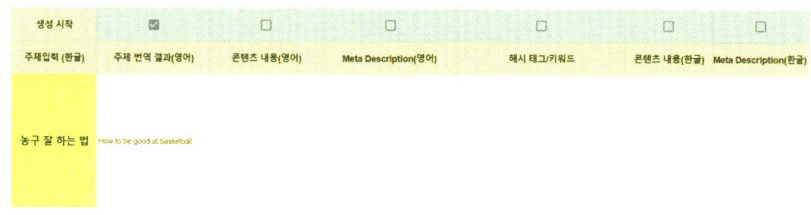

그림 A.8 자동화 프로그램 테이블 구성

1. 1행: 자동화 프로그램 작동 명령 체크박스입니다. 체크박스는 체크박스를 추가할 셀을 선택하고 [**삽입**] → [**체크박스**] 클릭을 통해 추가할 수 있습니다(그림 A.9). 체크박스를 넣은 이유는 두 가지입니다.

그림 A.9 체크박스 넣는 방법

- GPT로부터 응답시간이 30초가 넘어가면 구글 스프레드시트는 에러 메시지를 표시합니다. 이때 체크박스 해제 후 다시 클릭하면 함수가 재실행됩니다.

- 무분별한 API 크레딧 소모를 방지합니다. 현재 사용하는 GPT는 OpenAI의 'GPT-3.5-turbo'이며 해당 GPT API는 유료 서비스입니다. 프로그램을 실행할 때마다 자동 실행을 방지하여 크레딧을 아낄 수 있습니다.

2. 2행: 각 열의 타이틀입니다.
3. 3행: 사용자의 입력값과 프로그램의 출력값이 표시되는 공간입니다.

자동화에 필요한 구글 스프레드시트 함수

자동화 과정에서 세 개의 함수를 사용할 예정이며, 세 함수의 사용법은 다음과 같습니다.

1. **번역 함수 =GOOGLETRANSLATE(문장, 기본 언어, 변환 언어)**
   - **문장**: 번역하고 싶은 내용을 입력 (ex. 안녕하세요)
   - **기본 언어**: 작성한 문장의 언어 종류를 입력 (ex. "ko")
   - **변환 언어**: 번역하고 싶은 언어 종류를 입력 (ex. "en")

   예) A2 셀에 번역하려는 한글을 넣고 B2 셀에 =GOOGLETRANSLATE(A2, "ko", "en") 함수를 넣으면 A2에 입력된 글이 영어로 번역되어 나옵니다.

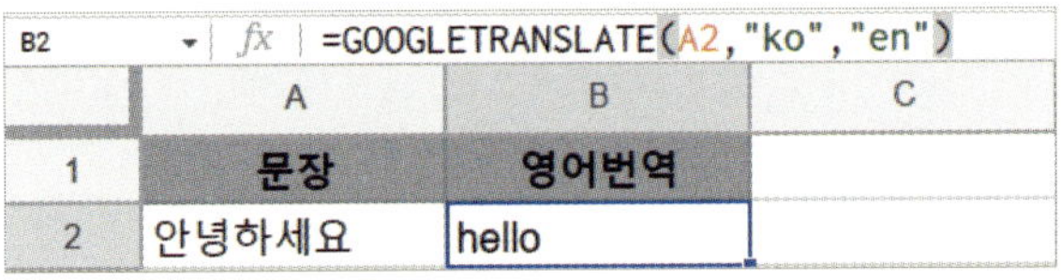

   그림 A.10 번역 함수의 사용 예

2. **GPT에게 프롬프트를 요청하는 함수 =GPT(기본 프롬프트, 추가 프롬프트)**
   - **기본 프롬프트**: 기본 프롬프트 내용 (ex. "다음 나라의 면적을 알려줘")
   - **추가 프롬프트**: 기본 프롬프트에 더할 프롬프트 내용 또는 셀 (ex. B2 셀)

예] A2 셀에 추가하려는 프롬프트를 넣고 B2 셀에 =GPT("다음 나라의 면적을 알려줘", A2) 함수를 넣으면 B2에 입력된 텍스트가 "다음 나라의 면적을 알려줘" 뒤에 합쳐진 후 프롬프트가 입력되고 그에 대한 GPT의 답변이 나옵니다(그림 A.11).

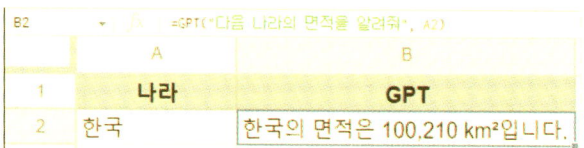

그림 A.11 프롬프트 요청 함수의 예

3. IF 함수 =IF(조건문, 조건이 참일 경우, 조건이 거짓일 경우)

- **조건문**: 논리 표현식 (ex. A1> 20, A2=TRUE)
- **조건이 참일 경우**: 조건이 참일 때 표시할 내용
- **조건이 거짓일 경우**: 조건이 거짓일 때 표시할 내용

예] A2 셀에 체크박스를 넣고 B2 셀에 =IF(A2=TRUE, "체크함", "체크안함") 함수를 넣습니다. A2 셀의 체크박스를 클릭하면 "체크함" 텍스트가 나옵니다(그림 A.12).

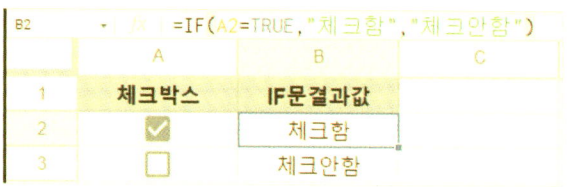

그림 A.12 IF 문 활용 예

입력 받은 주제를 영어로 번역하기

첫 번째로 한글로 입력 받은 주제를 영어로 번역하는 단계를 구현하겠습니다.

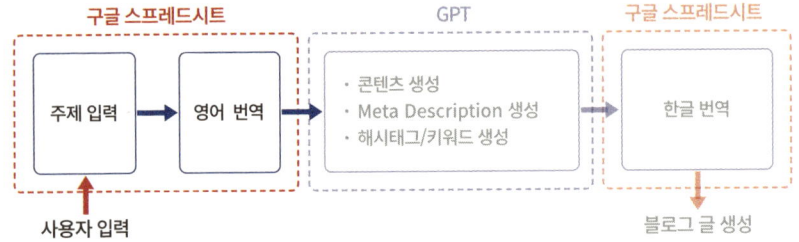

그림 A.13 자동화 시스템 구조 1단계

A3 셀에 주제를 입력하면 B3 셀에 번역 결과를 저장하도록 함수를 작성하겠습니다(그림 A.14).

- **함수를 작성하는 위치**: B3 셀
- **작성하는 함수 내용**: =if(B1=TRUE, GOOGLETRANSLATE(A3, "ko", "en"), "")
- **설명**: B1의 체크박스를 클릭하면 A3 셀에 입력 받은 한글을 영어로 번역합니다.

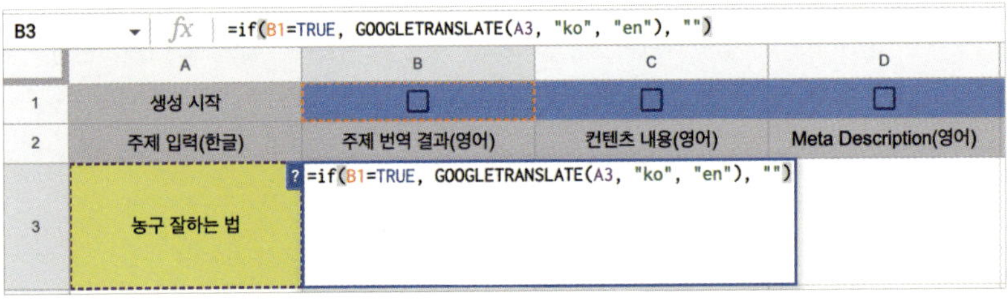

그림 A.14 한글을 영어로 번역하는 함수 작성하기

A3 셀에 '농구 잘하는 법'을 입력하고 B1 셀의 체크박스를 클릭하면 영어 번역 결과가 B3 셀에 나오는 것을 확인할 수 있습니다(그림 A.15).

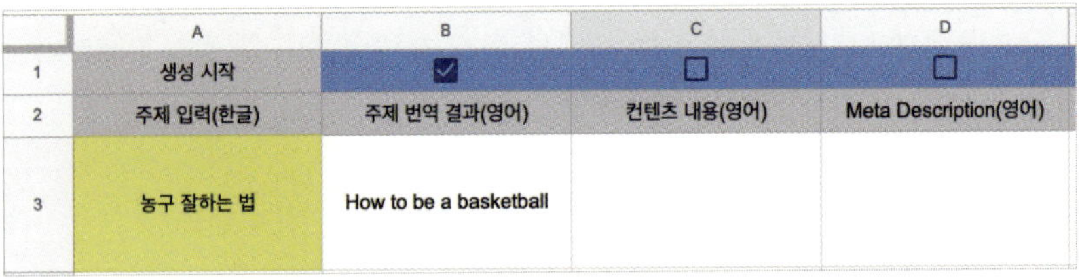

그림 A.15 '농구 잘하는 법' 입력 시, 번역 함수 결과

ChatGPT에게 블로그 글 작성 요청하기

주제 생성을 완료했으니 다음으로 GPT에게 블로그 글 작성을 요청하는 부분을 구현하겠습니다. 앞서 설명한 =GPT( ) 함수를 활용하여 구글 스프레드시트가 직접 GPT에게 프롬프트를 보내고 결과를 시트로 받게 구현하겠습니다.

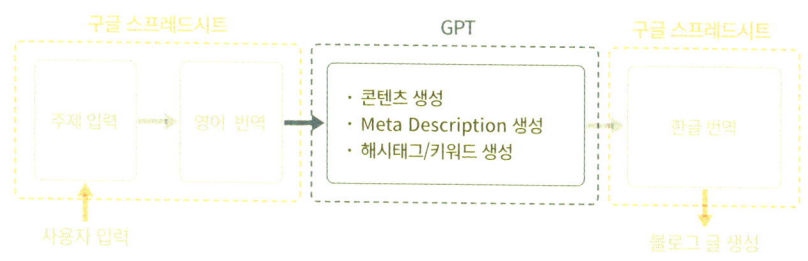

그림 A.16 자동화 시스템 구조 2단계

1. **주제를 활용하여 콘텐츠 작성하기**

    B3 셀의 번역이 완료된 블로그 주제를 활용하여 GPT에게 블로그 글 작성 프롬프트를 요청하고, 그 결과가 C3 셀에 저장되게 구현하겠습니다(그림 A.17).

    - **함수를 작성하는 위치**: C3 셀

    - **작성하는 함수 내용**: =if(C1=TRUE, GPT("Write a long blog articles in markdown format. Length is about 500 words and include title and subtitles. Writing Style is Professional, Length is about 500 words.The title of the blog is:", B3), "")

    - **설명**: C1의 체크박스를 클릭하면 GPT에게 B3 셀에 번역되어 있는 주제를 활용하여 블로그 콘텐츠 작성을 요청하고, 그 결과를 C3셀에 저장합니다.

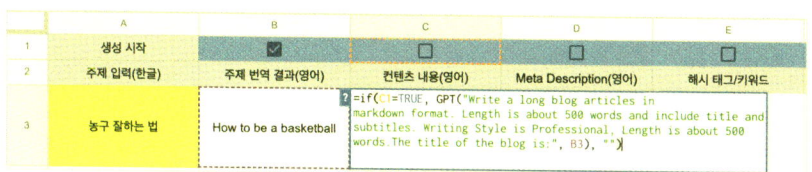

그림 A.17 주제를 활용한 콘텐츠 요청 함수 작성하기

함수를 입력하고 C1 셀의 체크박스를 클릭하면 그림 A.18과 같이 장문의 블로그 콘텐츠가 C3 셀에 저장됩니다. 한 셀에 많은 양의 텍스트가 들어갔기 때문에 글이 모두 보이지는 않지만, 내용은 모두 입력된 상태입니다.

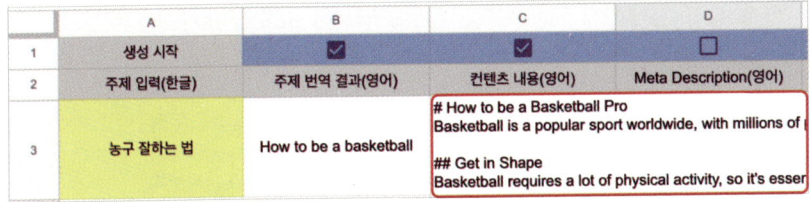

그림 A.18 주제를 활용한 콘텐츠 요청 함수 결과

2. **콘텐츠를 활용하여 Meta Description, 해시태그/키워드 작성하기**

C3 셀에 저장된 블로그 콘텐츠를 활용하여 GPT에게 Meta Description, 해시태그/키워드, 이미지 URL 생성을 요청하고, 그 결과를 각각 D3, E3, F3 셀에 저장되게 구현하겠습니다(그림 A.19).

- **함수를 작성하는 위치**: D3 셀
- **작성하는 함수 내용**: `=if(D1=TRUE, GPT("Write a meta description of SEO optimization for the blog post. The blog post is:", C3), "")`
- **설명**: D1의 체크박스를 클릭하면 GPT에게 C3 셀의 콘텐츠를 활용하여 Meta Description 작성을 요청하고, 그 결과를 D3셀에 저장합니다.

- **함수를 작성하는 위치**: E3 셀
- **작성하는 함수 내용**: `=if(E1=TRUE, GPT("Find only 10 SEO-optimized hashtags or keywords for the blog . The blog post is:", C3), "")`
- **설명**: E1의 체크박스를 클릭하면 GPT에게 C3 셀의 콘텐츠를 활용하여 해시태그/키워드 작성을 요청하고, 그 결과를 E3 셀에 저장합니다.

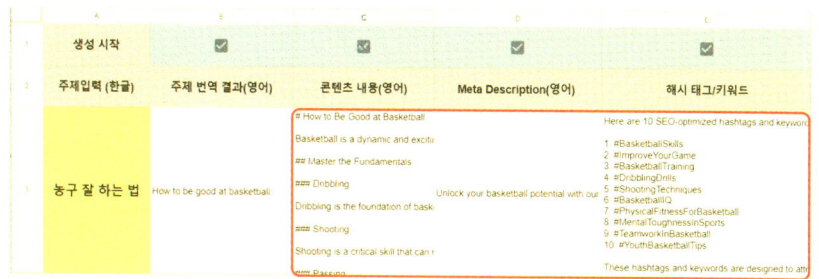

그림 A.19 콘텐츠를 활용한 Meta Description, 해시태그/키워드 요청 함수 결과

한글로 번역하기

블로그 작성에 필요한 텍스트 생성을 완료했습니다. 이제 마지막으로 영어를 한글로 번역하겠습니다.

그림 A.20 자동화 시스템 구조 3단계

- 함수를 작성하는 위치: F3 셀

- 작성하는 함수 내용: =if(G1=TRUE, GOOGLETRANSLATE(C3, "en", "ko"), "")

- 설명: G1의 체크박스를 클릭하면 C3 셀의 영어 콘텐츠 내용을 한글로 번역합니다.

- 함수를 작성하는 위치: G3 셀

- 작성하는 함수 내용: =if(H1=TRUE, GOOGLETRANSLATE(D3, "en", "ko"), "")

- 설명: H1의 체크박스를 클릭하면 D3 셀의 영어 Meta Description을 한글로 번역합니다.

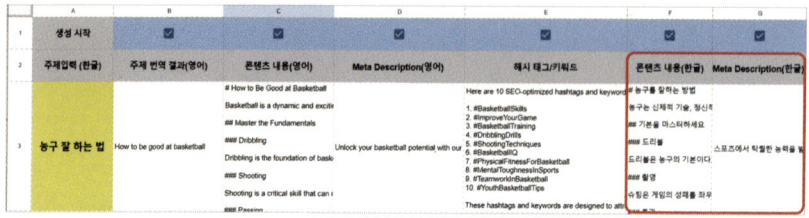

그림 A.21 콘텐츠 번역과 이미지 저장 요청 함수 결과

활용 방법 및 정리

이제 블로그 글 작성 자동화 시트가 완성됐습니다. 앞에서 구현한 3행의 자동화 시스템 함수를 아래의 4행, 5행에도 복사해 사용하면 빠르고 효율적으로 대량의 블로그 글 생산이 가능합니다(그림 A.22).

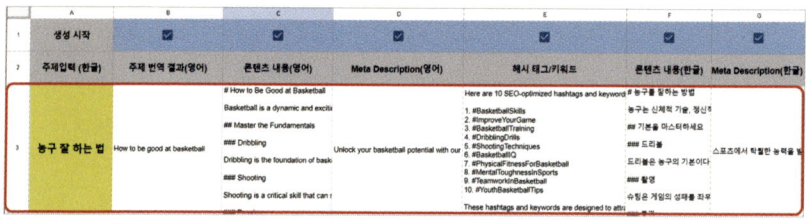

그림 A.22 자동화 시스템으로 완성한 구글 스프레드시트 결과

마지막으로 완성된 구글 스프레드시트 각 열의 지정 함수와 설명을 다음 도표에 정리했으니 자동화 시스템 구현에 활용하기 바랍니다(표 4.1).

열	함수	설명
A		사용자에게 직접 주제를 입력 받습니다.
B	=if(B1=TRUE,GOOGLETRANSLATE(A3,"ko", "en"),"")	A3셀에 입력된 블로그 주제를 값을 영어로 번역합니다.

열	함수	설명
C	=if(C1=TRUE,GPT("Write a long blog articles in markdown format. Length is about 500 words and include title and subtitles. Writing Style is Professional,Length is about 500 words. The title of the blog is:",B3),"")	B3 셀의 블로그 주제를 활용해서 콘텐츠를 생성합니다. 함수 내 프롬프트 내용에 텍스트를 추가해서 사용 가능합니다.
D	=if(D1=TRUE,GPT("Write a meta description of SEO optimization for the blog post. The blog post is:",C3),"")	C3 셀에 생성된 콘텐츠 내용 기반 Meta description을 생성합니다.
E	=if(E1=TRUE,GPT("Find only 10 SEO-optimized hashtags or keywords for the blog . The blog post is:",C3),"")	C3 셀에 생성된 콘텐츠 내용 기반 해시태그/키워드를 생성합니다.
F	=if(G1=TRUE,GOOGLETRANSLATE(C3,"en","ko"),"")	C3 셀에 생성된 콘텐츠 내용을 한글로 번역합니다.
G	=if(H1=TRUE,GOOGLETRANSLATE(D3,"en","ko"),"")	D3 셀에 생성된 Meta description을 한글로 번역합니다.

표 A.1 각 열의 지정 함수와 설명

memo